江苏省省级水旱灾害防御物资管理手册

（上册　管理制度篇章）

江苏省水利防汛物资储备中心◎编著

河海大學出版社
HOHAI UNIVERSITY PRESS
·南京·

图书在版编目(CIP)数据

江苏省省级水旱灾害防御物资管理手册. 上册，管理制度篇章 / 江苏省水利防汛物资储备中心编著. -- 南京：河海大学出版社，2022.8

ISBN 978-7-5630-7633-8

Ⅰ. ①江… Ⅱ. ①江… Ⅲ. ①水灾－防御－物资管理－江苏－手册②干旱－防御－物资管理－江苏－手册 Ⅳ. ①F253

中国版本图书馆 CIP 数据核字(2022)第 138210 号

书　　名 江苏省省级水旱灾害防御物资管理手册(上册　管理制度篇章)
书　　号 ISBN 978-7-5630-7633-8
责任编辑 龚　俊
特约编辑 梁顺弟　卞月眉
特约校对 丁寿萍　许金凤
封面设计 槿容轩　张育智　周彦余
出版发行 河海大学出版社
地　　址 南京市西康路1号(邮编:210098)
电　　话 (025)83737852(总编室)
(025)83722833(营销部)
(025)83787107(编辑室)
经　　销 江苏省新华发行集团有限公司
排　　版 南京布克文化发展有限公司
印　　刷 南京迅驰彩色印刷有限公司
开　　本 880毫米×1230毫米　1/16
印　　张 13.5
字　　数 410千字
版　　次 2022年8月第1版
印　　次 2022年8月第1次印刷
定　　价 100.00元

Foreword 序

习近平总书记指出，要坚持人民至上、生命至上。要做好预案准备、队伍准备、物资准备、蓄滞洪区运用准备，宁可备而不用，不可用时无备。《“十四五”国家综合防灾减灾规划》提出，力争到2035年，自然灾害防治体系和防治能力现代化基本实现。加强水旱灾害防御物资管理是强化水旱灾害防御物资保障的重要手段，是夺取防汛抢险胜利的有力支撑，是积极推进防洪救灾体系和能力现代化的重要举措。

近年来，江苏省水利厅积极推动水旱灾害防御物资管理专题研究，细致分析洪涝灾害特性和水旱灾害防御物资需求，积极探索物联网、信息化时代背景下防汛物资管理新方法、新手段。为了更好地指导和推动全省水旱灾害防御物资管理，由江苏省水利防汛物资储备中心牵头，组织有关单位和专家，对江苏乃至全国水旱灾害防御物资管理工作先进实践进行凝练和总结，组织编写了《江苏省省级水旱灾害防御物资管理手册》。该手册重点突出规章制度、出入库管理、物资管养及使用和仓储设备安全操作等内容，能够有效指导水旱灾害防御物资管理，具有十分重要的参考价值。

奋进新征程，建功新时代。我们要坚持以习近平总书记关于防汛救灾工作重要指示精神为指导，持续强化水旱灾害防御物资储备管理工作，着力提高水旱灾害防御物资规范化、标准化、数智化管理水平，提升突发险情灾情应急物资保障能力，系统推进全省水旱灾害防御物资储备现代化，促进新时代江苏水利高质量发展，为建设“强富美高”新江苏提供坚实有力的防洪救灾物资保障！

朱海生

2022年8月

Preface 前言

江苏是经济大省，也是水利大省。随着经济社会的快速发展，“强富美高”新江苏建设的加快推进，对防洪保安提出了更高的要求。多年来，我省在防汛抗灾斗争中形成了以工程措施和非工程措施互为支撑的格局，其中防汛物资保障是非工程措施中十分重要的手段之一。防汛物资是夺取防汛抢险胜利的重要物质基础，加强我省防汛应急保障体系建设，加快防汛物资储备管理能力建设，是我们面临的一项十分重要的任务。

《江苏省“十四五”水利发展规划》《江苏省省级防汛防旱物资及抢险设备仓库建设规划报告》对我省防汛防旱物资仓库布局及建设进行了近期和远景规划，并有序开展实施。同时，加速推进防汛物资管理规范化、数智化管理等能力建设，创新防汛物资管理手段日益成为防汛物资管理的重要课题。

为进一步提高全省防汛物资储备管理水平，加强对全省防汛物资管理的规范化、数智化能力建设的指导，2018 年以来，江苏省水利防汛物资储备中心开展了江苏省省级防汛物资储备管理规范化专题研究。工作人员专程前往防汛物资储备工作较具代表性的重庆、广东、浙江、安徽等省市进行了实地考察、学习调研，并就相关问题多次咨询省防办、省水利厅工管处、省水文水资源勘测局等单位，在充分汲取各地防汛物资储备管理先进经验的基础上，结合我省实际，编著了这本《江苏省省级水旱灾害防御物资管理手册》。

该手册分上下两册，上册是管理制度篇章，下册是操作使用篇章。手册结合了近年来江苏省防汛物资储备工作实践经验，分析了江苏省洪涝灾害特性和防汛抢险物资的需求特点，综合考虑了在物联网、信息化时代背景下，防汛抢险的发展趋势及其对防汛物资响应时间的要求，对于我省防汛物资储备管理具有很好的指导作用和参考价值。该手册不仅可以作为各级防汛物资管理人员参阅学习的工具书，也可以作为加强能力建设、提高自身管理水平的参考书。

江苏省水利防汛物资储备中心作为我省省级防汛物资储备管理专业单位，多年来在物资管理及历次抗洪抢险中，充分履行了职能，发挥了巨大的作用，积累了丰富的物资管理经验。该手册的编制既是对以往物资管理经验的总结，也是适应当前形势，创新管理手段的一种探索。希望该手册在今后的实践工作中能充分发挥指导意义和借鉴价值，为实践工作提供有益参考，为提升全省防汛物资管理水平作出积极的贡献。

编　者

2022 年 7 月

Contents 目录

第一部分

江苏省防汛特性

第一章
江苏水情特征

江苏省位于我国东部沿海地区中部，东濒黄海，西连安徽，北接山东，东南与浙江、上海毗邻，是长江三角洲地区的重要组成部分，南北跨度 460 km，东西跨度 320 km，总面积 10.72 万 km^2（流域面积按原国土边界确定，面积为 10.3 万 km^2），占全国总面积的 1.12%，海岸线长 954 km。江苏地处长江、淮河流域下游，以仪六丘陵经江都、328 国道至如泰运河一线为分水岭，北部属淮河流域，境内面积 6.4 万 km^2，占总面积的 62.1%；南部属长江流域，境内面积 3.9 万 km^2，占总面积的 37.9%。

江苏省海拔高度低，地貌上属于平原和低山丘陵区。除北部边缘、西南边缘为丘陵山地外，自北而南为黄淮平原、江淮平原、滨海平原、长江三角洲平原。全省平原面积约占 68.8%，地面高程大部分在 5～10 m，地势最高的微山湖湖西地区，在 35 m 左右，地势低洼的太湖及里下河水网地区，最低在 0 m 左右；丘陵山地面积约占 14.3%，山势低缓，南北错落分布，高程一般在 200 m 以下，最高峰连云港云台山玉女峰的最高点高程为 624.4 m；河湖水域约占 16.9%。

江苏省位于亚热带过渡性气候区，大致以淮河—苏北灌溉总渠为界，南部属湿润的亚热带气候区，北部属半湿润的暖温带气候区。全省具有明显的季风特征，四季分明，气候温和，雨量适中，雨热同季，光能充足。全省年日照时数为 1 816～2 503 小时，其分布趋势是自北向南减少；年平均气温为 13.5～16.0℃，分布的趋势是自南向北降低，南北间温差较东西间大。

全省多年平均降雨量 700～1 250 mm，雨量较丰沛，但时空分布不均。在空间分布上，降雨量自东南向西北递减，南部多年平均降雨量 1 200 mm 左右，向北逐渐减少至 700 mm 左右。在时间分布上，呈现以下规律：(1)由于受季风气候的影响，全年降雨大多集中在夏秋两季，在 6、7 月间，冷暖气团遭遇频繁，常产生锋面低压和静止锋，形成阴雨连绵的梅雨期；7、8、9 月受台风影响，常伴有来势迅猛的大暴雨和特大暴雨。(2)年降雨量的季节变化较大，汛期（6～9 月）多年平均降雨量 550～650 mm，约占全年雨量的 50%～74%，且多数集中于几场暴雨。(3)降雨年际变化也比较大，全省（面）年平均雨量丰水年可达 1 254.0 mm（1954 年），枯水年仅 549.0 mm（1978 年），单站最大达 2 253.0 mm（1965 年大丰闸），最小为 338.0 mm（1929 年徐州）。全省多年平均水面蒸发量 950～1 100 mm，与降雨相反，自南向北、西北方向逐渐递增；省内 5～8 月的蒸发量约占年蒸发量的 50%左右，最大月蒸发量出现在 7 月和 8 月，最小月蒸发量出现在 1 月和 2 月。多年平均陆地蒸发量 600～800 mm，降水较少的丰沛地区，受供水能力的限制，陆面蒸发量不足 600 mm。

江苏地处长江、淮河两大流域下游，境内长江流域分为长江干流水系和太湖水系，淮河流域分为淮河水系和沂沭泗水系。江苏省长江流域面积 3.86 万 km^2，其中长江干流水系面积 1.92 万 km^2，太湖水系面积 1.94 万 km^2，淮河流域面积 6.29 万 km^2，其中淮河水系面积 3.71 万 km^2，沂沭泗水系面积 2.58 万 km^2。

江苏境内流域骨干行洪河道，东西方向，有苏北的新沭河、新沂河、入海水道、苏北灌溉总渠，苏中的长江，苏南太湖下游有太浦河以及望虞河；南北方向，有中运河、沂河、沭河、分淮入沂和淮河入江水道等。纵横交错的流域行洪河道，把全省分割形成众多区域，以流域性河湖为界，兼顾自然地理区划、农业区划等，内部划分为 17 个水利分区。（图 1-1）

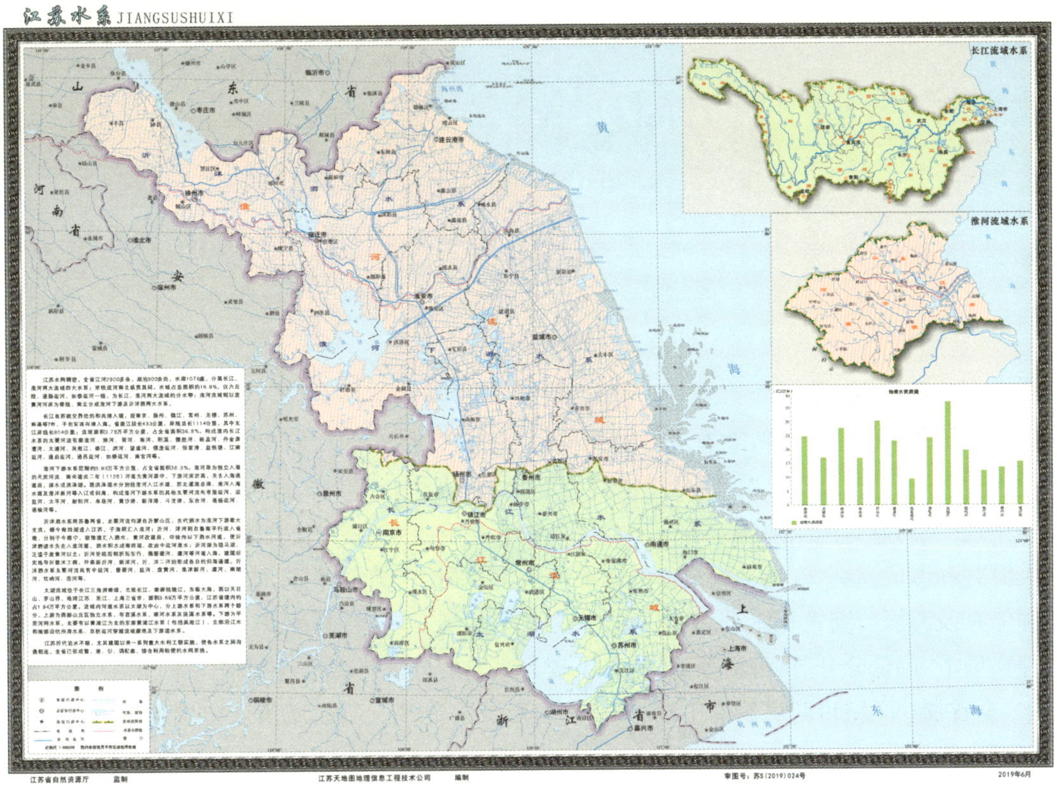

图 1-1　江苏省水系图

第二章
江苏水利工程现状设防标准

江苏地处江、淮两大流域下游，上有近 200 万 km^2 的来水过境入海，而内部地势低平，80%以上的地区处于设计洪水位以下，是流域洪水"走廊"，下有江海潮顶托，本地暴雨与台风、天文大潮遭遇机率较大，易造成沿河沿湖洼地"关门淹"，因洪致涝矛盾突出。区域内部地形也有高差，突发性、极端性暴雨多，洪涝问题交织。中华人民共和国成立后，开展了大规模的防洪治涝工程建设，扩大外排，增加调蓄，形成了较为完善的流域防洪工程体系及海堤挡潮工程体系，流域防洪(潮)基本达到 50 年一遇及以上标准，解决了洪水漫流问题。在流域治理格局下，高低分开，洪涝渍兼治，构建了较为完整的分区防洪治涝工程体系，解决了一般洪涝的威胁。近年来，全省加快了城市防洪治涝工程建设，基本形成了流域、区域、城市三个层次有机结合、互相协调的防洪治涝工程格局。

一、流域防洪

流域洪水是江苏防洪的主要对象，流域防洪工程是我省防洪工程体系中的骨干和重点。流域防洪工程规划包括淮河流域的沂沭泗水系防洪工程、淮河水系防洪工程、长江干流防洪工程、太湖流域防洪工程以及海堤工程五个部分。

1. 沂沭泗水系防洪工程

沂沭泗水系历史上受黄河夺淮影响，水系紊乱，水事矛盾复杂，洪涝灾害严重。流域防洪按照"蓄泄兼筹"的方针和"东调南下"布局，上游山丘区利用水库拦蓄洪水，中下游修建沂沭河洪水控制建筑物，使南四湖和沂河洪水通过新沂河顺利入海。

目前沂沭泗中下游地区骨干河道防洪标准达到 50 年一遇，南四湖湖西堤能防御 1957 年洪水(约 90 年一遇)。设计行洪流量，沂河江风口以下 8 000 m^3/s，总沭河 2 500～3 000 m^3/s，新沭河 6 000～6 400 m^3/s，邳苍分洪道 4 000～5 500 m^3/s，中运河 5 600～6 700 m^3/s，新沂河 7 500～7 800 m^3/s。设计洪水位，南四湖上级湖 37.0 m、下级湖 36.5 m，湖西堤设防水位上级湖 37.2 m、下级湖 36.7 m，骆马湖设计洪水位 25.0 m、校核洪水位 26.0 m。当骆马湖水位超过 24.5 m 时，由皂河控制退守宿迁控制；当骆马湖水位达到 25.5 m 时，预报水位将超过 26.0 m，启用黄墩湖滞洪区滞洪。必要时骆马湖以下中运河参与泄洪，与区间排水错峰泄洪。

2. 淮河水系防洪工程

淮河发源于河南省桐柏山，东流经豫、皖、苏三省，主流从三江营泄入长江，全长 1 000 km，总落差 200 m，干流洪河口以上为上游，流域面积 3.06 万 km^2，长 360 km，落差 178 m；洪河口至中渡(洪泽湖出口)为中游，中渡以上流域面积 15.8 万 km^2，长 490 km，落差 16 m；中渡以下至三江营为下游入江水道，长

150 km，三江营以上流域面积 16.46 万 km²。流域面积在 3 000 km² 以上的支流有 13 条。全流域面积 19 万 km²。

根据流域水系、地形和洪水特点，淮河流域防洪规划按照“蓄泄兼筹”的治淮方针，上游加固病险水库，兴建控制性水库，开展水土保持；中游整治河道、加固堤防，进行行蓄洪区调整和建设，建设临淮岗洪水控制工程；下游巩固现有河道的排洪能力，兴建淮河入海水道工程。目前，洪泽湖及淮河下游保护区防洪标准基本达到 100 年一遇。入江水道设计行洪流量 12 000 m³/s，入海水道一期工程设计行洪流量 2 270 m³/s，分淮入沂设计分洪流量 3 000 m³/s，苏北灌溉总渠加废黄河设计行洪流量 1 000 m³/s。

3. 长江干流防洪工程

长江是我国第一大河，发源于青藏高原的唐古拉山，干流全长 6 300 km，总落差 5 400 m 左右，流域面积 180 万 km²。江苏地处长江流域下游入海口，境内长江干流总长 4 325 km，流域面积 3.87 万 km²（其中太湖水系 1.96 km²，其余 1.91 万 km²）。经历年修建和加固，目前已建成长江堤防 1 510 km，其中主江堤 849 km、港堤 39 km、洲堤 32 km；北岸主江堤长 458.7 km，南岸主江堤长 390.5 km，穿堤通江建筑物 1 247 座（其中大中型 90 座）。

主江堤中，南京主城区段 60.5 km 为 1 级堤防，其余均为 2 级堤防；港堤为 2 级堤；太平洲洲堤为 2 级堤防，其余洲堤为 3 级及 3 级以下堤防。主江堤护坡上护至堤顶，下护至滩面，无滩面的护坡下限至低潮位；沿线大中型建筑物防洪（潮））标准为 10 年一遇设计、20～30 年一遇校核，小型建筑物按《长江流域综合规划 2012—2030 年》防洪水位设计、10 年一遇校核。

规划推进江堤防洪能力提升工程建设，进一步巩固长江干支堤防，满足防御 1954 年型洪水的要求，河口段、重点城市和开发区段堤防按防御 100 年一遇洪潮水位加固；继续加强重点险工、主要节点、分汊河道和洲滩治理，保障岸线稳定。

4. 太湖流域防洪工程

太湖流域是长江流域最下游的支流水系，位于长江三角洲南翼，一面环山，北抵长江，东临东海，南濒钱塘江，流域面积 3.69 万 km²。我省太湖地区位于流域中、北部，面积 1.96 万 km²，占流域总面积的 53%。

太湖目前主要由两条河入海、入江。一是太浦河，太湖洪水经太浦闸下泄，洪水穿过京杭运河（平交）后沿太浦河向东汇入黄浦江；二是望虞河，洪水经望亭立交下泄后沿望虞河至江边经常熟枢纽排入长江。太湖洪水经两河排泄后，其余洪水依赖环太湖大堤约束，保障周边地区防洪安全。目前，太湖流域基本能够防御 1954 年型洪水（约 50 年一遇）。新一轮《太湖流域防洪规划》确定按照防御流域 100 年一遇洪水目标，坚持“蓄泄兼筹、洪涝兼治”，以一轮治太骨干工程为基础，以太湖洪水安全蓄泄为重点，进一步发挥太湖调蓄作用，妥善安排洪水出路，继续完善流域北排长江、东出黄浦江、南排杭州湾的防洪工程布局。

5. 海堤工程

我省大陆海岸线南起长江口的启江东南元陀，北至海洲湾赣榆苏鲁交界的绣针河口，海岸线全长 954 km，在长江、黄河及淮河入海泥沙沉积共同作用下，海岸线不断东移，1855 年黄河北徙改道后，受沿岸潮流影响，废黄河三角洲段海岸线不断侵蚀后退，随着人工防护工程的不断加强，现状岸线相对稳定。

为保护沿海地区不受海侵，历史上在沿海地区开展了大量的海堤建设，围垦开发沿海滩涂，但修筑的海堤工程标准低，难以挡御较大风暴的侵袭。中华人民共和国成立后，开始大规模重建或修缮海堤，大部分河口建闸挡潮，经多年建设，形成了较为完整的防潮工程体系。现状主海堤长 854.5 km，其中处于侵蚀性岸段堤长329 km，严重侵蚀段堤长 102 km，2010 年底基本完成。两轮海堤达标建设效果显著，海堤防潮能力基本达到 50 年一遇高潮位加 10 级风浪的标准，成功抵御了近年来多次强台风和天文大潮的袭击。2011 年以来，按“固堤挡潮、护坡防浪、保滩护岸”的治理方针，继续对重点堤段进行工程防护，对严重侵蚀段及潮滩不稳定区域实施保滩工程，又陆续实施了年度应急治理工程。“十四五”期间，将根据《江苏沿海地区发展规划（2021—2025 年）》，结合沿海开发、滩涂围垦及河口整治，适时调整主海堤堤线，实施海堤巩固完善工程，相应加强滩涂、河口的开发利用管理。

二、区域治理

根据水系、地形和洪涝特点，全省划分为 17 个水利分区，亦称防洪分区，实行分区规划与治理。沂沭泗水系划分为南四湖湖西区、骆马湖以上中运河两岸区、沂北区、沂南区 4 个分区；废黄河区为独立排水区；淮河水系划分为洪泽湖周边及以上区、渠北区、白马湖高宝湖区、里下河区 4 个分区；长江流域分为苏北沿江区、滁河区、秦淮河区、石臼湖固城湖区 4 个分区；太湖流域分为太湖湖西区、武澄锡虞区、阳澄淀泖区、浦南区 4 个分区。在防洪分区基础上，《江苏省治涝规划》进行了治涝区划工作。将平原洼地（圩区）、滨河（湖）洪水顶托区中低于最高行洪水位的区域、平原坡水区低于历史最高水位的区域划为涝区。根据全国涝区区划原则，我省治涝分区采用三级区划体系。一级区划由全国统一确定，我省涉及淮河中下游平原区和长江下游平原区 2 个。二级及以下涝区由省确定，与防洪分区衔接，综合涝情特征、治理布局等因素，全省共划定二级涝区 17 个、三级涝区 31 个，三级涝区划分为 91 个涝片，实施分区、分片规划与治理。

目前各分区普遍存在外排出路不足，河道淤积、湖泊衰减、堤防标准不足、涵闸病险等问题，防洪治涝标准还较低，区域内部防洪标准一般 10～20 年一遇；区域治涝标准，太湖湖西地区 10～20 年一遇、其余地区接近 20 年一遇，秦淮河、石臼湖、固城湖、滁河区 10 年一遇，苏北沿江与里下河区 5～10 年一遇，淮河流域其他各区基本达到 5 年一遇，部分因洪致涝洼地 3～5 年一遇。区域治理关系到大范围地区的防洪治涝安全，同时也是众多城镇防洪安全的基础。为了保障全省区域共同发展，规划骨干支流及区域重点排水河道的防洪标准达到 20 年一遇，其中苏南地区骨干排水河道的防洪标准争取达到 20～50 年一遇；治涝标准，太湖湖西区 10～20 年一遇、其他地区 20 年一遇，秦淮河、石臼湖、固城湖、滁河区 10～20 年一遇，苏北沿江与里下河区 10 年一遇，其他区 5～10 年一遇。

区域治理需要根据各分区的灾害特点与经济社会发展要求，统筹研究区域与流域、区域与城镇、防洪治涝与灌溉供水及改善水环境等相关方面的关系，提出各分区的防洪治涝对策和工程措施。区域洪涝治理按照洪涝分治、高低分排、自排为主、抽排为辅的方针，进行河道清淤，清理湖荡，以及病险涵、闸、站、库除险加固，大力恢复原有排水功能和调蓄能力，在此基础上，进一步扩大排水出路，挖河结合复堤，适当增建洼地抽排站，重点提高低洼易涝地区的治涝标准。

三、城市防洪

我省现有 13 个设区市，95 个县（市、区），其中 19 个县、21 个县级市、55 个市辖区，718 个乡镇。根据《国务院关于调整城市规模划分标准的通知》（国发〔2014〕51 号），全省有特大城市 1 座，Ⅰ型大城市 2 座，Ⅱ型大城市 8 座，中等城市 6 座，Ⅰ型小城市 33 座，Ⅱ型小城市 5 座。根据国家已批准的淮河、长江、太湖流域防洪规划，南京市属于全国重点防洪城市；无锡、徐州、常州、苏州、扬州等 5 市属于全国重要防洪城市；南通、连云港、淮安、镇江、宿迁等 5 市属流域重要防洪城市。

南京属特大城市、全国重点防洪城市，主要防御对象是长江及秦淮河、滁河等支流洪水，城市防洪依托长江、水阳江、滁河、秦淮河等流域骨干河道堤防形成外围防洪屏障，构建防洪包围圈，洼地涝水抽排为主。现状主城区防洪能力基本达到 50～100 年一遇，江宁、浦口基本达到 50 年一遇，六合、溧水、高淳达到 20～50 年一遇。

无锡市属Ⅰ型大城市、全国重要防洪城市，城市防洪以京杭运河为界，实行运东、运西分治。运河以东中心城区目前防洪标准基本达到 200 年一遇，治涝标准基本达到 20 年一遇；运西片实施了包括山北北圩、山北南圩、盛岸联圩等 6 个圩区的达标建设和河埒地区的山洪防治工程。

徐州市属Ⅱ型大城市、全国重要防洪城市，主要防御对象是流域洪水、山洪及本地雨涝。主要依托南四湖湖西大堤南段、郑集河南堤、废黄河两岸堤防以及云龙湖水库大坝作为城市防洪屏障，形成分片治涝格局，除老城区及奎河两岸洼地抽排外，其余以自排为主。现状防洪标准基本达到 90～100 年一遇，治涝标准 10～20 年一遇。

常州市属Ⅱ型大城市、全国重要防洪城市，城市防洪按运北片、潞横革新片、湖塘片和采菱东南片四个片区治理。目前，常州市城市中心区（运北片）防洪标准总体达到 200 年一遇，治涝标准基本达到 20 年一遇。

苏州市属Ⅰ型大城市、全国重要防洪城市，至 2009 年，城市中心区防洪大包围 11 个节点枢纽全部建成，外围堤线总长 56.3 km，保护面积 74.1 km^2，总外排流量达 296 m^3/s。目前，苏州城市中心区大包围基本达到了节点枢纽 200 年一遇防洪和 20 年一遇治涝的能力。

南通市属Ⅱ型大城市、流域重要防洪城市，主要受长江流域洪水、沿海沿江风暴潮等洪涝灾害威胁。城市防洪依托江海堤防防御长江洪水及沿海高潮，依靠区域骨干河道及高低控制线防御区域洪水，高地自排为主，洼地辅以抽排。现状主江堤、海堤防洪标准达到 50 年一遇，治涝标准达到 10～20 年一遇。

连云港市属Ⅱ型大城市、流域重要防洪城市，主要防御新沭河洪水、沿海高潮、区域高水、山洪及本地雨涝。城市防洪由海堤及新沭河、蔷薇河、善后河、烧香河堤防组成外围防洪屏障，排涝受新沭河行洪高水位及沿海高潮位影响，采取自排与抽排相结合的方式，分区治涝。现状防洪标准基本达到 50 年一遇，治涝标准达 5～20 年一遇。

淮安市属Ⅱ型大城市、流域重要防洪城市，主要防御对象为淮河洪水及本地雨涝，城市防洪主要依靠洪泽湖、二河淮沭河、淮河入海水道、苏北灌溉总渠、大运河、里运河、废黄河堤防作为防洪屏障；涝水分片自排入盐河、废黄河、淮河入海水道及花河，辅以泵站抽排，入海水道排水区在其行洪时以泵站抽排为主。现状防洪标准基本达到 50～100 年一遇，治涝标准不足 20 年一遇。

盐城市属中等城市，主要防御对象为里下河地区高水及本地区雨涝，城市防洪主要依靠通榆河、新洋港、串场河、蟒蛇河、皮岔河等区域性骨干河道堤防作为防洪屏障，形成分片防洪包围圈，分片建站抽排。现状盐城城市核心区、河东新区、经济开发区、高新区等四个防洪区防洪能力基本达到 50～100 年一遇、治涝 10～20 年一遇，其余各区防洪能力不足 50 年一遇、治涝能力接近 10 年一遇。

扬州市属Ⅱ型大城市、全国重要防洪城市，主要防御对象为江淮洪水、丘陵山洪和本地雨涝，城市防洪主要依靠长江江堤、淮河入江水道堤防及沿山河、胥浦河、乌塔沟等流域、区域性河道堤防作为防洪屏障，分区防洪，分片治涝，平原区自排为主、抽排为辅，圩区立足抽排、相机自排。现状防洪标准为：淮河洪水 100 年一遇，长江洪水 1954 年型（约 50 年一遇），西北部山洪 10～20 年一遇，治涝标准 5～10 年一遇。

镇江市属中等城市、流域重要防洪城市，城市防洪受长江洪水、南部山洪的威胁，城市排水受江潮顶托，城市防洪依托长江堤防作为防洪屏障，现状主城防洪能力基本达到 50～100 年一遇。

泰州市属中等城市，主要防御对象是长江洪水、区域高水及本地雨涝，城区防洪主要依靠长江江堤和泰州引江河、新通扬运河、老通扬运河、南官河堤防及 328 国道、江平公路（312 省道）控制线作为防洪屏障，以 328 国道为界，路南通南区高地自排为主、圩区抽排为主，路北里下河区立足抽排。现状防洪标准基本达到 50 年一遇，治涝标准 10 年一遇左右。

宿迁市属中等城市、流域重要防洪城市，主要防御骆马湖、中运河、废黄河洪水及本地雨涝。城市防洪以骆马湖、中运河、废黄河堤防作为外围防洪屏障，分片治涝，高地自排、洼地抽排。现状防洪标准 50 年一遇左右，治涝标准 10 年一遇左右。

第三章
超标准洪水的应对措施

江苏水系复杂、地势低洼、气候多变、台风多发，承受长江、淮河流域上中游近 200 万 km^2 来水，防洪、抗旱、防台任务繁重。经过多年持续治理和建设，江苏初步建成较为完善的防洪挡潮、治涝、调水、灌溉、降渍五大水利工程体系，同时全省防汛防旱防台预测预报预警调度体系、防汛防旱应急预案体系、防汛物资储备体系、防汛防旱抢险队伍体系、防汛防旱指挥体系也日益完善，大大增强了防汛防旱减灾能力，为全省经济平稳较快发展提供了有力的支撑和保障。

一、流域洪水调度

1. 沂沭泗洪水调度

沂沭泗洪水调度根据不同的上、下游水情，围绕"东调南下"进行水位控制和流量分配，以及确定超标准洪水对策原则。沂河洪水调度以临沂为控制站，划分不同等级洪峰流量，分别安排刘家道口南下沂河入骆马湖、彭家道口东调分沂入沭、江风口分泄邳苍分洪道进入中运河骆马湖；沭河洪水调度以大官庄站为控制站，会同沭河来水和分沂入沭来水，划分不同等级洪峰流量，分别安排大官庄闸东入石梁河水库下泄新沭河入海、人民胜利堰南下总沭河入新沂河；南四湖洪水调度以上、下级湖水位及中运河运河镇和骆马湖水位为指标，控制二级坝闸及韩庄闸下泄流量；骆马湖洪水调度划分不同等级的洪水，安排新沂河泄洪、中运河及徐洪河分泄、照顾黄墩湖地区排涝、退守宿迁大控制、黄墩湖滞洪区滞洪。

2. 淮河洪水调度

我省境内的淮河洪水调度，主要是洪泽湖的调度，根据洪泽湖不同等级洪水，分别安排苏北灌溉总渠废黄河、淮河入江水道、淮河入海水道、分淮入沂的启用时序和控制流量，洪泽湖周边滞洪区滞洪，以及超标准洪水对策和调度权限等。

国家防总批准的《淮河洪水调度方案》(国汛〔2016〕14 号)与我省相关的主要内容如下:经过 60 多年的治理，淮河已初步形成由水库、河道堤防、行蓄洪区、湖泊等组成的防洪工程体系。淮河干流上游设计防洪标准 10 年一遇，中游淮北大堤和沿淮重要城市设计防洪标准 10 年一遇，洪泽湖以下主要堤防设计防洪标准 10 年一遇。

在不影响防洪和排涝的前提下，洪泽湖可在后汛期根据雨水情适时拦蓄尾水，逐步由汛限水位抬高至汛末蓄水位 13.0 m，充分利用洪水资源。蒋坝水位低于 14.5 m，洪泽湖的调度运用由江苏省负责，遇特殊情况，由淮河防汛抗旱总指挥部调度。蒋坝水位达到或超过 14.5 m 时，洪泽湖的调度运用由淮河防汛抗旱总指挥部商有关省提出意见，报国家防汛抗旱总指挥部决定。入海水道的运用由淮河防汛抗旱总指挥部决定。洪泽湖周边圩区的运用由淮河防汛抗旱总指挥部商有关省提出意见，报国家防汛抗旱总指挥部决定。

3. 太湖流域洪水调度

太湖流域洪水外排能力受江海潮位限制，对河湖调蓄的依赖性大，且流域洪水下泄与区域涝水外排交织，太湖洪水调度方案规定了不同阶段的太湖排、蓄控制水位，太浦河、望虞河的下泄流量根据太湖不同水位、太浦河平望水位、望虞河琳桥水位进行控制，以及超标准洪水对策等。

国家防总批准的《太湖流域洪水与水量调度方案》(国汛〔2011〕17 号)与我省相关的主要内容如下：目前，太湖流域已初步形成北通长江、东出黄浦江、南排杭州湾的骨干水利工程体系，基本达到防御 1954 年降雨典型的洪水标准。

二、区域性洪涝调度

1. 里下河地区和沿海垦区

里下河地区的洪涝调度以兴化为代表站，根据兴化水位的不同等级，按照“自排为主，抽排为辅，必要时滞涝圩滞涝”的原则，分别安排沿海港闸自排入海，江都、高港等站抽排入江，必要时滞涝圩分批按规定滞涝。

2. 滁河洪水调度

滁河洪水调度，我省境内调度代表站为晓桥站，根据不同水位等级，安排及时开启干流各闸畅泄，充分发挥马汊河、朱家山河、划子口等各通江分洪道的作用，以及必要时启用蒿子圩滞洪区滞洪；对上游及我省境内大中型水库，安排适时为下游洪水错峰。

3. 秦淮河洪水调度

秦淮河洪水调度，上游、下游分别以赤山湖(赤山闸)、东山为代表站，根据不同洪水等级，安排及时开启秦淮新河闸、武定门闸排水入长江、上游水库错峰，天生桥套闸相机跨流域排水至石臼湖水系，必要时启用赤山湖蓄滞洪区滞洪；以及超标准洪水对策、工程调度权限等。

4. 苏南运河区域洪涝联合调度

苏南运河区域洪涝联合调度，以苏南运河为主线，对沿线相关区域、城市大包围等，分别选定调度代表站并划分不同水位等级；根据水位等级，分别安排沿江口门工程北排洪涝水入江、环太湖口门工程相机排水入太湖、城市大包围工程适时启闭，区域控制工程如钟楼闸、丹金闸适时启用减轻下游压力；以及超标准洪水对策、工程调度权限等。

第四章
江苏省防汛物资储备能力现状

一、江苏省防汛物资储备现状

特殊的地理环境和气候条件决定了江苏是一个洪涝灾害频发的省份。近年来，伴随着中国经济的腾飞，江苏省经济越来越发达，城市化程度高，是中国最为稳定的经济体之一。同时，受地形条件和历史原因的影响，经济带和城市群基本都集中在各大水系及沿海地区，这些地区绝大部分位于洪水位之下，防汛抢险工作与经济发展、社会进步息息相关，与人民生活、社会稳定紧密相连，导致江苏省防汛抢险救灾形势越来越严峻艰巨。为保障防汛抢险之需，江苏省各级防汛抗旱指挥部根据各级区域内抗洪抢险、防汛救灾的历史需要和参照储备定额来储备一定数量的防汛物资，并由江苏省防指统一组织、领导、指挥、协调全省防汛工作。

多年来，江苏省持续开展防汛抢险物资储备工作，建立了五级储备体系，实行中央、省、市、县、乡分级储备的储备管理机制，按照管理权限，分级储备，分级管理，分级使用，层层落实，统筹调度。中央级防汛物资储备是为支持江苏省及华东片区抗洪抢险设立的定点仓库，是保障大江大河大湖及其重要支流、重要防洪设施抗洪抢险、防汛救灾的需要；省级防汛物资储备是主要保障省内重要性流域性堤防、大中型涵闸、水库、重要防洪设施及重灾区的抗洪抢险和防汛救灾的需要；江苏省市、县级防汛物资储备主要用于本级辖区内的属地水利工程和设施的防洪保障抢险所需；部分受洪水灾害威胁的乡镇，有条件必须建立自己的防汛物资储备仓库，灾害发生时，能在第一时间向抗洪抢险提供急需的物资。从防汛物资储备仓库承担的功能来看，省级防汛物资储备仓库具有全局性和最高层次性，中央级防汛物资储备仓库可纳入省级统一规划；市级防汛物资储备仓库作为第二层次的仓库是对省级库的一种补充，需协调与省级仓库之间的位置设计与防汛物资品种、数量之间的关系，同时市级防汛物资储备仓库又具有统筹考虑本市非省管河流的防洪应急物资储备功能；县级防汛物资储备仓库作为第三层的仓库是也对省级仓库的一种补充，除在洪水来临时段向流经本县的河流提供防洪应急物资外，还应具备为养护防洪设施提供必需的物资储备的功能。从防汛物资的属性、重要性来看，中央级和省级防汛物资在各级防汛物资中具有全局性和代表性。

目前，根据对各级防汛物资储备情况统计来看，江苏省各级防汛物资共储备了三大类 39 个品种，总价值约 2.8 亿元。一是抢险物料类，主要是编织袋、麻袋、草包、土工布袋、膨胀堵漏袋、彩条布、土工布、块石、砂石料、木材、钢丝网兜、铅丝、钢管、滤垫、管涌抢护材料等；二是救生器材类，主要是救生衣、救生圈、防汛抢险舟、操舟机、救生抛投器、帐篷等；三是抢险机具设备类，主要是发电机组、抢险照明车、投光灯、打桩机、防汛灯具等。从县级以上仓库建设情况来看，江苏省已建立县级以上防汛物资储备仓库总计 102 栋，其中国家防总布局在江苏省的中央级防汛物资储备仓库 2 栋；江苏省防指布局的省级防汛物资储备仓库由江苏省水利防汛物资储备中心下辖5个分中心、3个省级防汛块石基地和省防汛防旱抢险中心、省属骆运管理处等仓库构成；江苏省13个地级市防指及40个县或县级市防指布局的相关防汛物资储备仓库共77栋。

二、江苏省水利防汛物资储备中心

江苏省水利防汛物资储备中心是江苏省水利厅的直属财政差额拨款事业单位，也是全省防汛物资储运专业队伍，承担中央和江苏省级防汛物资的储备、管理、调运任务，及防汛物资新技术、新方法的研究开发和推广应用，为江苏省防汛抢险提供物资保障。

从满足防汛抢险实战需求出发，江苏省水利防汛物资储备中心在系统整合现有防汛物资储备的基础上，对防汛物资储备进行系统规划，优化防汛物资布局，下辖苏州分中心（图1-2）、镇江分中心、南京分中心、扬州分中心、徐州分中心（图1-3）5个仓库及沿海分中心（待建），总库房面积2.5万平方米。目前共储有中央级、省级各类抢险材料、救生器材、小型抢险器具等防汛物资价值近7 581万元。其中，储备中央级防汛物资21大类约30个品种，价值近3 258万元；省级防汛物资25大类共30多个品种，价值近4 323万元。建有连云港、盱眙、句容3个省级防汛块石储备基地，储备防汛块石超18.03万吨。全力保障苏南、苏中、苏北及沿海片区防汛抢险需要。

多年来，江苏省水利防汛物资储备中心为防汛救灾、重大突发灾害事件提供防汛物资保障，在1991年、1998年、2003年、2020年等历次抗洪抢险及2008年汶川抗震救灾（图1-4）期间，江苏省水利防汛物资储备中心按照国家防总和省防指的指令，圆满完成各类抢险物资的调运任务，总价值数亿元，有力地保证了抗洪抢险物资的需要，为保障江苏省的经济发展、推动水利建设和防汛工作发挥了重要作用。中心多次被评为"全国水利系统先进集体""全省防汛抗洪工作先进集体"，先后获得"全国水利系统文明单位""江苏省五一劳动奖状""中国农林水利工会模范职工之家""江苏省水利厅创先争优先进基层党组织"（图1-5）等多项荣誉称号。

图1-2 江苏省水利防汛物资储备中心苏州分中心

图 1-3 江苏省水利防汛物资储备中心徐州分中心

图 1-4 支援汶川地震救灾

荣誉证书
授予 江苏省水利物资总站
全国水利系统文明单位
中华人民共和国水利部
江苏省五一劳动奖状
江苏省总工会
2008年10月
全国水利系统
模范职工之家
中国农林水利工会全国委员会
二〇一〇年九月
创先争优先进基层党组织
中共江苏省水利厅机关委员会
二〇一二年六月
全省水利系统
先进集体
江苏省人力资源和社会保障厅
江 苏 省 水 利 厅
二〇二〇年一月
全省防汛抗洪工作先进集体
中共江苏省委 江苏省人民政府
二〇一一年五月

图 1-5 部分荣誉称号

第二部分

规范化管理

第一章
职责和制度管理

一、省防储中心职能

1. 承担国家防办和省防汛抗旱指挥部储备在其所属仓库的防汛防旱物资的日常管理和保养。
2. 协助制定全省防汛物资储备基地规划布局。
3. 按照国家防办或省防指的指令，承担所储防汛防旱物资的调运。
4. 开展防汛防旱物资各类仓储新技术、新方法的研究开发和推广应用。
5. 负责所属仓库的改造、维修和安全管理。
6. 发挥自身优势，开展多种经营。
7. 完成厅领导交办的其他工作。

二、省防储中心主任防汛物资管理职责

1. 中心主要领导应全面掌握防汛物资储备管理状况，是防汛工作第一责任人，分管领导是具体责任人。
2. 中心领导应按照江苏水利高质量发展要求，研究制定防汛物资管理中长期发展规划并推进执行。
3. 依据省级应急预案，组织制定中心系统的防汛应急预案。
4. 随时掌握全省水情灾情，按照国家防办或省防指的指令，承担所储防汛物资的调运职责。
5. 协助制订全省防汛物资储备基地规划布局，推进中心系统仓储基地建设。
6. 组织、领导防汛新材料、新工艺、新方法的研究和推广工作。
7. 中心其他副主任根据分工，完成防汛物资管理的各项工作。

三、省防储中心分中心主任防汛物资管理职责

1. 分中心主任对本单位的防汛物资管理、调运工作负总责，分管副主任是具体责任人。
2. 加强防汛物资日常的维护和保养，认真执行防汛物资管理有关制度，确保所储防汛物资完好。
3. 组织修订防汛物资调运预案，严格执行防汛物资调运指令，确保安全高效完成物资保障任务。
4. 汛期执行24小时值班制，密切关注雨水情，服从调度，随时与中心保持联系。
5. 做好本单位各项安全管理工作。

6. 加强创新研究，提升管理水平。

四、防汛物资管理科职能

1. 协助江苏省防汛抗旱指挥部办公室（以下简称省防办）进行中心系统的中央级和省级防汛防旱物资的管理工作。

2. 配合省防办落实委托储备计划，并督促实施；负责委储物资的预案管理、调运及年终结算等工作。

3. 负责防汛物资管理相关规章制度的制定、执行、监督。

4. 负责汛前各项准备工作，组织中心系统汛前检查。

5. 负责全中心防汛值班工作。

6. 负责省防办块石采购项目的质量监督管理工作。

7. 负责中心系统防汛物资管理的调研、学习和培训工作。

8. 负责中心系统防汛物资管理规范化、标准化建设工作。

9. 中心领导安排的其他工作。

五、防汛物资储运科职能

1. 负责省级防汛防旱物资的计划申报、入库、出库、销库、维修保养、报废更新等管理工作。

2. 负责中心系统防汛预案的编制工作，落实中央级和省级防汛防旱物资的调运任务。

3. 负责中心防汛防旱物资管理费、调运费的年终决算及维修经费的申请。

4. 负责下属单位仓库、码头、场地等维修管理工作。

5. 负责防汛物资储运规章制度制定、执行、监督，并组织学习、培训。

6. 负责中心防汛物资信息化管理工作。

7. 负责防汛防旱新技术、新材料、新工艺的研发应用及推广工作。

六、防汛物资保管员职责

1. 严格遵守和执行防汛物资保管规章制度，认真学习相关法律、法规和业务知识，熟练掌握相关办法、规范及操作规程。

2. 负责防汛物资的现场保管工作。到岗后及时巡查仓库，随时掌握仓库动态，发现情况及时上报；经常打扫仓库，整理堆放物资，搞好相关物资的维护保养，保持仓库清洁整齐有序。

3. 搞好仓库的安全管理工作。定期检查库房、物资、设施设备、消防器材、电气线路等，做好防火、防触电、防盗、防虫蛀、防鼠咬、防霉变等安全措施。

4. 负责防汛物资的入库、出库、销库、报废更新等工作。严格遵守和执行对应工作要求及流程，详细核实物资品种、规格、数量、日期等，妥善保管原始凭证，准确记录，及时更新。

5. 负责建立健全防汛物资台账、表格、垛位卡、标识牌等工作（另有分配专人管理的除外）。定期对物资进行盘点，确保细致、准确、及时，做到账、物、卡、牌“四相符”。

6. 做好物资管理系统的动态管理与上报工作。在防汛物资发生入库、出库、销库等情况后，及时在系统中将相关资料和数据录入、上报、更新。

7. 参与仓库防汛物资的抢险救灾调运工作。

8. 完成上级领导交办的其他工作。

七、防汛值班制度

为加强防汛物资管理、调运工作,做好汛期防汛物资保障,根据《国家防总关于防汛抗旱值班规定》,结合我中心实际,制定汛期防汛值班制度如下:

(一)每年5月1日至9月30日为汛期。省防储中心机关及分中心实行防汛值班。

(二)汛期值班,必须遵守"认真负责、及时主动、准确高效"的原则,值班必须设置防汛值班室。省防储中心系统值班采取领导带班(总值班)和工作人员值班相结合的全天24小时值班制度。遇汛情紧急时,中心机关及各分中心须配备双人值班,带班领导(总值班)、分中心领导必须到岗值班。

(三)值班岗位必须配备在编、在职的工作人员,不得安排临时聘用人员、退休人员值班。

(四)实行重大问题报告制度。汛期中心机关及各分中心全体工作人员原则上不得出远差,遇特殊情况须履行手续,按规定逐级上报批准同意;汛期内单位(部门)所有领导手机必须24小时开机,并保持通讯畅通;遇有本单位解决不了的重大问题,按规定逐级上报。

(五)值班人员职责及要求:

1. 带班领导(总值班)职责及要求:

(1)全面负责防汛值班的相关工作。

(2)负责回复上级领导的重要电话、传真,向下传达重要情况。

(3)批阅处理值班室传真和各类急办事宜,督促检查办理结果。

(4)全面掌握全省汛情动态和防汛抗灾情况,根据雨情变化,及时组织研究中心系统物资调运方案。

(5)检查监督各分中心值班情况。

2. 值班人员职责:

(1)坚守岗位,不得擅离职守,不得瞒报、漏报重大事件,违反规定者将实行责任追究。

(2)认真接听电话、文明应答,收发电传,确保上情下达,联络畅通。一般电话铃响三声必须有人接听,严禁使用值班电话聊天和讨论与防汛值班无关的事宜。

(3)值班期间应将发生的事项和处理情况在值班记录本上记录。值班记录要字迹清楚,要素齐全,详略得当。重大突发事件的处置,要记录详细过程。

(4)熟悉本单位所储物资情况。接到防汛物资调度指令后,必须立即报告单位领导,同时要求职能部门第一时间组织联系车船、保管、装卸人员到位作业,并及时通知收货单位,通报调运情况与进度。对上保持联络,随时做好记录。

(5)对值班期间发生的一般来电、来访及安全管理(生产)方面的情况与问题,值班人员在对政策了解的情况下,可先期处置;重要来电要求对方尽量采用书面形式报送,并立即报告带班领导。

(6)严格遵守值班纪律,按时做好交接班;严禁饮酒,爱护公物,保持值班室整洁有序。详见附件。

附件：防汛值班记录（样式）

防汛值班记录本

江 苏 省 水 利 防 汛 物 资 储 备 中 心

年　　月　　日至　　　年　　月　　日

防汛值班记录(20____年)

<table>
<tr><td>值班日期</td><td colspan="3">____月____日____时____分至____月____日____时____分　星期________</td></tr>
<tr><td>值班人员</td><td></td><td>带班领导</td><td></td></tr>
<tr><td>天气情况</td><td colspan="3"></td></tr>
<tr><td colspan="4">上级通知事项:包括单位、联系人、联系电话、来电(文)号、时间、内容摘要等。</td></tr>
<tr><td colspan="4">领导交办事项:</td></tr>
</table>

续 表

检查情况及其他值班事项：
有关事项处理情况：
值班用品交接情况：

交班人签字： 接班人签字：

八、省防储中心分中心门卫值守制度

为维护各分中心库区内正常的工作秩序，规范人员、车辆、物资出入管理，确保分中心库区内财产安全，特制定门卫值守制度如下：

（一）各分中心库区应实行封闭式管理，实行门卫值守制度，原则上执行 7×24 小时值守。

（二）切实做好有关人员和车辆出入库区的管理工作，遇到解决不了的问题，应立即汇报分中心相关领导。

（三）严格遵守中心各项规章制度，服从统一指挥。

（四）门卫值守人员职责：

1. 严格执行疫情防控要求，对一切进入库区人员需查看健康码、行程码和测量体温，并对外来人员做好身份证信息及联系方式的填写登记工作。

2. 严格检查外来人员，询问来访事由及接待部门，并与相关部门人员联系确认登记后，方可进入。

3. 严格车辆出入检查登记制度，严禁社会其他车辆进入，严禁乱停乱放。

4. 出库运输物资车辆一律凭《分中心防汛物资发货单》，并检查确认单、物是否相符，做好登记后予以放行。

5. 熟悉库区治安环境情况，熟练掌握使用治安、消防报警电话和消防设备。

6. 做好库区相关巡查工作，工作日作息结束后及节假日，须对库区门窗、水电等进行巡查工作，发现问题应及时采取有关措施；夜间加强防火防盗警惕性，如遇可疑情况应立即报警和汇报。

7. 门卫值守人员必须坚守岗位，不得擅离职守，做到不脱岗，不饮酒，不留宿外来人员。

8. 门卫值守人员必须文明用语，坚持原则，注意方法，不得与对方争吵、打斗。如遇故意刁难、无理取闹、恶意违规者应立即上报相关领导协助解决。

9. 认真做好交接班工作并做好详细记录。

九、防汛物资查库制度

（一）凡是储存省级防汛物资的各分中心及相关委托储备单位，都必须履行查库制度。查库分为中心查库、分中心领导查库、保管员查库，查库情况均需详细记录在《查库记录本》上。

（二）中心查库为不定期进行，一般结合汛前、汛后检查及安全检查、领导观摩等时机安排，根据需要也可专项组织。中心查库的主要内容：

1. 分中心领导班子研讨防汛物资管理工作的办公会议纪要 。

2. 分中心领导、保管员查库制度执行情况 。

3. 库房物资管养与记录情况，及预案的执行能力 。

4. 库房设备、设施、机工具、监控消防等方面的配置与落实及工况情况。

5. 安全操作规程(规则)等的贯彻落实情况 。

6. 库容库貌、环境卫生、业务培训与素质提高等相关情况 。

7. 收集或征求对防汛物资管理的制度建设方面的问题与建议等。

（三）各分中心领导查库应定期进行。平时每月一次；汛期(5～9 月)要求每周一次；有收发任务期间每天一次；国家法定长假前后及重大雨雪、台风、地震等灾害期间必须查库。查库的主要内容：

1. 库房物资保管情况 。

2. 库房及其设备设施工作、维护、保养等记录情况 。

3. 人员岗位职责及规章制度履行情况。

4. 单位安全管理状况及隐患分析、闭环整理情况 。

5. 专项任务(如防汛物资收发等)或项目建设期间的进度、进展情况与问题处置 。

6. 主任办公会议定事项的落实情况。

7. 其他重要事项等。

四、保管员查库为工作日每天一次,非工作日根据领导安排和工作需要进行。保管员查库的主要内容:

1. 所管物资的堆垛(货架)是否稳固,账、物、卡、标牌是否“四相符”,是否有虫蛀、鼠咬、霉烂变质等情况。

2. 库房温湿度观测、记录,库区内外排水是否畅通,屋面和墙壁有无破损、坍塌及渗漏情况,发现问题及时报告并记录。

3. 库房配置的装卸机械(桁吊、叉车等)、监控设备、消防器材、照明电气等工作是否正常,机工具是否齐全,调试保养的情况与记录,发现问题及时上报并处置。

4. 依据发货通知单据完成收发任务及其过程管理,核对登记结算账、物、卡、牌及填写记录。

5. 打扫库房卫生,无蛛网油渍等杂污现象,内外整洁有序。

6. 完成领导交办的其他事项。

五、各级查库过程中发现的问题及解决方案、解决时间均需记录在《查库记录本》上。

六、查库制度的落实情况列入各级岗位职责及绩效考核内容,详见附表。

附表:查库记录本(样式)

江苏省水利防汛物资储备中心______分中心

查 库 记 录 本

20 年 月 日至 月 日

储备中心查库记录(20　年)

<table>
<tr><td>查库时间</td><td>月　日　时</td><td>查库人</td><td></td><td>保管员</td><td></td></tr>
<tr><td>天气情况</td><td></td><td>温　度</td><td></td><td>湿　度</td><td></td></tr>
<tr><td colspan="6">查库情况记录：</td></tr>
<tr><td colspan="6">报告或处理情况记录：

处理人签字：</td></tr>
</table>

十、防汛物资盘点制度

第一条　目的

为加强中央级防汛抗旱物资、省级水旱灾害防御物资、防汛应急抢险物资(以下统称“物资”)储备管理，及时掌握物资的数量及状态，准确反映入库、出库、待报废等情况，提高物资盘点工作规范性，特制定本制度。

第二条　适用范围

本办法适用于省防储中心及各分中心。

第三条　盘点方式

1. 日常盘点。

各分中心应组织采用循环盘点方式对库内所储物资逐区、逐类、分批、分期连续开展日常盘点工作并做好记录，保证物资没有无故缺失、外观破损、人为损坏等情况；应定期组织安排库区环境清扫、物资保养等工作。

2. 定期盘点。

(1) 各分中心、相关合作单位应于每年度汛前(3月底前)组织人员对储备物资进行全面盘点，确保各类情况(质保期内、到期待报废、已报废待出库、上级部门移交等)物资账实相符；填报中央级、省级物资库存和价值明细表提交中心相关职能科室，经汇总整理后，汇编成册。

(2) 各分中心、相关合作单位应于每年度汛后(10月底前)再次组织人员对储备各类物资再次进行盘点，填写汛后账实报表上报中心职能科室汇总。

3. 永续盘点。

分中心、有关单位对库内、外储备有变动(增加或减少)的物资，当日应至少复核一次，尤其针对数量有变化的物资，仔细校核账、卡、物变动情况，完成相应物资台账、垛位牌/卡等信息变更，并及时完成物资信息系统的相关内容更新。

第四条　盘点要求

1. 中心相关职能部门应联合做好物资盘点指导工作。各分中心、有关单位要明确职责分工，具体落实物资盘点工作，详实核对、填报相关资料。

2. 各分中心、相关单位每年度按照上述盘点方式组织开展物资盘点工作，盘点过程中需要本着“细心、负责、诚实”的原则进行盘点，重点检查储备物资账、卡、物一致情况与其保管状态，做好各类台账更新统计工作，严禁弄虚作假，虚报数据，确保账物相符，账账相符。

3. 在盘点过程中，如发现因不可抗力、保管不善或安全措施不当造成库存物资损毁、灭失的，应及时书面说明实际情况，形成对应处置意见上报中心研究。

4. 各分中心、相关单位对盘点账实差异数据要查核差异原因，保证将所有的差异原因全部找出并整理书面材料上报，经上级主管部门审批后，对库存物资账务做相应处理。

5. 中心职能部门将通过汛前、汛后或采取“四不两直”方式对各分中心、有关储备单位储备物资盘点情况进行抽查。

6. 各盘点单位应开展盘点总结工作，就本次盘点的物资储存、管理、出入库和库存数量、误差原因及分析等情况作出总结报告，按照定期盘点方式中约定时间进行上报。

7. 每年度末，相关职能科室配合财务部门做好中心物资账与财务账的核对销账工作。

十一、仓库维修管理办法

第一章　总则

第一条　为进一步加强江苏省水利防汛物资储备中心(以下简称“省防储中心”)仓库维修工程项目管理，规范项目采购实施行为，充分发挥专项资金使用效益，根据《中华人民共和国政府采购法》、《江苏省水利厅政府采购管理暂行办法》、《江苏省水利厅单位分散采购流程规定》以及《江苏省省级水利工程维修养护经费使用管理办法试行》等相关规定制订本办法。

第二条　本办法适用于使用财政专项资金实施的仓库维修项目。使用自有资金实施的项目参照执行。

第三条　仓库维修工程主要指：

1. 库内建筑物、构建物等维修。

2. 库内场地、道路、环境，水、电等公共设施的维修。

3. 库内建筑智能化工程、电子与通信工程等维修改造。

4. 其他影响安全度汛须应急的维修。

第四条　省防储中心成立工程项目采购领导小组(以下简称“采购领导小组”)，组长由分管领导担任，成员由财审科、办公室、纪律监察室、相关职能部门(单位)、技术人员等组成，其职责是工程采购指导、采购文件、设计变更审查等，分中心作为项目实施单位负责具体现场管理。

第五条　仓库维修项目管理的内容包括：项目申报和确定、项目实施、项目验收、财务及档案管理。

第二章　项目申报和确定

第六条　分中心应根据定期检查、日常检查、专项检查以及安全检查发现的问题与隐患，按照轻重缓急原则，拟订技术可行、经济合理的维修方案，编制下一年度仓储维修项目报告，并于每年 10 月 30 日前(或在规定时间内)以请示报告单附加维修项目报告形式将纸质和电子文件报职能管理部门。

第七条 分中心应加强前期调研，科学比选项目实施方案，核实工程量和预算，认真编制仓储维修报告，主要内容包括(具体格式内容详见附件)：

1. 项目名称：能概括地反映工程主要部位、主要存在问题和处理方法。

2. 项目说明：简明扼要地反映工程部位存在的主要问题及项目实施的必要性(附图纸)、维修方案等。

3. 项目汇总及预算：编制依据为参考相关定额。预算价格的组成采用工程量清单格式，计价方法采用综合单价法。采用综合单价法编制的预算表应附单价分析表。项目申报应将必要的项目勘察、设计、监理及决算审计等各项费用在项目预算中列支。

第八条 相关职能部门将对分中心报送的维修计划进行汇总，组织对申报项目范围、格式、内容是否符合本办法第三、六、七条相关要求进行初步审查，拟定下一年度中心仓储维修初步计划，报中心主任办公会研究。

第九条 中心主任办公会研究同意后，明确计划财政专项资金实施的，报省厅有关部门审批；计划自有资金实施的，由财审科纳入中心预算管理。

第十条 涉及一定特殊门槛、专业性强的维修项目，可由中心下属专业单位牵头或采购第三方服务编制项目预算，项目申报单位做好需求配合，维修方案经主任办公会研究同意后进行申报。

第十一条 重要紧急维修工程项目，在征得有关部门同意并履行相关手续后可提前实施。

第三章 项目实施

第十二条 维修工程项目经费到位后，项目实施单位将拟定的采购方式、采购文件等报中心采购领导小组审查、中心领导审批。其中，项目预算价格在20万元(含)以上的，由采购领导小组按政府采购相关规定组织工程类采购，确定施工单位。20万元以下的，由项目实施单位按有关采购规定与流程自行组织采购并实施。

第十三条 施工单位确定后，应及时与之签订合同，合同需明确合同标的、价款、质量要求、付款方式、权利义务、质保、违约责任及争议的解决方式等。

第十四条 项目实施单位必须明确项目负责人。项目负责人由实施单位主要负责人或分管工程的负责人担任，并对施工质量负责。

项目实施单位负责对项目施工全过程进行安全监管，设置现场安全员。施工进场必须安全告知、特种作业人员必须现场验证、危险性较大的分部分项工程必须有专项方案、施工监管必须有记录。

必要时可委托专业监理单位进行现场监理，监理服务的选择也需经采购程序确定并签订合同。

第十五条 项目实施单位负责对项目施工质量的检查验收。对于原材料、设备质量和隐蔽工程，应要求施工单位在自检后及时通知并共同进行检查验收，签认检查记录，留存相关图片资料。采用监理制的维修工程项目，验收还需由工程监理单位确认，必要时还可委托相关专业机构进行质量检测。

第十六条 经批准的项目实施方案一般不得随意变更。特殊情况确需变更的，由项目实施单位向中心书面请示，经同意后方可实施。施工中工作量有变化应履行相关签证手续。

第十七条 项目实施单位应做好施工日志，及时收集所有档案资料、图片资料，图片资料需能反映施工前、中、后维修情况。

第四章 项目验收

第十八条 项目完工后，具备以下条件项目实施单位可申请组织验收。

1. 项目按照设计与合同约定的内容施工完成。

2. 满足合同中约定竣工验收程序的相关要求。

3. 施工单位在工程完工后对工程质量进行了检查，确认工程质量符合有关法律、法规和工程建设强制性标准，符合设计文件及合同要求，并提出工程竣工报告。工程竣工报告应经施工单位法定代表人或工程项目经理审核签字。

4. 相关技术档案、主要建筑材料、建筑构配件和设备质量合格文件等资料整理完备。

5. 项目结算需要进行财务审核,并出具审计报告。

6. 项目施工单位在项目完工后组织初验,并对施工单位提出的工程竣工报告进行审核签署意见,具备验收条件的向采购领导小组提出项目验收申请。

第十九条 采购领导小组成立验收小组组织验收,必要时可申请外部专业技术人员参与,经费在 10 万元及以上的工程项目须由中心分管领导任验收小组组长。对验收不合格的项目,责成项目实施单位采取切实有效的补救措施,对发生较严重问题的项目,追究有关责任人的责任。

第二十条 验收时要形成竣工验收会议纪要。

第五章 财务及档案管理

第二十一条 仓库维修经费拨付实行财政报账制度,确保专款专用。

第二十二条 中心财审科负责经费的拨付、审核及使用过程中的审计、监督。

第二十三条 项目实施单位负责维修项目档案收集、整理、归档工作,并报省防储中心备案。

第六章 附则

第二十四条 本办法自发布之日起施行。原苏水储[2015]24 号《江苏省水利防汛物资储备中心仓库维修管理办法》同时废止。

详见附件。

附件：

XXXX 年 XX 分中心仓储维修项目报告

编制单位(盖章):XX 分中心

XXXX 年 X 月

XXXX年XX分中心仓储维修项目报告

一、项目名称

项目一名称:XXXXXX(能概括地反映工程主要部位、主要存在问题和处理方法。)

项目二名称

……

二、项目内容(项目按照轻重缓急进行排序)。

项目一:XXXXXX

1. 项目所处的具体位置。

2. 项目说明。

简明扼要地反映工程部位存在的主要问题及项目实施的必要性、紧迫性(附现状图片,并备注)。

3. 项目设计依据、标准。

4. 项目维修方案。

概述维修方案,包括实施计划、内容、建设工期等。

5. 项目投资估算。

项目二:

项目三:

……

三、项目汇总及预算

1. 项目汇总表

XXXX年XX分中心仓储维修项目报告

序号	项目	金额(万元)	备注
1			
2			
	合计		

2. 工程预算书

建筑与装饰、安装工程预算编制采用《江苏省建筑与装饰工程计价定额》(2014版)、《江苏省安装工程计价定额》(2014版),仿古石建筑、园林绿化采用《江苏省仿古建筑与园林工程计价表》(2007版)作为预算依据,房屋修缮部分采用《江苏省房屋修缮工程计价表》(2009版)等其他相关定额。涉及材料价格的,参照设计方案编制前一季度或前一个月的江苏省工程建设材料价格信息或所在各市工程建设材料价格信息中的价格水平考虑。预算价格的组成采用工程量清单格式,计价方法采用综合单价法。采用综合单价法编制的预算表应附单价分析表。

3. 设计图纸

十二、安全生产委员会工作规则

为进一步加强省防储中心安全生产工作，落实安全生产监督责任，健全省防储中心安全生产委员会（以下简称中心安委会）工作机制，促进省防储中心（以下简称中心）水利安全生产工作深入开展，参照《江苏省水利厅安全生产委员会工作规则》，结合中心安全生产工作实际，制定本规则。

一、指导思想和工作目标

以习近平新时代中国特色社会主义思想为指导，增强"四个意识"，坚定"四个自信"，做到"两个维护"，深入贯彻以人为本、安全发展的理念，坚持"安全第一、预防为主、综合治理"的方针，按照综合监管与专业监管相结合和"一岗双责、党政同责、齐抓共管"、"管行业必须管安全，管业务必须管安全，管生产经营必须管安全"的原则，深化安全监管体制机制改革，采取有效措施，落实安全生产监管责任，健全安全生产规章制度，采取有效措施，坚决杜绝较大和重特大生产安全事故，减少一般生产安全事故，保持中心安全生产形势持续稳定向好，为中心水利事业发展提供坚实保障。

二、中心安委会工作职责

（一）贯彻落实党和国家安全生产方针政策、法律法规，以及省委省政府、水利部和省水利厅关于安全生产工作的决策部署。

（二）研究部署、指导协调、监督检查全中心安全生产工作。

（三）分析中心安全生产形势，研究解决中心安全生产工作中的重大问题。

（四）研究制定全中心安全生产规章制度。

（五）依法指导和组织协调中心生产安全事故的应急救援和调查处理。

（六）完成省水利厅安全生产委员会部署的其他安全生产工作。

三、中心安委会主任、副主任安全生产职责分工

安委会主任：对全中心安全生产负总责。

安委会副主任：根据中心领导班子成员工作分工，各副主任负责分管工作的安全生产指导和监督检查工作。

其中分管安全生产工作的副主任还有下列安全生产职责：

负责参与安全生产事故责任追究监察工作；协助主任全面搞好安全生产管理工作。具体负责督促检查全中心安全生产责任制贯彻落实情况；督促全中心对国家、省有关安全生产法律法规、方针政策的贯彻落实；组织研究拟订全中心安全生产规章制度、安全奖惩制度和全中心安全生产的规划计划并督促全面实施；根据安委会主任安排，定期组织召开安委会成员会议、安全例会，分析中心安全生产形势和存在问题，督促加强安全生产和安全防范措施的落实。指导和监督检查中心机关各科室、所属各分中心安全生产工作。

四、中心安委会办公室工作职责

（一）研究提出中心安委会工作计划建议，定期汇总报告中心安全生产形势。

（二）沟通协调中心安委会成员单位安全生产相关工作。

（三）组织中心安全生产综合性监督检查。

（四）承办中心安委会会议和重要活动，检查督促中心安委会决定事项的贯彻落实。

（五）承办中心安委会交办的其他事项。

五、中心安委会组成单位工作职责

（一）办公室

指导中心系统后勤保障方面安全生产工作；负责中心机关后勤管理、办公楼消防、安全保卫等工作，加强办公场所、出租房等人员密集场所的安全管理；负责中心机关车辆的日常调度、管理和维护，组织驾驶员开展安全和交通法规学习;指导各分中心仓库、码头、场地、设备租赁安全管理;指导协调水利安全生产宣传工作。

(二)组织人事科

指导中心水利系统安全生产机构和队伍建设;负责中心所属单位劳动保险,保护和落实职工因工伤残抚恤政策;协助做好安全生产综合检查和考核人员调配。

(三)工会

依法对安全生产工作进行监督,指导各分工会组织职工参加本单位安全生产工作的民主管理和民主监督,维护职工在安全生产方面的合法权益。

(四)纪检监察室

依法实行水利安全生产事故责任追究制度,对负有安全生产监督管理职责的部门及其工作人员履行安全生产监督管理职责情况实施监察,查处安全生产工作中的失职、渎职行为。

(五)财务审计科

指导中心系统安全生产费用的提取、使用和管理;负责按照财政预算规定安排中心安全生产工作经费,监督检查安全生产经费的使用。

(六)防汛物资管理科

负责中心防汛防旱物资储备安全监督管理;负责制定防汛物资管理规章制度并监督实施;指导省级委储物资的储备及调运安全管理;指导中心系统汛期防汛值班安全并负责中心机关汛期防汛值班安全;负责中心汛前防汛防旱物资安全检查;负责省防办防汛块石质量监督中的安全管理。

(七)防汛物资储运科

负责中心防汛防旱物资调运安全管理,指导中心省级防汛防旱物资入库、出库、维修保养和报废更新过程中的安全管理;负责防汛物资储运规章制度、储运设施设备安全操作规程的制定并监督实施;指导各分中心调度预案编制,负责组织制定及修订防汛预案、应急预案并组织演练;监督各分中心排查和处理各类工程安全隐患。

(八)安全生产监督科(中心安委会办公室)

贯彻落实安全生产法律法规并监督实施,按照上级安全生产监督管理工作机构的工作部署,开展安全生产相关工作;组织或参与拟定中心安全生产规章制度;组织或参与安全生产应急演练;组织开展安全生产标准化建设;组织开展全中心安全生产宣传教育培训;指导全中心水利设施安全运行管理、隐患排查、应急预案编制、安全鉴定;协助有关部门做好水利安全生产事故调查处理;负责安全生产统计和信息报送工作;负责中心领导交办的其他安全生产监督管理事项。

(九)经营科

负责钢材经营的安全生产工作;负责中心系统中标的省水利重点工程材料供应的安全工作。

(十)中心下属公司

对工作职责范围内的安全生产工作负主体责任;负责多种经营的安全生产工作。根据中心安全管理制度,结合本单位情况,制定安全管理办法并报中心安委会备案。

(十一)各分中心

负责本单位安全目标的制定、分解、实施、考核;建立健全本单位安全组织网络,明确岗位安全职责,规范安全费用使用,完善安全规章制度、安全操作规程、安全档案管理、安全教育培训;负责仓库和在建工程的安全运行、检查和维修工作;负责出租房等人员密集场所的安全管理工作;负责多种经营的安全生产工作;负责本单位管理区域的安全隐患排查治理、重大危险源监控、消防安全、应急救援等管理;配合中心职能部门做好安全生产和违法案件查处等工作。

六、中心安委会工作制度

(一)中心安委会每年召开1次以上全中心安全生产工作会议,总结和部署年度工作或阶段性工作,交流各单位(部门)安全生产监督管理经验。每季度召开一次中心安委会全体成员会议,学习贯彻党和国家关于安全生产的方针政策,研究决定年度或半年度工作计划和重要活动,落实工作分工和责任分解。中心安委会会议由主任或委托副主任召集。

(二)中心安委会主任、副主任按分管工作领域和联系单位负责安全生产,将安全生产与分管工作同部署、同落实、同督查。每年年初,中心安委会主任、副主任与所分管单位(部门)签订安全生产责任状。中心安委办对责任状执行情况定时开展检查或抽查。

(三)中心安委会成员单位和部门,在中心安委会各分管主任领导下,对各自职责内的安全生产具体负责,结合本单位、部门工作实际开展安全生产监督管理活动,不断提高安全生产监督管理规范化、标准化水平。每半年应向中心安委办递交年度安全生产工作总结。

(四)中心安委会成员须按要求参加指定会议和中心安委会组织的各项活动,因特殊原因不能参加,应向主任或召集会议副主任说明情况,并指派本单位、部门其他分管领导参加,会后做好汇报、落实。

(五)因工作需要变更中心安委会成员时,经中心安委会主任同意后印发调整通知。中心安委会成员部门和单位主要负责人变换时,不改变原定工作职责。

(六)中心安委办根据上级相关规定、中心安委会领导要求,定时调整完善中心安委会工作规则。

十三、安全生产责任制度

安全生产责任制是最基本的安全管理制度,是所有安全生产规章制度的核心。为了加强江苏省水利防汛物资储备中心(以下简称中心)安全生产管理工作,按照“一岗双责、党政同责、齐抓共管”、“管行业必须管安全、管业务必须管安全、管生产经营必须管安全”和“谁主管、谁负责”的原则,明确并切实履行好安全生产监管职责和主体责任,做到职责明晰、任务明确、措施到位,防止和减少安全生产事故发生。根据《中华人民共和国安全生产法》、《江苏省安全生产条例》等法律法规,结合中心安全生产的特点,制定本制度。

一、中心安委会工作职责

(一)贯彻落实党和国家安全生产方针政策、法律法规。

(二)研究部署、指导协调、监督检查全中心安全生产工作。

(三)根据行业发展和安全生产形势,研究制定全中心安全生产规划、计划,完善安全生产规章制度。

(四)组织、指导、协调中心生产安全事故的应急救援和调查处理。

(五)完成省水利厅安全生产委员会部署的其他安全生产工作。

二、中心安委会成员单位安全生产工作职责

(一)安全生产监督科(中心安委会办公室)

1. 负责中心安委会办公室的日常工作。

2. 研究提出中心安委会工作计划建议。

3. 贯彻落实安全生产法律法规并监督实施,按照上级安全生产监督管理工作机构的工作部署,开展安全生产相关工作。

4. 检查督促中心安委会决定事项的落实,沟通协调成员单位(部门)安全生产监督管理工作。

5. 组织或参与拟定中心安全生产规章制度。

6. 组织或参与安全生产应急演练。

7. 组织开展中心安全生产综合性及专项检查,督促落实安全生产整改措施。

8. 组织开展安全生产标准化建设。

9. 组织开展中心安全生产监督管理工作考核;组织和指导全中心安全生产宣传、教育和培训。

10. 指导全中心水利设施安全运行管理、隐患排查、应急预案编制、安全鉴定。

11. 协助有关部门做好水利安全生产事故调查处理。

12. 负责安全生产统计和信息报送工作;负责中心安委会会议组织和重要文稿起草。

13. 负责中心领导交办的其他安全生产监督管理事项。

(二) 办公室

1. 指导中心系统后勤保障方面安全生产工作。

2. 负责中心机关后勤管理、办公楼消防、安全保卫等工作,加强办公场所、出租房等人员密集场所的安全管理。

3. 负责中心机关车辆的日常调度、管理和维护,组织驾驶员开展安全和交通法规学习。

4. 指导各分中心仓库、码头、场地、设备租赁安全管理。

5. 协助做好水利安全生产宣传工作。

(三) 组织人事科

1. 指导中心水利系统安全生产机构和队伍建设。

2. 负责中心所属单位劳动保险,保护和落实职工因工伤残抚恤政策。

3. 协助做好安全生产综合检查和考核人员调配。

(四) 工会

1. 依法对安全生产工作进行监督。

2. 指导各分工会组织职工参加本单位安全生产工作的民主管理和民主监督。

3. 维护职工在安全生产方面的合法权益。

(五) 纪检监察室

依法实行水利安全生产事故责任追究制度,对负有安全生产监督管理职责的部门及其工作人员履行安全生产监督管理职责情况实施监察,查处安全生产工作中的失职、渎职行为。

(六) 财务审计科

1. 指导中心系统安全生产费用的提取、使用和管理。

2. 负责按照财政预算规定安排中心安全生产工作经费,监督检查安全生产经费的使用。

(七) 防汛物资管理科

1. 负责中心防汛防旱物资储备安全监督管理。

2. 负责制定防汛物资管理规章制度并监督实施。

3. 指导省级委储物资的储备及调运安全管理。

4. 指导中心系统汛期防汛值班安全并负责中心机关汛期防汛值班安全。

5. 负责中心汛前防汛防旱物资安全检查。

6. 负责省防办防汛块石质量监督中的安全管理。

(八) 防汛物资储运科

1. 负责中心防汛防旱物资调运安全管理,指导中心省级防汛防旱物资入库、出库、维修保养和报废更新过程中的安全管理。

2. 负责防汛物资储运规章制度、储运安全操作规程的制定并监督实施。

3. 指导各分中心调度预案编制,负责组织制定及修订防汛预案、应急预案并组织演练。

4. 监督各分中心排查和处理各类工程安全隐患。

(九) 经营科

1. 负责钢材经营的安全生产工作。

2. 负责中心系统中标的省水利重点工程材料供应的安全生产工作。

（十）中心下属公司

1. 对工作职责范围内的安全生产工作负主体责任。

2. 负责生产经营的安全工作。

3. 根据中心安全管理制度，结合本单位情况，制定安全管理办法并报中心安委会备案。

（十一）各分中心

1. 负责本单位安全目标的制定、分解、实施、考核。

2. 建立健全本单位安全组织网络，明确岗位安全职责，规范安全费用使用，完善安全规章制度、安全操作规程、安全档案管理、安全教育培训。

3. 负责仓库和在建工程的安全运行、检查和维修工作。

4. 负责出租房等人员密集场所的安全管理工作。

5. 负责多种经营的安全生产工作。

6. 负责本单位管理区域的安全隐患排查治理、重大危险源监控、消防安全、应急救援等管理。

7. 配合中心职能部门做好安全生产和违法案件查处等工作。

三、安全生产岗位职责

各单位主要负责人是安全生产的第一责任人，对本部门的一切生产活动中的设备和人员的安全负总责，分管安全生产的负责人协助主要负责人履行安全生产管理职责，其他负责人对各自分管业务范围内的安全生产负领导责任。中心安委会由安委会主任、安委会副主任和安委会委员组成，安委会主任由中心主要领导同志担任、副主任由中心其他领导同志担任，委员由安委会成员单位负责同志担任。

（一）安委会主任安全生产主要职责：

1. 对中心安全生产工作负主要领导责任。

2. 贯彻落实国家安全生产法律法规及上级单位和中心安全生产规章制度。

3. 建立健全中心安全生产责任体系和管理体系。

4. 组织制定中心安全生产规章制度和操作规程。

5. 组织制定并实施中心安全生产教育和培训计划。

6. 保证中心安全生产投入的有效实施。

7. 督促、检查中心的安全生产工作，及时消除生产安全事故隐患。

8. 组织制定并实施中心的生产安全事故应急救援预案。

9. 考核各业务分管领导和下属单位主要负责人的安全生产工作履职情况。

10. 设置安全生产管理机构，配备安全生产管理人员。

11. 主持召开安全生产委员会会议，研究解决重大安全生产问题。

12. 推进安全生产标准化建设和职业健康安全管理体系建设。

13. 组织职业卫生管理，保障从业人员的职业健康。

14. 组织或参与生产安全事故的调查处理，及时、如实报告生产安全事故。

（二）安委会副主任安全生产主要职责：

1. 对分管业务工作范围内的安全生产工作负直接领导责任。

2. 负责分管工作领域的安全生产指导和监督检查工作。

3. 学习掌握国家安全生产法律法规及上级单位和中心安全生产规章制度、相关专业知识。

4. 贯彻国家安全生产法律法规及上级单位和中心安全生产规章制度。

5. 督促分管工作与安全生产工作同时计划、同时布置、同时检查、同时总结、同时考核的落实情况。

6. 督促分管工作中相关安全生产问题的协调工作，督促分管工作安全措施的落实。

7. 督促安全生产信息的及时传递。

(三)分管安全生产工作的副主任安全生产主要职责:

1. 协助主任全面搞好安全生产管理工作,对中心安全生产工作负综合监管责任。

2. 督促全中心对国家、省有关安全生产法律法规、方针政策的贯彻落实。

3. 组织研究拟订全中心安全生产规章制度、安全奖惩制度并督促全面实施。

4. 组织制定全中心安全生产的规划计划并督促实施。

5. 负责督促检查全中心安全生产责任制贯彻落实情况。

6. 根据安委会主任安排,定期组织召开安委会成员会议、安全例会,分析中心安全生产形势和存在问题,督促加强安全生产和安全防范措施的落实。

7. 负责指导推进安全生产标准化建设和职业健康安全管理体系建设。

8. 指导和监督检查中心机关各科室、所属各分中心安全生产工作。

9. 组织或参与生产安全事故的调查处理,负责参与安全生产事故责任追究监察工作。

10. 负责组织职业卫生管理,保障从业人员的职业健康。

(四)安委会委员安全生产主要职责:

1. 加强对业务工作范围内安全生产工作的指导,抓好安全生产法律法规、方针政策和上级、省防储中心有关安全生产工作的决策部署在业务工作范围的贯彻落实。

2. 把安全生产工作与本科业务工作同时研究,同时安排部署,同时检查督促。

3. 参与业务范围内的安全生产检查,督促和协调专业领域内的重大事故隐患整治工作。

4. 积极开展业务范围内的安全生产工作情况收集分析,并及时向分管领导和中心安全生产委员会报告。

5. 工作业务范围内发生生产安全事故时,及时赶赴事故现场,参与事故应急救援的技术支撑和善后处理工作。

6. 做好部门内消防、用电、防盗等安全管理。

7. 完成中心安全生产委员会交办的其他工作。

(五)各分中心、经营单位主要负责人的安全生产主要职责:

1. 对本单位安全生产负总责。

2. 贯彻执行安全生产法律法规和规章制度,对本单位在生产过程中的设备和人员安全、健康负全面责任,不得违章指挥、违规决策。

3. 经常组织开展安全生产知识、安全技术规程和劳动纪律的教育。

4. 负责报告本单位各种设施存在的安全隐患,对从事特种作业的人员组织训练,定期组织安全生产检查工作,组织隐患排查并及时整改。

5. 组织制定本单位各类安全生产事故应急预案,落实预案的演练并根据演练效果对预案进行修改、完善。

6. 对本单位的设备事故、伤亡事故的报告、统计、调查的及时性和正确性负责,并分析事故原因,拟定整改措施。

(六)各分中心、经营单位安全生产分管领导安全生产主要职责:

1. 协助主要领导全面负责单位安全生产工作,对本单位安全生产负主要领导责任。

2. 带领职工学习本单位的安全生产规章制度,督促职工严守劳动纪律,按章作业。

3. 组织开展安全生产检查指导,定期组织检查电气设备、安全用具和安全设施,使其经常处于良好状态。

4. 经常组织职工进行安全生产技术学习,推广安全生产经验,正确分析事故原因,提出改进措施。

5. 负责对施工项目现场安全管理工作的组织、指导、检查、整改,做好编制外用工的管理及各种工地现场的安全监督。

6. 组织整理工作场所，保持整洁卫生。

（七）安全员主要职责：

1. 协助领导组织本单位人员（含编制外用工）学习安全生产知识、安全技术、规章制度。

2. 经常检查仓库建筑、电气设备、管理设施、经营及施工现场等方面的安全状况。

3. 协助领导分析安全生产情况，提出安全生产方面的合理化建议，并对事故隐患提出预防性措施和建议。

4. 检查职工遵守安全规章制度和劳动纪律的情况，有权制止本单位人员在生产活动中的“三违”现象，教育职工正确使用个人防护用品。

5. 及时准确地上报安全生产信息，做到不漏报、不瞒报。参加事故原因的调查，落实防范措施。

6. 对编制外用工做好安全技术培训及安全思想教育，增强安全意识、提高安全生产技能，加强安全管理。

（八）职工（含编制外用工）安全生产主要职责：

1. 自觉遵守安全生产规章制度和劳动纪律。

2. 不违章作业，并随时制止他人违章作业，正确使用和爱护电气设施、安全用具和个人防护用品。

3. 积极参加安全生产各项活动，主动提出改进安全生产工作的意见，真正做到“三不伤害”（不伤害别人、不伤害自己、不被别人伤害）。

十四、消防安全管理制度

第一章　总　则

第一条　为贯彻落实“预防为主，防消结合”的消防工作方针，预防和遏制火灾事故的发生，保障职工生命财产安全，确保工程安全运行，保证江苏省水利防汛物资储备中心（以下简称中心）各项工作顺利开展，根据《中华人民共和国消防法》和相关法律法规规定，结合中心实际情况，制定本管理制度。

第二章　组织领导

第二条　中心消防安全工作实行“谁主管，谁负责”的原则，在中心安委会的统一领导下，逐级落实消防责任制度。

第三条　消防安全管理是保证工程运行、对外经营、维修养护、维修改造和后勤服务等工作安全开展的一项重要内容。各单位要把消防安全工作与本单位其他工作同时计划、同时布置、同时检查、同时总结、同时考核。

第四条　中心下属各单位应成立消防工作领导小组。各单位主要负责人为本单位消防工作第一责任人，并明确专、兼职消防安全员。中心安委办是中心消防工作的职能部门。

第三章　消防安全职责

第五条　中心安委会消防工作职责：

（一）贯彻落实《中华人民共和国消防法》和有关消防安全的法规、规章及规范性文件；保障人员密集场所消防安全符合规定，掌握本单位的消防安全情况，全面负责中心的消防安全工作。

（二）统筹安排工程运行、对外经营、维护改造和后勤服务等活动中的消防安全管理工作，批准实施年度消防工作计划。

（三）确定逐级消防安全责任，批准实施消防安全管理规定和保障消防安全的操作规程；对各基层单位的消防安全组织网络及相关管理制度进行审核。

（四）部署、指导全中心消防工作，组织防火检查，督促整改火灾隐患，及时处理涉及消防安全的重大问题。

(五) 为消防安全管理提供必要的经费和组织保障，根据消防法律法规的规定建立专职消防队或义务消防队，并配备相应的消防器材和装备。

(六) 负责向上级机关以及消防部门报告工作。

第六条 中心消防职能部门工作职责：

(一) 制定年度消防工作计划，组织实施日常消防安全管理工作。

(二) 负责起草消防安全管理规定和保障消防安全的操作规程，并督促落实。

(三) 拟定消防安全工作的资金投入和组织保障方案。

(四) 督促指导各单位(部门)对消防设施、灭火器材和消防安全标志进行维护保养，确保消防设施、器材完好有效，确保安全疏散通道和出口畅通。

(五) 组织实施消防检查和火灾隐患整改工作。

(六) 组织职工开展消防知识、技能宣传教育和培训，组织实施灭火和应急疏散预案演练。

(七) 定期向中心安委会报告消防安全情况，及时报告涉及消防安全的重大问题。

第七条 各单位(部门)消防工作职责：

(一) 督促本单位(部门)职工遵守消防安全法律法规和规章制度，组织学习消防安全知识和技能。

(二) 组织参加安全工作会议，根据实际情况提出可行性建议，执行会议决定。

(三) 负责本单位消防安全制度的执行和落实。

(四) 组织本单位职工实施每日岗位消防安全自查。

(五) 负责组建、管理义务消防队。

(六) 组织制定本部门(单位)消防应急预案，发生火灾或其他突发情况时，执行消防应急预案，履行职责。

第八条 专(兼)职消防安全员工作职责：

(一) 遵守消防安全法律法规和规章制度，认真学习消防安全知识。

(二) 掌握工作区域内安全疏散设施、消防设施、消防器材的位置和数量，掌握有关消防安全常识。

(三) 认真参加消防安全教育、培训。

(四) 每日进行班前班后岗位消防安全自查，保障责任区内安全疏散设施、消防设施、消防器材、电气设备和线路及其他有关消防安全的设施、器材状态正常。

(五) 对所发现的消防安全隐患，及时上报单位负责人和相关职能部门。

(六) 发生火灾或其他突发情况时，按照消防应急预案规定，履行职责。

第四章 消防安全设施、器材管理

第九条 各单位应对各类消防器材进行合理配置，并登记造册。

第十条 消防器材实行“谁主管，谁负责”的原则，不得随意移动，不得挪作他用，不得故意损坏。

第十一条 要定期进行消防器材、设施的检查、维护和更新，确保消防器材、设施外观整洁、完好有效。

第五章 消防安全宣传教育

第十二条 开展经常性消防安全宣传教育活动，每年至少对职工进行一次消防安全教育培训。

第十三条 对新进人员和调整岗位的职工进行上岗前的消防安全培训。

第十四条 积极开展形式多样、内容丰富的消防安全知识宣传活动。

第十五条 宣传教育培训内容：

(一) 有关消防法律法规、消防安全管理规定和保障消防安全的操作规程。

(二) 本单位(部门)、本岗位的火灾危险性和防火措施。

(三) 有关消防设施的性能、灭火器材的使用方法。

（四）报火警、扑救初起火灾以及自救逃生的知识和技能。

（五）组织人员进行消防预案的学习和演练。

第六章 消防安全检查

第十六条 中心消防职能部门应坚持组织开展重大节假日及汛前、汛后消防安全大检查，做好秋冬季节防火安全检查。中心各单位（部门）每月对本单位消防设施和防火重点部位检查一次。

第十七条 消防安全检查的主要内容：

（一）消防组织、消防负责人、消防管理人员岗位责任是否履行到位。

（二）单位（部门）领导和职工是否清楚本单位（部门）的消防安全制度及安全操作规程。

（三）用火用电、易燃易爆品、化学物品等物资的贮存、管理和使用是否符合相关的规定。

（四）建筑及其改建装修是否符合消防法规。

（五）是否出现新的隐患，历次发现的火险隐患是否得到整改，一时难以整改的，是否列入整改计划。

（六）消防安全通道、消防设施和灭火器材的状况是否符合要求。

（七）值班人员是否坚守岗位并关注消防安全状况。

（八）消防台账及档案资料是否完整、规范。

第十八条 各单位（部门）应遵守“边检查，边整改”的原则，对检查出来的火险隐患，要立即整改；对一时难以整改的，应做好临时防护措施，及时上报中心消防职能部门。

第十九条 中心消防职能部门对检查出的火险隐患，应下发火险隐患通知书和限期整改意见书。

第七章 消防专项管理

第二十条 用火用电管理：

（一）用火用电要坚持“谁使用，谁负责”的原则，按有关管理规定制定安全用火用电操作规程。

（二）各单位在安装和维修电气设备时应严格遵守操作规程和技术要求。对电气设备、线路要经常检查，发现隐患要立即采取措施，排除险情，做好记录，及时报告。因工作需要拉设临时线路的，应符合安全规定，用完及时拆除。

（三）用电单位严禁乱拉乱接电源线、私自安装电气设备、随意安装不符合标准的保险丝等行为。

（四）各单位使用的电气、电动、照明等设备，应设专人负责。下班时应检查安全状况，必要时应切断电源。

（五）使用液化气的单位应按照消防部门的有关规定运输、储存和换发液化气罐。

（六）用火要有专人负责，应严格遵守操作规程和用火制度。明火设施，非指定人员不得随意动用。明火使用者对用火负有消防安全的主要责任。

（七）用火设备应设在安全地点和位置，与可燃性物质保持适当的安全距离。任何单位、个人都不得使用不符合消防安全要求的用火设备。

（八）坚持火在人在，人离火灭的用火原则。对用火设施要经常进行检查，发现隐患要及时报告并采取措施消除隐患。

第二十一条 仓库消防管理：

（一）对易燃易爆危险品的储存、保管和使用，应建立健全严格的管理制度，落实安全防范措施。

（二）危险物品应专库存放，库房结构及位置应符合危险物品安全管理规定。

（三）危险物品应双人保管，落实岗位安全责任制。

（四）保管人员应按仓库消防安全管理规则和消防部门的规定进行管理。不了解易燃易爆等危险物品性能、不掌握安全操作方法的人员，不得从事保管和操作工作。

（五）库房内严禁一切明火，保管员应每天进行安全检查。

第二十二条 维修养护及加固改造工程消防管理：

(一)新建、改建、扩建和装修工程的消防设计应执行有关消防技术规范规程,并及时报请消防机关审批。

(二)督促施工单位按照批准的消防设计图纸施工,做好施工现场的消防工作。

(三)工程竣工时,使用单位应当对工程消防设施进行验收。对不符合消防设计要求的,待整改解决后,方可接收使用。

(四)因施工需要,经批准搭建的临时建筑物,在工程竣工后应限期拆除。

(五)施工期间严禁堵塞消防通道。

第二十三条　重点部位消防管理:

(一)定期进行重点防火安全检查和日常自行检查,发现隐患,及时整改。

(二)室内严禁明火作业和明火取暖。

(三)严禁外来人员随意入内。

(四)防火重点部位十米以内不准堆放可燃物品和进行明火作业。

(五)定期对消防器材进行检查和维修。

(六)发现火灾、破坏等事故应正确处置并向上级职能部门汇报。

第八章　奖励与处罚

第二十四条　有下列先进事迹之一的单位、集体或个人,由中心安委会、消防职能部门或者本单位给予表彰、奖励:

(一)及时组织扑救火灾,或者积极支援协助邻近单位扑救火灾,避免重大损失,有显著贡献的。

(二)模范遵守消防安全制度,积极参加消防工作,有制止违反消防安全规定的行为,事迹突出的。

(三)及时发现、积极建议并采取措施整改、消除重大火险隐患的。

(四)积极、勇敢扑救火灾,抢救公共财产和群众生命财产,表现突出的。

第二十五条　有下列行为之一、情节较重的,由中心安委会或消防职能部门报中心给予处分或者处罚:

(一)消防负责人不履行职责,造成火灾事故的。

(二)值班人员擅离职守或因失职造成火灾事故的。

(三)故意破坏、拆除或随意挪用消防设施和灭火器材的。

(四)违章用火用电或未经批准,私自使用电热器具,私自乱拉乱接电线造成火灾事故的。

(五)违反消防规定,在主管部门提出警告、限期整改后拒不执行的。

第九章　附　则

第二十六条　本规定由中心安委办负责解释。

第二十七条　本规定自发文之日起执行。

十五、江苏省水利防汛物资储备单位安全生产标准化评价标准

一、适用范围:本标准适用于江苏省水利防汛物资储备单位开展安全生产标准化等级评定等相关工作。

二、项目设置:本标准以《企业安全生产标准化基本规范》(GB/T 33000—2016)的核心要求为基础,共设置8个一级项目、28个二级项目和130个三级项目。

三、分值设置:本标准按1 000分设置得分点,并实行扣分制。在三级项目内有多个扣分点的,可累计扣分,直到该三级项目标准分值扣完为止,不出现负分。

四、得分换算:本标准按百分制设置最终得分,其换算公式如下:评定得分=[各项实际得分之和/(1 000－各合理缺项分值之和)]×100,最后得分采用四舍五入,保留一位小数。详见附表。

附表：

1. 目标职责(130 分)

二级评价项目	三级评价项目	标准分值	评价方法及评分标准	评价描述	实际得分
1.1 目标(30 分)	1.1.1 安全生产目标管理制度应明确目标的制定、分解、实施、检查、考核等内容。	3	查制度文本 未以正式文件发布,扣 3 分 制度内容不全,每缺一项扣 1 分 制度内容不符合有关规定,每项扣 1 分		
	1.1.2 制定安全生产总目标和年度目标,应包括生产安全事故控制、生产安全事故隐患排查治理、职业健康、安全生产管理等目标。	6	查相关文件 目标未以正式文件发布,扣 6 分 目标制定不全,每缺一项扣 1 分		
	1.1.3 根据部门和所属单位在安全生产中的职能,分解安全生产总目标和年度目标。	4	查相关文件 目标未分解,扣 4 分 目标分解不全,每缺一个部门或单位扣 1 分 目标分解与职能不符,每项扣 1 分		
	1.1.4 逐级签订安全生产责任书,并制定目标保证措施。	5	查相关文件 未签订责任书,扣 5 分 责任书签订不全,每缺一个部门、单位或个人扣 1 分 未制定目标保证措施,每缺一个部门、单位或个人扣 1 分 责任书内容与安全生产职责不符,每项扣 1 分		
	1.1.5 定期对安全生产目标完成情况进行检查、评估,必要时,及时调整安全生产目标实施计划。	6	查相关文件和记录 未定期检查、评估,扣 6 分 检查、评估的部门或单位不全,每缺一个扣 3 分 必要时,未及时调整实施计划,扣 3 分		
	1.1.6 定期对安全生产目标完成情况进行考核奖惩。	6	查相关文件和记录 未定期考核奖惩,扣 6 分 考核奖惩不全,每缺一个部门或单位扣 2 分		
1.2 职责(40 分)	1.2.1 成立由主要负责人、其他领导班子成员、有关部门负责人等组成的安全生产委员会(安全生产领导小组),人员变化时及时调整发布。	5	查相关文件 未成立或未以正式文件发布,扣 5 分 成员不全,每缺一位领导或相关部门负责人扣 1 分 人员发生变化,未及时调整发布,扣 2 分		
	1.2.2 按规定设置或明确安全生产管理机构。	5	查相关文件 未按规定设置,扣 5 分		
	1.2.3 按规定配备专(兼)职安全生产管理人员,建立健全安全生产管理网络。	5	查相关文件 安全管理人员配备不全,每少一人扣 2 分 人员不符合要求,每人扣 2 分		
	1.2.4 安全生产责任制度应明确各级单位、部门及人员的安全生产职责、权限和考核奖惩等内容。主要负责人全面负责安全生产工作,并履行相应责任和义务;分管负责人应对各自职责范围内的安全生产工作负责;各级管理人员应按照安全生产责任制的相关要求,履行其安全生产职责。	15	查制度文本 未以正式文件发布,扣 3 分 责任制不全,每缺一项扣 3 分 责任制内容与安全生产职责不符,每项扣 1 分		

续 表

二级评价项目	三级评价项目	标准分值	评价方法及评分标准	评价描述	实际得分
1.2 职责(40分)	1.2.5 安全生产委员会(安全生产领导小组)每季度至少召开一次会议,跟踪落实上次会议要求,总结分析本单位的安全生产情况,评估本单位存在的风险,研究解决安全生产工作中的重大问题,并形成会议纪要。	10	查相关文件和记录 会议频次不够,每少一次扣2分 未跟踪落实上次会议要求,每次扣2分 重大问题未经安委会(安全生产领导小组)研究解决,每项扣2分 未形成会议纪要,每次扣2分		
1.3 考核(15)分	1.3.1 定期对部门、所属单位和从业人员的安全生产职责的适宜性、履职情况进行评估和监督考核。	8	查相关记录 未进行评估和监督考核,扣8分 评估和监督考核不全,每缺一个部门、单位或个人扣2分		
	1.3.2 建立激励约束机制,鼓励从业人员积极建言献策,建言献策应有回复。	7	查相关文件和记录 未建立激励约束机制,扣7分 未对建言献策回复,每少一次扣1分		
1.4 保障(25分)	1.4.1 安全生产费用保障制度应明确费用的提取、使用、管理的程序、职责及权限。	3	查制度文本 未以正式文件发布,扣3分 制度内容不全,每缺一项扣1分 制度内容不符合有关规定,每项扣1分		
	1.4.2 按有关规定保证具备安全生产条件所必须的资金投入。	5	查相关文件和记录 资金投入不足,扣5分		
	1.4.3 根据安全生产需要编制安全生产费用使用计划,并严格审批程序,建立安全生产费用使用台账。	3	查相关记录 未编制安全生产费用使用计划,扣3分 审批程序不符合规定,扣1分 未建立安全生产费用使用台账,扣3分 台账不全,每缺一项扣1分		
	1.4.4 落实安全生产费用使用计划,并保证专款专用。	6	查相关记录 未落实安全生产费用使用计划,每项扣2分 未专款专用,每项扣2分		
	1.4.5 每年对安全生产费用的落实情况进行检查、总结和考核,并以适当方式公开安全生产费用提取和使用情况。	3	查相关记录 未进行检查、总结和考核,扣3分 未公开安全生产费用提取和使用情况,扣1分		
	1.4.6 按照有关规定,为从业人员及时办理相关保险。	5	查相关记录 未办理相关保险,扣5分 参保人员不全,每缺一人扣1分		
1.5 后勤(10分)	1.5.1 确立本单位安全生产和职业病危害防治理念及行为准则,并教育、引导全体人员贯彻执行。	5	查相关文件和记录 未确立理念或行为准则,扣5分 未教育、引导全体人员贯彻执行,扣5分		
	1.5.2 制定安全文化建设规划和计划,开展安全文化建设活动。	5	查相关文件和记录 未制定安全文化建设规划或计划,扣5分 未按计划实施,每项扣2分 单位主要负责人未参加安全文化建设活动,扣2分		

续 表

二级评价项目	三级评价项目	标准分值	评价方法及评分标准	评价描述	实际得分
1.6 信息系统	1.6.1 根据实际情况，建立安全生产电子台账管理、重大危险源监控、职业病危害防治、应急管理、安全风险管控和隐患自查自报、安全生产预测预警等信息系统，利用信息化手段加强安全生产管理工作。	10	查相关系统 未建立信息系统，扣 10 分 信息系统不全，每缺一项扣 2 分		
小计		130	得分小计		

2. 制度化管理(80 分)

二级评价项目	三级评价项目	标准分值	评价方法及评分标准	评价描述	实际得分
2.1 法规标准识别(15 分)	2.1.1 安全生产法律法规、标准规范管理制度应明确归口管理部门、识别、获取、评审、更新等内容。	3	查制度文本 未以正式文件发布，扣 3 分 制度内容不全，每缺一项扣 1 分 制度内容不符合有关规定，每项扣 1 分		
	2.1.2 职能部门和所属单位应及时识别、获取适用的安全生产法律法规和其他要求，归口管理部门每年发布一次适用的清单，建立文本数据库。	5	查相关文件和记录 未发布清单，扣 5 分 识别和获取不全，每缺一项扣 1 分 法律法规或其他要求失效，每项扣 1 分 未建立文本数据库，扣 5 分		
	2.1.3 及时向员工传达并配备适用的安全生产法律法规和其他要求。	7	查相关记录 未及时传达或配备，扣 7 分 传达或配备不到位，每少一人扣 1 分		
2.2 规章制度(25 分)	2.2.1 及时将识别、获取的安全生产法律法规和其他要求转化为本单位规章制度，结合本单位实际，建立健全安全生产规章制度体系。规章制度应包含但不限于：1. 目标管理；2. 安全生产承诺；3. 安全生产责任制；4. 安全生产会议；5. 安全生产奖惩管理；6. 安全生产投入；7. 教育培训；8. 安全生产信息化；9. 新技术、新工艺、新材料、新设备设施、新材料管理；10. 法律法规标准规范管理；11. 文件、记录和档案管理；12. 重大危险源辨识与管理；13. 安全风险管理、隐患排查治理；14. 班组安全活动；15. 特种作业人员管理；16. 建设项目安全设施、职业病防护设施“三同时”管理；17. 设备设施管理；18. 安全设施管理；19. 作业活动管理；20. 危险物品管理；21. 警示标志管理；22. 消防安全管理；23. 交通安全管理；24. 车辆管理；25. 调度管理；26. 用电安全管理；27. 施工及检修安全管理；28. 仓库管理；29. 安全保卫；30. 劳动防护用品(具)管理；31. 变更管理；32. 职业健康管理；33. 安全预测预警；34. 应急管理；35. 事故管理；36. 相关方管理；37. 安全生产报告；38. 绩效评定管理。	15	查制度文本 未以正式文件发布，每项扣 3 分 制度内容不符合有关规定，每项扣 1 分		
	2.2.2 及时将安全生产规章制度发放到相关工作岗位，并组织培训。	10	查相关记录 工作岗位发放不全，每缺一个扣 2 分 规章制度发放不全，每缺一项扣 2 分		

续　表

二级评价项目	三级评价项目	标准分值	评价方法及评分标准	评价描述	实际得分
2.3 操作规程(25分)	2.3.1 引用或编制安全操作规程,确保从业人员参与安全操作规程的编制和修订工作。	10	查规程文本和记录 未以正式文件发布,每项扣3分 规程内容不符合有关规定,每项扣2分 规程的编制和修订工作无从业人员参与,每项扣1分		
	2.3.2 新技术、新材料、新工艺、新设备设施投入使用前,组织编制或修订相应的安全操作规程,并确保其适宜性和有效性。	5	查规程文本和记录 "四新"投入使用前,未组织编制或修订安全操作规程,每项扣2分		
	2.3.3 安全操作规程应发放到相关作业人员。	10	查相关记录并查看现场 未及时发放到相关作业人员,每缺一人扣1分		
2.4 文档管理(15分)	2.4.1 文件管理制度应明确文件的编制、审批、标识、收发、使用、评审、修订、保管、废止等内容,并严格执行。	3	查制度文本和记录 未以正式文件发布,扣3分 制度内容不全,每缺一项扣1分 制度内容不符合有关规定,每项扣1分 未按规定执行,每项扣1分		
	2.4.2 记录管理制度应明确记录管理职责及记录的填写、收集、标识、保管和处置等内容,并严格执行。	3	查制度文本和记录 未以正式文件发布,扣3分 制度内容不全,每缺一项扣1分 制度内容不符合有关规定,每项扣1分 未按规定执行,每项扣1分		
	2.4.3 档案管理制度应明确档案管理职责及档案的收集、整理、标识、保管、使用和处置等内容,并严格执行。	3	查制度文本和记录 未以正式文件发布,扣3分 制度内容不全,每缺一项扣1分 制度内容不符合有关规定,每项扣1分 未按规定执行,每项扣1分		
	2.4.4 每年至少评估一次安全生产法律法规、标准规范、规范性文件、规章制度、操作规程的适用性、有效性和执行情况。	3	查相关记录 未按时进行评估或无评估结论,扣3分 评估结果与实际不符,扣2分		
	2.4.5 根据评估、检查、自评、评审、事故调查等发现的相关问题,及时修订安全生产规章制度、操作规程。	3	查相关记录 未及时修订,每项扣1分		
小计		80	得分小计		

3. 教育培训(70 分)

二级评价项目	三级评价项目	标准分值	评价方法及评分标准	评价描述	实际得分
3.1 教育培训管理(20分)	3.1.1 安全教育培训制度应明确归口管理部门、培训的对象与内容、组织与管理、检查和考核等要求。	3	查制度文本 未以正式文件发布,扣 3 分 制度内容不全,每缺一项扣 1 分 制度内容不符合有关规定,每项扣 1 分		
	3.1.2 定期识别安全教育培训需求,编制培训计划,按计划进行培训,对培训效果进行评价,并根据评价结论进行改进,建立教育培训记录、档案。	17	查相关文件和记录 未编制年度培训计划,扣 17 分 培训计划不合理,扣 3 分 未进行培训效果评价,每次扣 2 分 未根据评价结论进行改进,每次扣 2 分 记录、档案资料不完整,每项扣 2 分		
3.2 人员教育培训(50分)	3.2.1 应对各级管理人员进行教育培训,确保其具备正确履行岗位安全生产职责的知识与能力,每年按规定进行再培训。按规定经有关部门考核合格。	10	查相关文件、记录并查看现场 培训不全,每少一人扣 1 分 对岗位安全生产职责不熟悉,每人扣 1 分 未按规定考核合格,每人扣 2 分		
	3.2.2 新员工上岗前应接受三级安全教育培训,教育培训时间满足规定学时要求;在新工艺、新技术、新材料、新设备设施投入使用前,应根据技术说明书、使用说明书、操作技术要求等,对有关管理、操作人员进行培训;作业人员转岗、离岗一年以上重新上岗前,应经部门(站、所)、班组安全教育培训,经考核合格后上岗。	10	查相关记录并查看现场 新员工未经培训考核合格上岗,每人扣 2 分 新工艺、新技术、新材料、新设备设施投入使用前,未按规定进行培训,每人扣 1 分 转岗、离岗复工人员未经培训考核合格上岗,每人扣 2 分		
	3.2.3 特种作业人员接受规定的安全作业培训,并取得特种作业操作资格证书后上岗作业;特种作业人员离岗 6 个月以上重新上岗,应经实际操作考核合格后上岗工作;建立健全特种作业人员档案。	15	查相关文件、记录并查看现场 未持证上岗,每人扣 3 分 离岗 6 个月以上,未经考核合格上岗,每人扣 3 分 特种作业人员档案资料不全,每少一人扣 2 分		
	3.2.4 每年对在岗作业人员进行安全生产教育和培训,培训时间和内容应符合有关规定。	5	查相关记录 未按规定进行培训,每人扣 1 分		
	3.2.5 督促检查相关方的作业人员进行安全生产教育培训及持证上岗情况。	5	查相关记录 未督促检查,扣 5 分 督促检查不全,每缺一个单位扣 2 分		
	3.2.6 对外来人员进行安全教育,主要内容应包括:安全规定、可能接触到的危险有害因素、职业病危害防护措施、应急知识等,并由专人带领做好相关监护工作。	5	查相关记录 未进行安全教育,扣 5 分 安全教育内容不符合要求,扣 3 分 无专人带领,扣 5 分		
小计		70	得分小计		

4. 现场管理(470分)

二级评价项目	三级评价项目	标准分值	评价方法及评分标准	评价描述	实际得分
4.1 设施设备管理(175分)	4.1.1 建立并执行新、改、扩建设项目安全设施"三同时"制度,根据国家、地方及行业等规定执行建设项目安全专篇、安全验收评价和项目安全验收等审查、批复和备案等程序;进行消防设计审核和消防验收。仓储场所装修和改变用途依法办理相关手续。	10	查相关文件和记录 未建立制度,扣5分 未执行"三同时"要求,扣10分 未按照规定进行安全专篇审查、安全验收评价和项目安全验收程序,每个扣3分 未按照规定进行消防设计审核和消防验收,扣10分 装修和改变用途未办理规定手续,扣10分。		
	4.1.2 仓库选址 符合当地城市规划,遵循存储安全、调运方便的原则;地势相对较高,工程地质和水文地质条件较好,土壤承载力要高;远离容易泛滥的河川流域与上溢的地下水区域;远离易燃、易爆场所;远离泥石流、滑坡、地质灾害区域;靠近交通干线,对外连接市政道路或者公路满足大型货车通行条件。	15	查相关记录并查看现场 不符合当地城市规划,扣5分 工程地质和水文地质条件不好,土壤承载力不高;靠近容易泛滥的河川流域与上溢的地下水区域;靠近易燃、易爆场所,靠近泥石流、滑坡、地质灾害区域,每项扣3分 交通不便,不能满足大型货车通行条件,扣5分		
	4.1.3 库区布置 库区布局合理,主要场所的防火间距、设备设施、变配电场所、排水通道及排水设施、场内交通路线等符合有关法律法规、标准规范的要求。	15	查相关记录并查看现场 布置不符合规定,每项扣2分 构成事故隐患,每处扣2分。		
	4.1.4 仓库建筑 外观整洁,结构完整,稳定可靠,无裂缝、漏水、沉陷等缺陷;梁、板等主要构件及门窗、排水等附件完好;通风、防潮、防水满足安全运行要求;满足抗震要求;有明显缺陷的应做库房安全鉴定;仓库建筑防火等级满足相关规范要求。	15	查相关记录并查看现场 主要构件有缺陷,每项扣5分 附件损毁,每项扣2分 通风、防潮、防水不满足要求,每项扣2分 仓库建筑防火等级不满足相关规范要求,扣15分		
	4.1.5 装修装饰 装修、装饰满足消防技术标准要求,使用不燃、难燃材料。装修、装饰施工过程中,室内装修防火材料应当按照国家消防技术标准的要求进行见证取样和抽样检验。	10	查相关记录并查看现场 装修装饰不符合规定,每处扣2分 未按要求见证取样和抽样检验,扣3分		
	4.1.6 仓储辅助设备 货架的安装符合有关标准和规定要求;货架各个结合处必须固定牢固;钢货架表面加涂防火涂料或采取其他保护措施;防超高、超宽,防超载,防撞击,保证稳定。托盘的结构、尺寸设计符合相关要求;货物不能超过托盘的最大承载力。其他仓储辅助设备满足相应的技术规范要求并取得相应合格证明文件。	10	查相关记录并查看现场 无技术资料,扣5分 技术资料不合格,扣5分 资料不齐全,缺一项扣2分 货架不符合要求,每处扣2分 托盘不符合要求,每处扣2分 其他辅助设施不符合要求,每处扣2分		

续 表

二级评价项目	三级评价项目	标准分值	评价方法及评分标准	评价描述	实际得分
4.1 设施设备管理(175分)	4.1.7 配电房(间) 设置满足正常照明的自然采光和备用照明。门、窗的设置符合规范要求;采用自然通风,不具备条件的采取机械通风;设置防雨雪、蛇鼠等小动物进入室内的设施;墙面、屋顶、照明灯具符合规范要求;防火等级满足要求,设置相应的灭火装置。	10	查相关记录并查看现场 采光不符合要求,扣2分 未设置备用照明,扣2分 门、窗的设置不符合要求,每处扣2分 未设置防止小动物进入设施,扣2分 墙面、屋顶、灯具不符合要求,每处扣2分 防火等级不达标,扣2分 灭火装置不符合要求,每项扣2分。		
	4.1.8 备用电源(柴油发电机组) 发电机的准备、启动、运行符合有关规定,及时维护保养,排除运行故障;定期检验、定期带负荷运行,运行记录规范;设置备用电源专用建筑,设置满足要求的备用照明,配备符合要求的灭火器;燃料管理、排烟管道设置符合规范要求。	10	查相关记录并查看现场 发电机无法正常启动,扣5分 现场无操作规程,扣2分 维修养护不及时,扣2分 记录不规范,扣2分 未设置备用照明,扣2分 未配备适合的灭火器,扣2分 燃料管理、排烟管道设置不符合要求,每处扣2分		
	4.1.9 防雷设施 合理确定防雷等级;防雷装置经过防雷部门验收合格;库房及其他建筑物安装相应避雷设施;建筑设施内的金属等电位良好接地;入户金属构件、绝缘子铁脚接到防雷接地装置;定期开展防雷设施检验。	10	查相关记录并查看现场 防雷装置未经防雷部门验收,扣5分 未按要求安装合适避雷装置,每缺一处扣2分 金属构件等电位未良好接地,每处扣1分 入户金属构件、入户绝缘子铁脚未接到防雷接地装置,每处扣1分 防雷设施检验不合要求,扣3分		
	4.1.10 电气线路及电器装置 架空电力线与仓库库房、可燃材料堆垛最近水平距离满足要求;配电线路敷设在有可燃物的闷顶、吊顶内时,采取相应防火措施;开关、插座和照明灯具靠近可燃物时,采取隔热、散热等防火措施;仓库内使用低温照明灯具,并对发热部件采取隔热防火措施;每个仓库库房外应单独设置电器开关箱;变压器设置应符合相关要求。	10	查相关记录并查看现场 架空电力线水平距离不满足要求,扣5分 使用的高温照明工具,每处扣2分 未采用穿管措施,每处扣2分 未设置库外开关,每处扣2分 变压器设置不符合要求,每处扣3分 其他不符合要求,每处扣2分		
	4.1.11 消防设备设施 选用及安装符合国家标准和有关规定的消防设备设施,设备档案完整,安全状态良好;按规定配备满足要求的灭火器、火灾自动报警系统、自动灭火系统,应急照明灯,室内外消火栓;对建筑消防设施、火灾自动报警系统、自动灭火系统、消防电气线路按规定进行检测,检测报告存档备查。	15	使用无资质厂家生产的消防设备设施,每台套扣3分。 档案资料不全(含生产、安装、验收、登记、使用、维护等),每台套扣2分 未经检验合格使用,每台套扣2分 安全装置不全或不能正常工作,每处扣2分 超期或应淘汰仍继续使用,每台套扣3分 检测不符合要求,扣5分		

续 表

二级评价项目	三级评价项目	标准分值	评价方法及评分标准	评价描述	实际得分
4.1 设施设备管理(175分)	4.1.12 消防控制室 消防控制室疏散门的设置符合规范要求;设置外线电话、火灾事故应急照明、灭火器等消防器材,配备相应的通讯联络工具;设备的防护、保险、信号等安全装置无缺陷;预备紧急疏散广播词或录音广播。	10	查相关记录并查看现场 疏散门不合规定,扣2分 未按规定配置相应设施设备,每缺一项扣2分 设施设备存在故障,每项扣2分		
	4.1.13 检维修管理 制定并落实综合检修计划,落实"五定"原则(即定检修方案、定检修人员、定安全措施、定检维修质量、定检维修进度),检修方案应包含作业安全风险分析、控制措施、应急处置措施及安全验收标准,严格执行操作票、工作票制度,落实各项安全措施;检修质量符合要求;大修工程有设计、批复文件,有竣工验收资料;各种检修记录规范。	10	查相关记录并查看现场 未制定检修计划,扣10分 检修计划内容不全,扣3分 未检修或检修质量不合格,扣10分 未落实"五定"原则,扣3分 未执行操作票、工作票制度,扣10分 未落实安全措施,每次扣3分 大修工程无设计、批复文件,扣10分 大修工程竣工验收资料不全,每缺一项扣5分 记录不规范,扣3分		
	4.1.14 特种设备管理 按规定进行登记、建档、使用、维护保养、自检、定期检验以及报废;有关记录规范;制定特种设备事故应急措施和救援预案;达到报废条件的及时向有关部门申请办理注销;建立特种设备技术档案(包括设计文件、制造单位、产品质量合格证明、使用维护说明等文件以及安装技术文件和资料;定期检验和定期自行检查的记录;日常使用状况记录;特种设备及其安全附件、安全保护装置、测量调控装置及有关附属仪器仪表的日常维护保养记录;运行故障和事故记录;高耗能特种设备的能效测试报告、能耗状况记录以及节能改造技术资料);安全附件、安全保护装置、安全距离、安全防护措施以及与特种设备安全相关的建筑物、附属设施,应当符合有关规定。	15	查相关记录并查看现场 未经检验或检验不合格使用,扣15分 检验周期超过规定时间,每台扣5分 记录不全,每缺一项扣2分 未制定应急措施或预案,扣5分 达到报废条件的未按规定办理注销,每台扣2分 未建立特种设备技术档案,扣5分 档案资料不全,每缺一项扣1分 安全附件、安全保护装置、安全距离、安全防护措施以及与特种设备安全相关的建筑物、附属设施不符合有关规定,每项扣2分		
	4.1.15 设施设备安装、验收、拆除及报废 对新设施设备按规定进行验收,设施设备安装、拆除及报废应办理审批手续,拆除前应制定方案,涉及危险物品的应制定处置方案,作业前应进行安全技术交底并保存相关资料。	10	查相关记录并查看现场 设备设施未进行验收,扣10分 未办理安装、拆除审批手续,扣10分 安装、拆除无方案或未按方案执行,扣10分 未交底或交底不符合规定,每人扣2分 设备设施报废手续不全,每台扣2分 资料保存不全,每项扣1分		

续 表

二级评价项目	三级评价项目	标准分值	评价方法及评分标准	评价描述	实际得分
4.2 作业安全（225 分）	4.2.1 作业环境和作业条件 仓库库区范围内干净整洁，库区入口设置醒目的总平面图。作业现场消防器材、劳动防护用品、安全通道、安全生产操作规程等的配备、设置符合规定。	10	仓库库区范围内不整洁，每处扣 1 分 库区入口应设置醒目的总平面图，未设置，扣 5 分 作业现场消防器材、劳动防护用品、安全通道、安全生产操作规程等的配备、设置符合规定，不合要求每处扣 2 分		
	4.2.2 调度运用 建立通畅的水利防汛物资调用信息渠道；有调度规程和调度制度；调度原则及调度权限清晰，严格执行调度方案和指令，并有记录；制定汛期紧急调度预案，经上级主管部门审查批准后，严格执行。	15	查相关文件、记录并查看现场 未建立物资调用信息渠道，扣 5 分 调度规程和调度制度未以正式文件发布，扣 3 分 调度原则、调度权限不清晰，扣 3 分 未严格执行调度方案和上级（指有调度权）指令，扣 5 分		
	4.2.3 防洪度汛 防洪度汛组织机构健全，岗位责任明确；定期对抢险设备进行试车；开展防汛抢险队伍培训，汛前按规定组织险情的抢护演练；开展汛前、汛中和汛后检查，发现问题及时处理；日常管理记录规范。	15	查相关文件、记录并查看现场 防洪度汛组织机构不健全，扣 5 分 岗位责任制不明确，扣 5 分 抢险设备未按规定进行试车，扣 5 分 未对抢险队伍进行培训或未按规定进行演练，扣 5 分 未开展汛前、汛中和汛后检查，扣 5 分 发现险情，未及时报告并采取抢护措施，扣 5 分 管理记录不规范，扣 5 分		
	4.2.4 验收入库 在确定物资供货单位后，成立物资验收组，对入库物资进行验收，质量、数量符合要求的办理入库手续，不合要求的不得验收入库。	10	查相关文件、记录并查看现场 材料不完备，每缺一项扣 2 分 重要文件缺失，每项扣 2 分 物资质量不达标，每项扣 2 分		
	4.2.5 存放管理 不同存储条件的物资分库存放；相同种类的物资按照批次集中存放；物资存放间距符合规范要求；物资排列要整齐，稳固。合理划分有效期内物资和过期待报废物资区间，保证明确可辨识；室外储存物品分类、分组和分堆（垛）储存；堆垛间距满足要求；设置隔离及警示装置，采取发现物资异常变动的措施；不堆积可燃性杂物，并控制植被、杂草生长。	15	查相关台账并查看现场 不同存储条件的物资混放，扣 5 分 未按照储存规范码放整齐，每处扣 2 分 堆垛面积不符合要求，每处扣 3 分 各类间距不合要求，每处扣 2 分 未划分有效物资和过期待报废物资区域，扣 2 分 室外储存未设置隔离及警示标识，扣 3 分 未设置物资异常变动的措施，扣 3 分 堆积可燃性杂物、杂草生长，每处扣 2 分		
	4.2.6 维护管理 按照防水、防潮、防蚀、防虫、防鼠等要求对物资进行保养，按照产品保养要求进行性能养护，保证产品使用，记录规范、完整。	15	查相关台账并查看现场 技术资料和档案、台账不齐全，每缺一项扣 2 分 未达到保养维护要求，每出现一处扣 2 分		

续 表

二级评价项目	三级评价项目	标准分值	评价方法及评分标准	评价描述	实际得分
4.2 作业安全(225分)	4.2.7 保存环境管理 库房保持整洁,装卸和维护用具摆放整齐;库房不渗不漏,门窗、风洞、门锁严密完好,启闭灵活;库房排水畅通,适时进行通风晾库或密封防潮,保持合理温度、湿度;满足防火、防盗要求。	10	查相关台账并查看现场 库房不整洁,每处扣 2 分 库房存在渗漏,每处扣 2 分 温湿度不符合存放要求,扣 10 分 门窗、风洞、门锁不严密,启闭不畅,每处扣 2 分		
	4.2.8 盘点管理 定期对库存物资进行盘点,清查物资生产日期、品名、规格和数量,确保物资账物卡相符。	10	查相关台账并查看现场 每年至少全面盘点一次,未开展扣 5 分 盘点资料不齐全,每缺一个品种扣 2 分 抽取 2 个品种现场盘点,账物卡不符,扣 10 分		
	4.2.9 出库管理: 防汛物资出库必须经过有权动用单位的调度审批;严格按照调度命令组织防汛物资调运工作,确保接到调度令后按预案要求及时调出物资;物资交接手续齐全、符合规范要求。	15	查相关文件和记录 出库手续不齐全,每缺一份材料扣 3 分 记录不齐全,每缺一处扣 2 分		
	4.2.10 人力作业安全: 上岗前做相应技术、技能培训;作业前使作业人员明确作业要求、了解作业环境、清楚危险有害因素;穿戴好防护用具;人力作业仅限制于轻负荷的作业;合理安排工间休息;利用设施设备装卸工具的,按操作规程作业。	10	查相关文件和记录 未经培训上岗,每人扣 2 分 作业不符合要求,每处扣 2 分		
	4.2.11 起重吊装作业 起重吊装作业前按规定对设备、工器具进行认真检查,确保满足安全要求;指挥和操作人员持证上岗、按章作业,信号传递畅通;吊装按规定办理审批手续,并有专人现场监护;不以运行的设备、管道等作为起吊重物的承力点,利用构筑物或设备的构件作为起吊重物的承力点时,应经核算;照明不足、恶劣气候或风力达到六级以上时,不进行室外吊装作业。	10	查相关记录并查看现场 作业机械及工器具性能、功能不满足安全要求,每台套扣 2 分 作业人员未按规定持证上岗,每人扣 3 分 未按操作规程作业,每次扣 3 分 信号传递不畅通,扣 2 分 未按规定办理审批手续,扣 5 分 无专人现场监护,扣 5 分		
	4.2.12 叉车作业 运行前检查机械状况;搬运货物时符合操作规程;按规定办理审批手续,并有专人现场监护;不准载人运行;不搬运未固定或松散的货物;定期检查维护车辆;停车不用前,叉车摆放整齐,定置停车并断开整车;充电时,空车至指定位置充电,按正确程序操作。	10	查相关记录并查看现场 作业机械及工器具性能、功能不满足安全要求,每台套扣 2 分 无专人现场监护,扣 5 分 作业人员未按规定持证上岗,每人扣 3 分 未按操作规程作业,每次扣 3 分 未定置停车的,每台扣 1 分		

续 表

二级评价项目	三级评价项目	标准分值	评价方法及评分标准	评价描述	实际得分
4.2 作业安全(225 分)	4.2.13 现场临时用电管理 按有关规定编制临时用电专项方案或安全技术措施,并经验收合格后投入使用;用电配电系统、配电箱、开关柜符合相关规定;自备电源与网供电源的联锁装置安全可靠,电气设备等按规范装设接地或接零保护;现场内起重机等起吊设备与相邻建筑物、供电线路等的距离符合规定;定期对施工用电设备设施进行检查。	10	查相关文件、记录并查看现场 未按规定编制临时用电专项方案及安全技术措施,扣 10 分 未经验收合格投入使用,扣 10 分 用电配电系统、配电箱、开关柜不符合相关规定,每项扣 2 分 无可靠的自备电源与网供电源的联锁装置,扣 5 分 未按规定设置接地或接零保护,每处扣 2 分 起吊设备的安全距离不符合规定,扣 10 分 未按规定对用设备电设施进行定期检查,每缺一次扣 2 分		
	4.2.14 危险化学品管理 建立危险化学品的管理制度;购买、运输、验收、储存、使用、处置等管理环节符合规定,并按规定登记造册;警示性标签和警示性说明及其预防措施符合规定;厨房应设置液化气报警装置。	5	查相关文件、记录并查看现场 未建立危险化学品管理制度,扣 3 分 管理环节不符合规定,每项扣 2 分 标签或说明不全,每缺一项扣 2 分 预防措施不落实,扣 5 分 未按规定登记造册,扣 2 分		
	4.2.15 交通安全管理 建立交通安全管理制度;定期对车船进行维护保养、检测,保证其状况良好;严格安全驾驶行为管理;调运防汛物资车船运行轨迹实时监控,车船驾驶符合要求,定时汇报具体位置。	10	查相关文件、记录并查看现场 未建立交通安全管理制度,扣 3 分 未按规定对车船进行维护保养、检测,每台扣 3 分 存在违规驾驶行为,每次扣 2 分		
	4.2.16 其他危险作业 临近带电体作业,作业前按有关规定办理安全施工作业票,安排专人监护;交叉作业应制定协调一致的安全措施,并进行充分的交底,应搭设严密、牢固的防护隔离措施;有(受)限空间作业等危险作业按有关规定执行。	10	查相关记录并查看现场 作业未办理审批,扣 10 分 现场无专人监护,扣 10 分 临近带电体作业未办理作业票或未按作业票执行,扣 10 分 交叉作业未制定安全措施,扣 5 分 交叉作业未交底或交底不符合规定,每人扣 2 分 交叉作业安全防护隔离措施不满足要求,扣 5 分 有(受)限空间作业未按规定采取安全措施,扣 10 分 作业人员违反操作规程,每人扣 3 分 其他危险作业未执行相关规定,每项扣 5 分		

续 表

二级评价项目	三级评价项目	标准分值	评价方法及评分标准	评价描述	实际得分
4.2 作业安全(225分)	4.2.17 消防安全管理 建立消防安全制度,建立健全消防安全组织机构,落实消防安全责任制;建立义务消防队,定期组织消防安全培训和教育;消防通道、安全出口和消防车通道畅通;建立消防设施、器材台账及设置消防设施、器材平面图;定期组织消防设施和器材的检测、维修,保障完好有效;定期开展防火检查、巡查;制定灭火和应急疏散预案,定期组织消防演练;建立消防档案;严格执行动火审批制度。	15	查相关文件、记录并查看现场 未建立消防管理制度,扣 3 分 未建立健全消防安全组织机构或未落实消防安全责任制,扣 5 分 未建立义务消防队,扣 2 分 未定期组织消防安全培训和教育,扣 2 分 消防通道、安全出口和消防车通道不畅通,每处扣 2 分 未建立消防设施、器材台账,扣 2 分 未设置消防设施、器材平面图,扣 2 分 无消防设施定期检查记录、测试报告以及维修记录,扣 3 分 无防火检查、巡查记录,扣 3 分 未制定灭火和应急疏散预案并培训和演练,扣 5 分 未建立防火重点部位或场所档案,扣 2 分 未设置及执行火审批制度,扣 2 分		
	4.2.18 安全保卫 建立或明确安全保卫机构,制定安全保卫制度;宜设置电子围栏,配备保卫设施;定期对防盗报警、监控等设备设施进行维护,确保运行正常;出入登记、巡逻检查、治安隐患排查处理等内部治安保卫措施完善;制定单位内部治安突发事件处置预案,并定期演练。	10	查相关文件、记录并查看现场 未明确安保机构或安保制度,扣 3 分 未设置安保设施的,每缺一处扣 2 分 报警、监控设备设施运行不正常,每项扣 2 分 内部安保工作存在漏洞,每项扣 2 分 无应急处置预案,扣 5 分 未定期演练,扣 3 分		
	4.2.19 岗位达标 建立班组安全活动管理制度,明确岗位达标的内容和要求,开展安全生产和职业卫生教育培训、安全操作技能训练、岗位作业危险预知、作业现场隐患排查、事故分析等岗位达标活动,并做好记录。从业人员应熟练掌握本岗位安全职责、安全生产和职业卫生操作规程、安全风险及管控措施、防护用品使用、自救互救及应急处置措施。	10	查相关文件、记录并现场问询 未建立班组安全活动管理制度,扣 3 分 制度内容不符合要求,每项扣 2 分 未按规定开展岗位达标活动,每少一项扣 3 分 从业人员对相关安全知识不熟悉,每人扣 2 分 记录不完整,每项扣 2 分		
	4.2.20 相关方管理 严格审查检修、施工、防汛物资运输及在租赁仓库库房内开展生产经营等单位的资质和安全生产许可证,并在发包、租赁合同中明确安全要求;与进入管理范围内从事检修、施工作业、防汛物资运输及租赁仓库库房开展生产经营等单位签订安全生产协议,明确双方安全生产责任和义务;对进入管理范围内从事检修、施工作业过程实施有效的监督,并进行记录;对调度运输防汛物资过程实施有效监管,记录留存。对租赁仓库库房开展生产经营单位实施有效监督,并进行记录。	10	查相关文件、记录并查看现场 未审查相关方的资质和安全生产许可证,扣 10 分 合同中未明确安全要求,扣 5 分 未签订安全生产协议,扣 10 分 协议内容不符合要求,扣 5 分 未对相关方作业实施有效监督,扣 5 分 记录不完整,每项扣 2 分		

续 表

二级评价项目	三级评价项目	标准分值	评价方法及评分标准	评价描述	实际得分
4.3 职业健康（60分）	4.3.1 职业健康管理制度应明确职业危害的监测、评价和控制的职责和要求。	3	查制度文本 未以正式文件发布，扣3分 制度内容不全，每缺一项扣1分 制度内容不符合有关规定，每项扣1分		
	4.3.2 按照法律法规、规程规范的要求，为从业人员提供符合职业健康要求的工作环境和条件，配备相适应的职业病防护设施、防护用品。	12	查相关记录并查看现场 作业环境和条件不符合规定要求，每处扣2分 未按规定配备防护设施，每处扣1分 未按规定配备防护用品，每人扣1分		
	4.3.3 指定专人负责保管、定期校验和维护职业病防护设施、防护用品，确保其完好有效。	10	查相关记录并查看现场 未指定专人保管，扣5分 未定期校验和维护，扣5分 防护设施、防护用品损坏或失效，每项扣2分		
	4.3.4 对从事接触职业病危害的作业人员应按规定组织上岗前、在岗期间和离岗时职业健康检查，建立健全职业卫生档案和员工健康监护档案。	5	查相关记录并查看现场 职业健康检查不全，每少一人扣1分 职业卫生档案和健康监护档案不全，每少一人扣1分		
	4.3.5 按规定给予职业病患者及时治疗、疗养；患有职业禁忌症的职工，应及时调整到合适岗位。	5	查相关记录和档案 职业病患者未得到及时治疗、疗养，每人扣1分 患有职业禁忌症的职工未及时调整到合适岗位，每人扣1分		
	4.3.6 与从业人员订立劳动合同时，如实告知工作过程中可能产生的职业危害及其后果和防护措施。	5	查劳动合同和相关记录 未告知职业危害、后果及防护措施，每人扣1分		
	4.3.7 按照有关规定，产生职业病危害的单位，在醒目位置设置公告栏，公布有关职业病防治的规章制度、操作规程、职业病危害事故应急救援措施和工作场所职业病危害因素监测结果。	5	查相关记录并查看现场 未设置公告栏，扣5分 标志和说明内容不全，每少一项扣1分		
	4.3.8 按规定及时辨识本单位存在的职业危害因素，制定针对性的预防和应急救治措施，并及时更新信息；对工作场所职业病危害因素进行日常监测，并保存监测记录。存在工作人员密切接触职业危害因素的单位，应按有关规定，及时、如实向所在地有关部门申报存在职业病危害因素的项目，并及时更新信息；应当委托具有相应资质的职业卫生技术服务机构每年进行一次全面的职业危害因素检测。	15	查相关记录和档案 未辨识职业危害因素，扣15分 未对职业危害因素制定针对性的预防和应急救治措施，扣2分 未及时更新信息，扣3分 未按规定进行日常监测，每次扣2分 未申报职业病危害因素，扣5分 未进行职业危害因素检测，扣5分		

续 表

二级评价项目	三级评价项目	标准分值	评价方法及评分标准	评价描述	实际得分
4.4 警示标志(10分)	4.4.1 按照规定和现场的安全风险特点,在有重大危险源、较大危险因素和职业危害因素的工作场所,设置明显的安全警示标志和职业病危害警示标识,告知危险的种类、后果及应急措施等;在危险作业场所设置警戒区、安全隔离设施。定期对警示标志进行检查维护,确保其完好有效并做好记录。	10	查相关记录并查看现场 未按规定设置警示标志,每处扣2分 危险作业场所未设置警戒区、安全隔离设施,每处扣2分 未定期检查维护,每次扣2分 记录不规范,每项扣1分		
小计		470	得分小计		

5. 安全风险管控及隐患排查治理(140分)

二级评价项目	三级评价项目	标准分值	评价方法及评分标准	评价描述	实际得分
5.1 安全风险管理(30分)	5.1.1 安全风险管理制度应明确风险辨识与评估的职责、范围、方法、准则和工作程序等内容。	3	查制度文本 未以正式文件发布,扣3分 制度内容不全,每缺一项扣1分 制度内容不符合有关规定,每项扣1分		
	5.1.2 组织全员对安全风险进行全面、系统的辨识,对辨识资料进行统计、分析、整理和归档。辨识范围应覆盖本单位的所有活动及设备设施,安全风险辨识应采用适宜的方法和程序,且与现场实际相符。	6	查相关记录并查看现场 未实施安全风险辨识,扣6分 辨识范围不全或与实际不符,每项扣1分 统计、分析、整理和归档资料不全,每缺一项扣1分		
	5.1.3 选择合适的方法,定期对所辨识出的存在安全风险的作业活动、设备设施、物料等进行评估。风险评估时,至少从影响人、财产和环境三个方面的可能性和严重程度进行分析。	6	查相关记录 未实施风险评估,扣6分 评估不全,每缺一项扣1分 评估分析不符合要求,每项扣1分		
	5.1.4 根据评估结果,确定安全风险等级,实施分级分类差异化动态管理,制定并落实相应的安全风险控制措施(包括工程技术措施、管理控制措施、个体防护措施等),对安全风险进行控制。	3	查相关记录并查看现场 未确定安全风险等级,未实施分级分类差异化动态管理,扣3分 控制措施制定或落实不到位,每项扣1分		
	5.1.5 在重点区域设置醒目的安全风险公告栏,针对存在安全风险的岗位,制作岗位安全风险告知卡,明确主要安全风险、隐患类别、事故后果、管控措施、应急措施及报告方式等内容。	5	查相关记录并查看现场 未设置安全风险公告栏,每处扣1分 未设置岗位安全风险公告卡,每处扣1分 公告栏或告知卡内容不全,每少一项扣1分		
	5.1.6 将评估结果及所采取的控制措施告知从业人员,使其熟悉工作岗位和作业环境中存在的安全风险。	5	查相关记录并现场问询 未告知,每少一人扣1分 不熟悉安全风险有关内容,每人扣1分		
	5.1.7 变更前,应对变更过程及变更后可能产生的风险进行分析,制定控制措施,履行审批及验收程序,并告知和培训相关的从业人员。	2	查相关记录 变更未进行风险分析,每项扣1分 未制定控制措施,每项扣2分 未履行审批或验收程序,每项扣1分 未告知或培训,每项扣1分		

续 表

二级评价项目	三级评价项目	标准分值	评价方法及评分标准	评价描述	实际得分
5.2 重大危险源辨识和管理(35分)	5.2.1 重大危险源管理制度应明确重大危险源辨识、评价和控制的职责、方法、范围、流程等要求。	3	查制度文本 未以正式文件发布,扣3分 制度内容不全,每缺一项扣1分 制度内容不符合有关规定,每项扣1分		
	5.2.2 对本单位的装置、设施或场所进行重大危险源辨识,对确认的重大危险源应进行安全评估,确定等级,制定管理措施和应急预案。	15	查相关文件和记录 未进行辨识和评估,扣15分 辨识或评估不全,每缺一项扣3分 未确定危险等级,每项扣3分 未制定管理措施或应急预案,每项扣3分		
	5.2.3 对重大危险源进行登记建档,并按规定进行备案。	5	查相关文件和记录 未登记建档,每项扣1分 未按规定进行备案,每项扣1分		
	5.2.4 对重大危险源采取措施进行监控,包括技术措施(设计、建设、运行、维护、检查、检验等)和组织措施(职责明确、人员培训、防护器具配置、作业要求等)进行监控。	12	查相关文件和记录 未进行监控,每项扣2分 监控措施不全,每缺一项扣2分		
5.3 隐患排查治理(65分)	5.3.1 隐患排查治理制度应明确排查的责任部门和人员、范围、方法和要求等,逐级建立并落实从主要负责人到相关从业人员的事故隐患排查治理和防控责任制。	3	查制度文本 未以正式文件发布,扣3分 制度内容不全,每缺一项扣1分 制度内容不符合有关规定,每项扣1分		
	5.3.2 组织制定各类活动、场所、设备设施的隐患排查治理标准或排查清单,明确排查的时限、范围、内容、频次和要求,并组织开展相应的培训。隐患排查的范围应包括所有与生产经营相关的各类活动、场所、设备设施,以及相关方服务范围。	12	查相关记录并查看现场 未制定排查标准或清单,扣12分 排查标准或清单内容不全,每缺一项扣2分 未组织开展培训,扣2分 未将相关方纳入隐患排查范围,扣6分		
	5.3.3 按照有关规定,结合安全生产的需要和特点,采用定期综合检查、专项检查、季节性检查、节假日检查和日常检查等方式进行隐患排查,对排查出的事故隐患,及时书面通知有关部门,定人、定时、定措施进行整改。	15	查相关文件和记录 隐患排查方式不全,每缺一项扣3分 未书面通知有关部门,每次扣1分		
	5.3.4 对隐患进行分析评价,确定隐患等级,并登记建档,包括将相关方排查出的隐患纳入本单位隐患管理。	10	查相关文件和记录 未分级,每项扣2分 未建立隐患台账,扣10分 台账不全,每缺一项扣2分 未将相关方的隐患纳入本单位隐患管理,扣5分		

续　表

二级评价项目	三级评价项目	标准分值	评价方法及评分标准	评价描述	实际得分
5.3 隐患排查治理（65分）	5.3.5 对于一般事故隐患应按照责任分工立即或限期组织整改。对于重大事故隐患，由主要负责人组织制定并实施事故隐患治理方案，治理方案应包括目标和任务、方法和措施、经费和物资、机构和人员、时限和要求，并制定应急预案。在事故隐患治理过程中，应当采取相应的监控防范措施。重大事故隐患排除前或排除过程中无法保证安全的，应从危险区域内撤出作业人员，疏散可能危及的人员，设置警戒标志，暂时停产停业或者停止使用相关装置、设备、设施。	15	查相关记录并查看现场 一般事故隐患未立即组织整改，每处扣2分 重大事故隐患未制定治理方案，扣15分 重大事故隐患治理方案内容不全，每缺一项扣3分 治理过程中未采取监控防范措施，每项扣5分		
	5.3.6 隐患治理完成后，按规定对治理情况进行评估、验收。重大事故隐患治理工作结束后，应组织本单位的安全管理人员和有关技术人员进行验收或委托依法设立的为安全生产提供技术、管理服务的机构进行评估。	5	查相关文件和记录 未进行评估验收，每项扣2分		
	5.3.7 对事故隐患排查治理情况如实记录，至少每月进行统计分析，及时将隐患排查治理情况向从业人员通报。应通过水利安全生产信息系统对隐患排查、报告、治理、销账等过程进行电子化管理和统计分析，并按照水行政主管部门和当地安全监管部门的要求，定期或实时报送隐患排查治理情况。	5	查相关文件和记录 未定期统计分析，每次扣2分 未向从业人员通报，每次扣1分 未运用信息系统，扣2分 未按规定报送隐患排查治理情况，每次扣1分		
5.4 预测预警（10分）	5.4.1 根据生产经营状况、隐患排查治理及风险管理、事故等情况，运用定量或定性的安全生产预测预警技术，建立体现水利生产经营单位安全生产状况及发展趋势的安全生产预测预警体系。	5	查相关文件和记录 未建立安全生产预测预警体系，扣5分 体系内容不全，每缺一项扣2分		
	5.4.2 每季度至少组织一次安全生产风险分析，通报安全生产状况及发展趋势，及时采取预防措施；在接到自然灾害预报时，及时发出预警信息。	5	查相关文件和记录 未定期分析、通报，每次扣2分 未采取相应预防措施，每项扣2分 未及时发出预警信息，每次扣2分		
小计		140	得分小计		

6. 应急管理(50 分)

二级评价项目	三级评价项目	标准分值	评价方法及评分标准	评价描述	实际得分
6.1 应急准备(40分)	6.1.1 按规定建立应急管理组织机构或指定专人负责应急管理工作。建立健全应急工作体系,明确应急工作职责。	5	查相关文件和记录 未建立组织机构或指定专人负责,扣 5 分 未明确工作职责,扣 2 分		
	6.1.2 在开展安全风险评估和应急资源调查的基础上,建立健全生产安全事故应急预案体系,制定生产安全事故应急预案,针对安全风险较大的重点场所(设施)编制重点岗位、人员应急处置卡;按有关规定报备,并通报有关应急协作单位。	10	查预案文本和记录 应急预案未以正式文件发布,扣 10 分 应急预案不全,每缺一项扣 1 分 应急预案不完善、操作性差,每项扣 1 分 未设置应急处置卡,每项扣 1 分 未按规定报备,扣 5 分 未通报协作单位,扣 1 分		
	6.1.3 建立与本单位安全生产特点相适应的专(兼)职应急救援队伍或指定专(兼)职应急救援人员。必要时可与邻近专业应急救援队伍签订应急救援服务协议。	5	查相关文件和记录 未建立应急救援队伍或配备应急救援人员,扣 5 分 应急救援队伍不满足要求,扣 2 分		
	6.1.4 根据可能发生的事故种类特点,设置应急设施,配备应急装备,储备应急物资,建立管理台账,安排专人管理,并定期检查、维护、保养,确保其完好、可靠。	5	查相关记录并查看现场 应急设施、装备、物资配备不满足规定,每项扣 2 分 未建立台账,扣 2 分 未安排专人管理,扣 1 分 未定期检查、维护、保养,扣 2 分 应急装备和物资存在缺陷,每项扣 2 分		
	6.1.5 根据本单位的事故风险特点,每年至少组织一次综合应急预案演练或者专项应急预案演练,每半年至少组织一次现场处置方案演练,做到一线从业人员参与应急演练全覆盖,掌握相关的应急知识。对演练进行总结和评估,根据评估结论和演练发现的问题,修订、完善应急预案,改进应急准备工作。	10	查相关记录并现场问询 未按规定进行演练,每次扣 2 分 不熟悉相关应急知识,每人扣 1 分 未进行总结和评估,每次扣 2 分 未根据评估意见修订,每项扣 2 分		
	6.1.6 定期评估应急预案,根据评估结果及时进行修订和完善,并按照有关规定将修订的应急预案报备。	5	查相关文件和应急预案文本 未定期评估,扣 5 分 评估对象不全,每缺一项扣 1 分 评估内容不全,每缺一项扣 1 分 未及时修订完善,每项扣 1 分 未按规定报备,每项扣 1 分		
6.2 应急处置(5分)	6.2.1 发生事故后,启动相关应急预案,采取应急处置措施,开展事故救援,必要时寻求社会支援。	3	查相关文件和记录 发生事故未及时启动应急预案,扣 3 分 未及时采取应急处置措施,扣 3 分		
	6.2.2 应急救援结束后,应尽快完成善后处理、环境清理、监测等工作。	2	查相关文件和记录 善后处理不到位,扣 2 分		
6.3 应急评估(5分)	6.3.1 每年应进行一次应急准备工作的总结评估。完成险情或事故应急处置结束后,应对应急处置工作进行总结评估。	5	查相关记录 未按规定进行总结评估,每次扣 1 分		
小计		50	得分小计		

7. 事故管理(30 分)

二级评价项目	三级评价项目	标准分值	评价方法及评分标准	评价描述	实际得分
7.1 事故报告(6分)	7.1.1 事故报告、调查和处理制度应明确事故报告(包括程序、责任人、时限、内容等)、调查和处理内容(包括事故调查、原因分析、纠正和预防措施、责任追究、统计与分析等),应将造成人员伤亡(轻伤、重伤、死亡等人身伤害和急性中毒)、财产损失(含未遂事故)和较大涉险事故纳入事故调查和处理范畴。	3	查制度文本 未以正式文件发布,扣 3 分 制度内容不全,每缺一项扣 1 分 制度内容不符合有关规定,每项扣 1 分		
	7.1.2 发生事故后按照有关规定及时、准确、完整地向有关部门报告,事故报告后出现新情况的,应当及时补报。	3	查相关记录 未按规定及时补报,扣 3 分		
7.2 事故调查和处理(21分)	7.2.1 发生事故后,采取有效措施,防止事故扩大,并保护事故现场及有关证据。	4	查相关文件和记录 抢救措施不力,导致事故扩大,扣 4 分 未有效保护现场及有关证据,扣 4 分		
	7.2.2 事故发生后按照有关规定,组织事故调查组对事故进行调查,查明事故发生的时间、经过、原因、波及范围、人员伤亡情况及直接经济损失等。事故调查组应根据有关证据、资料,分析事故的直接、间接原因和事故责任,提出应吸取的教训、整改措施和处理建议,编制事故调查报告。	7	查相关文件和记录 无事故调查报告,扣 7 分 报告内容不符合规定,每项扣 2 分		
	7.2.3 事故发生后,由有关人民政府组织事故调查的,应积极配合开展事故调查。	3	查相关文件和记录 未积极配合开展事故调查,扣 3 分		
	7.2.4 按照"四不放过"的原则进行事故处理。	4	查相关文件和记录 未按"四不放过"的原则处理,扣 4 分		
	7.2.5 妥善处理伤亡人员的善后工作,并按规定办理工伤认定,并保存档案。	3	查相关文件和记录 善后处理不到位,扣 3 分 档案缺失,每少一项扣 1 分		
7.3 事故档案管理(3分)	7.3.1 建立完善的事故档案和事故管理台账,并定期按照有关规定对事故进行统计分析。	3	查相关文件和记录 未建立事故档案和管理台账,扣 3 分 事故档案或管理台账不全,每项扣 1 分 事故档案或管理台账与实际不符,每项扣 1 分 未统计分析,扣 3 分		
小计		30	得分小计		

8. 持续改进(30 分)

二级评价项目	三级评价项目	标准分值	评价方法及评分标准	评价描述	实际得分
8.1 绩效评定(20分)	8.1.1 安全生产标准化绩效评定制度应明确评定的组织、时间、人员、内容与范围、方法与技术、报告与分析等要求。	3	查制度文本 未以正式文件发布,扣 3 分 制度内容不全,每缺一项扣 1 分 制度内容不符合有关规定,每项扣 1 分		
	8.1.2 主要负责人每年至少组织一次安全生产标准化实施情况的检查评定,验证各项安全生产制度措施的适宜性、充分性和有效性,检查安全生产管理工作目标、指标的完成情况,提出改进意见,形成评定报告。发生死亡事故后,应重新进行评定,全面查找安全生产标准化管理体系中存在的缺陷。	8	查相关文件和记录 主要负责人未组织评定,扣 8 分 检查评定每年少于一次,扣 8 分 检查评定内容不符合规定,每项扣 2 分 发生生产安全责任死亡事故后未及时重新进行检查评定,扣 8 分		
	8.1.3 评定报告以正式文件印发,向所有部门、所属单位通报安全生产标准化工作评定结果。	3	查相关文件和记录 未以正式文件发布,扣 3 分 评定结果未通报,扣 3 分		
	8.1.4 将安全生产标准化自评结果,纳入单位年度绩效考评。	4	查相关文件和记录 未纳入年度绩效考评,扣 4 分 绩效考评不全,每少一个部门或单位扣 1 分 考评结果未兑现,每少一个部门或单位扣 1 分		
	8.1.5 落实安全生产报告制度,定期向有关部门报告安全生产情况,并公示。	2	查相关文件和记录 未报告或公示,扣 2 分		
8.2 持续改进(10分)	8.2.1 根据安全生产标准化绩效评定结果和安全生产预测预警系统所反映的趋势,客观分析本单位安全生产标准化管理体系的运行质量,及时调整完善相关规章制度和过程管控,不断提高安全生产绩效。	10	查相关文件和记录 未及时调整完善,每项扣 2 分		
小计		30	得分小计		

否决项:

1. 仓储建筑物经鉴定为 D 级危房或不满足防火要求的,不得评定为达标。
2. 存在重大事故隐患且未做到“五落实”的,不得评定为达标。
3. 核对验收的物资数量,数量少于核定数量的,不得评定为达标。
4. 无调度命令运出物资的,不得评定为达标。
5. 存在迟报、漏报、谎报、瞒报事故等行为,不得评定为达标。
6. 存在仓库和办公场所、宿舍同设置等“三合一”场所的,不得评定为达标。

十六、汛前检查制度

为做好防汛物资管理和应急调运保障工作,积极应对汛期突发灾情、险情,确保安全度汛,根据江苏省防汛防旱应急预案及省水利厅、省防办相关要求,结合省防储中心实际,特制定中心系统汛前检查制度。

一、检查时间及范围

根据我省防汛特点及防汛工作实际,中心定于每年 4 月上旬即主汛期之前,组织开展中心系统汛前防汛物资检查工作,主要对中心所属分中心及防汛块石储备基地所储防汛物资进行检查。

二、检查小组及职责

成立防汛物资汛前检查小组,由中心主要领导或分管领导任组长,防管科、防储科、纪律监察室、安监科作为小组成员,其职责如下:

中心主要领导(或分管领导):负责汛前检查方案的审定,对汛前检查工作进行部署和指导,并带队检查。

防管科:负责制定汛前检查方案,并牵头联系协调小组成员落实汛前检查方案,重点组织对各项制度规程、物资管理、设备设施维护等工作落实情况进行检查;对检查结果进行通报,并督促整改。

防储科:参与中心系统内汛前检查,负责对物资仓库安全设施、电气设施、特种设备设施、装卸设备等进行检查,根据检查情况提出整改意见。

安监科:参与中心系统内汛前检查,负责对防汛物资、装卸设备等安全情况进行检查,并提出整改意见。

纪律监察室:监督汛前检查各项工作的执行情况。

三、汛前检查

(一) 检查方式

1. 检查形式分为通知检查和飞行检查两种,一般检查事先下发通知,各分中心先行自查,后检查小组检查;限期落实整改完成后,检查小组可采取飞行检查形式。

2. 检查小组通过查看现场、听取汇报、查阅资料后,再根据要求逐项考评,得出各分中心汛前准备情况。

(二) 检查内容

检查内容包括但不限于以下方面:

1. 制度执行情况。各项防汛有关制度执行情况,各级人员履行职责情况,查库记录是否详实等。

2. 防汛物资、设备管养情况。

(1) 各类物资分类堆码情况。

(2) 对委托储备的省级物资数量和质量等落实情况。

(3) 特定物资、机械设备维护保养及记录等情况。

3. 物资台账检查。检查防汛物资品种、规格、数量账账相符,账物相符,以及垛位卡及时更新情况。

4. 应急调运预案制定(修订)情况。

5. 汛期值班安排情况。

6. 防汛物资安全管理情况。

四、情况通报

(一) 检查结束后,防管科及时将检查情况进行梳理汇总,并在中心系统内进行通报。

(二) 对通报中的问题,各分中心要切实采取措施,在规定期限内落实整改到位,并将整改情况报告至防管科。

(三) 对汛前准备工作组织不力的单位,将根据实际情况给出处理意见或建议。

详见附件。

附件：

防汛物资汛前检查项目一览表(2022年)

单位名称：　　　　　　　　　　　　　　　　　　　　　　　　　　　　　日期：

序号	项　目	评价内容	标准分值	自查评分	检查组评分	备注
1	责任落实情况(9分)	上级文件精神传达落实情况	3			
		岗位职责是否分工明确	3			
		岗位责任是否落实到人	3			
2	检查制度执行情况(9分)	分中心领导执行检查制度情况	3			
		保管员执行检查制度情况	3			
		查库制度执行情况	3			
3	值班制度执行情况(6分)	汛期值班计划是否落实	2			
		通讯设备、值班用品配备是否到位	2			
		通讯联络信息是否更新	2			
4	调运预案(15分)	应急调运预案修订完善情况	5			
		预案中装卸运输合同落实情况	5			
		疫情管控下预案实际可操作性	5			
5	物资存储情况(10分)	物资出入库操作是否符合规程，手续是否完备	2			
		物资分类、分区存储是否符合要求	2			
		物资存储条件是否符合要求	2			
		仓库储存“五距”要求执行是否到位	2			
		防汛块石储备点管理是否规范	2			
6	防汛抗旱设备养护情况(12分)	机械设备类养护情况	3			
		照明灯具类养护情况	3			
		救生器材类养护情况	3			
		其他类别养护情况	3			
7	装卸设备运维情况(8分)	装卸设备和周转工具养护、年检及使用情况	4			
		特种设备使用登记证及操作证是否齐备	4			
8	账务管理情况(6分)	“账、物、卡”是否相符	2			
		物资调拨明细表、保管员台账、查库记录等是否详实	2			
		防汛物资管理系统是否及时更新	2			

续　表

序号	项　　目	评价内容	标准分值	自查评分	检查组评分	备注
9	库容库貌管理情况（5分）	库区环境卫生情况	1			
		库内物资清洁情况	1			
		库区车辆停放情况	1			
		排水系统维护情况	2			
10	应急维护工程开展情况（8分）	仓库维修管理办法执行情况	2			
		维护项目施工进度	2			
		资金支出进度	2			
		未完工程安全度汛方案措施	2			
11	安全管理（12分）	隐患排查整改落实情况	3			
		内涝、停电等突发情况是否有应对措施	3			
		监控设备维护、运行情况	3			
		消防器材更新养护及使用情况	3			
	合　计		100			

负责人：　　　　　　　　　　　　　　检查人：

第二章
入库管理

一、防汛物资入库验收流程

江苏省省级防汛物资入库与验收流程见下框图，详见图 2-1。

图 2-1　江苏省防汛物资入库与验收流程图

防汛物资的入库验收主要由储备单位（或其授权各分中心）负责，由储备单位（或各分中心）仓库负责人、仓库保管员等有关人员组成验收小组，必要时可邀请相关物资检测机构人员参加。

验收流程包括：外观检验、卸载点数、取样封存、送样理化检验、库房堆垛、填写验收表单、登记台账、标牌卡。

验收小组按“水利部《防汛储备物资验收标准》（SL297—2004）”相关条款及供货合同逐项进行直观检验，包括检查产品外包装是否符合验收标准，标志、产品合格证是否与产品相符，实际数量是否与标记数量相符，结果判定是否合格等；需要抽样检测的，应由双方代表共同现场取样，由委托储备单位指定或双方认可的检测机构进行检测（对检测结论有异议的，应委托其他更高级别检测机构进行复检，其检测报告为最终结论）。

验收合格后，需填写《防汛物资验收报告单》（式样附后），详细记录防汛物资验收情况，验收组成员及供货方代表签字确认盖章后，报上级管理部门备案。

入库堆码时，按照各类物资堆放要求堆放。

入库后，保管员必须认真、详细填写《江苏省省级防汛物资收发存明细表》（式样附后），登记保管员台账、标牌卡，并及时更新“省级防汛物资管理系统”物资增储数据（附图，即图 2-2）。

省级防汛抗旱物资如有使用后返还情况，参照“入库管理流程”验收入库。详见附表 1、附表 2。

附图：

物资入库管理与验收流程图

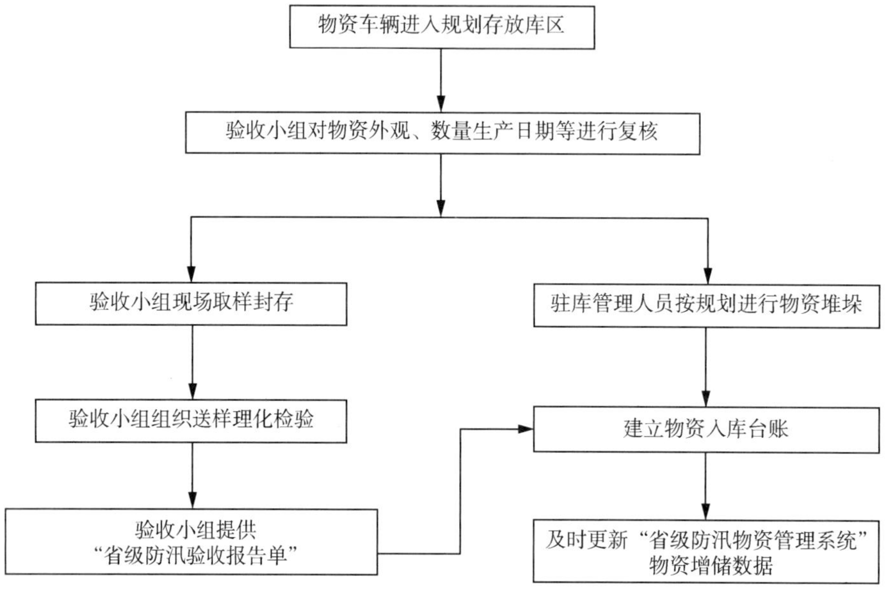

图 2-2　物资入库管理与验收流程图

附表 1：

防汛物资验收报告单

编号：

储备单位名称：			
供货单位名称：			
代储仓库名称：			
物资入库时间：			
物资名称：	规格：	数量：	价格：
验收情况： 1. 直观检验： 2. 质量检验：（附件） 3. 问题及处理意见：			
说明：			
验收负责人签字： 年　月　日	供货单位代表签字： 年　月　日	仓库负责人签字、（或）盖章： 年　月　日	

附表 2：

江苏省省级防汛物资收发存明细表

填报单位：________________　　　　填报日期：　　年　月　日

序号	品名	规格型号	计量单位	入库数量				入库小计	发出数量				出库小计	库存数量	库号	垛号	保质期限	状态	备注
				XXXX 年	XXXX 年	XXXX 年	XXXX 年		XXXX 年	XXXX 年	XXXX 年	XXXX 年							
1																			
2																			
3																			
4																			
5																			
6																			
7																			
8																			
9																			
10																			

(主任)仓库负责人签名：　　　　仓库保管员签名：

二、防汛物资入库验收标准

参照水利部《防汛储备物资验收标准》(SL297-2004),江苏省省级防汛物资入库验收标准如下:

(一)抢险物料

1.1 防汛编织袋

1.1.1 防汛编织袋应是为防汛抢险专门制作的,摩擦系数大、透水性能好、抗顶破强力高的编织袋。

1.1.2 防汛编织袋的规格应符合表 2-1 的要求。

表 2-1 防汛编织袋常用规格

项目	普通型		防老化型	
单袋质量(g)	100	80	100	80
尺寸:长度×宽度	95×55	85×50	95×55	85×50
经纬密度(根/10 cm)	40×40~48×48		40×40~48×48	
色泽	白色(原色)		Ⅰ型(蓝色)	
			Ⅱ型(黑色)	

1.1.3 防汛编织袋的材质应以全新聚丙烯树脂为原料。

1.1.4 外观质量及允许偏差应符合表 2-2 的要求。

表 2-2 防汛编织袋外观质量及允许偏差

项目		要求
外观质量	跳丝	同处跳丝长度小于 2 cm
	断丝	同处经纬丝断缺之和少于 3 根
	缝合	不允许出现脱针、断线、卷折处未缝住
	色泽	明亮、不混杂
允许偏差	尺寸(cm)	±1.0
	经纬密度(根/10 cm)	−2
	单袋质量(g)	−3

1.1.5 物理力学性能指标应符合表 2-3 的要求。

表 2-3 防汛编织袋物理力学性能指标

序号	项目	指标
1	经向断裂强度(N/m)	≥18
2	纬向断裂强度(N/m)	≥16
3	经炜向断裂伸长率(%)	≥15
4	缝向拉伸负荷(N/m)	≥7
5	等效孔径 O_{95} (mm)	0.1~0.5
6	摩擦系数	≥0.3
7	顶破强度(kN)	≥1.2
8	垂直渗透系数(cm/s)	10^{-3}~10^{-2}

1.1.6 防老化性能指标应符合表 2-4 的要求。

表 2-4 防老化性能指标

型号	照射时间(h)	强力保持率(%)
Ⅰ型	96	≥80
Ⅱ型	200	≥75

注:采用 ASTMG5-88 中 UVB-313 型灯,8 小时 UV60 度/4 小时冷 50 度周期进行。

1.1.7 防汛编织袋的包装和标志应符合下列要求:

1. 每 500 条防汛编织袋应为一件,外用黑色编织布包装,机械打包 3~4 道,成件厚度 35~60 cm,包装应平整、牢固,无破损、无沾污,每件包装内必须放置产品格证。

2. 每件包装外应印刷白色标志如下:“防汛专用编织袋(X 型)”、规格、数量、重量、监制单位、生产厂家、生产日期。

1.1.8 在对防汛编织袋作直观检验时,取样应以 200 000 条为一批,不足 200 000 条以实际数量为一批,每批随机抽取 10 件,每件抽取 1 条。

1.1.9 直观检验的项目及要求如下:

1. 包装与标志应符合 1.1.7 的要求。

2. 产品合格证应与产品相符,防老化产品还应有防老化性能检测报告单。

3. 尺寸、单袋质量、经纬密度、色泽应符合表 2-2 的要求。

4. 外观质量应符合表 5 的要求,并且每条袋跳丝、断丝等累计应少于 5 处,缝制不良、断线、破边、散边等累计应少于 5 处,同一单项缺陷应少于 3 处。

5. 数量清点:10 件总数不应少于 4 995 条。

6. 结果判定:产品同时符合上述要求,判定该批产品合格;否则为不合格。

1.1.10 在对防汛编织袋作抽样检测时,取样应以 200 000 条为一批,不足 200 000 条以实际数量为一批,每批随机抽取 10 件,每件抽取 1 条。

1.1.11 抽样检测主要检测物理力学性能:普通型防汛编织袋各项指标应符合表 2-3 的要求;防老化型防汛编织袋除应符合表 2-3 的要求外,还应符合表 2-4 的要求。

1.1.12 抽样检测的检测方法按 SL/T 235 标准执行。

1.1.13 抽样检测结果判定以样本检测的平均值为准。所测项目指标符合要求,判定该批产品合格。所测项目中,若有一项指标不符合要求,则加倍抽取样本对该项性能进行检测,以复检一次结果为准。

1.2 防汛麻袋

1.2.1 防汛麻袋应为用于防汛抢险装土料或砂石料的专用麻袋,

1.2.2 防汛麻袋的规格应符合表 2-5 的要求。

表 2-5 防汛麻袋常用规格

项目		规格		
		2 号	3 号	4 号
组织	地	双经平纹	双经平纹	双经平纹
	边	加密布边	加密布边	加密布边
尺寸(cm)	长	107	90	105
	宽	74	58	74

1.2.3 防汛麻袋的材质应为黄麻或红麻。

1.2.4 防汛麻袋的性能指标应符合表 2-6 的要求。

表 2-6 防汛麻袋性能指标

项目		规格		
		2 号	3 号	4 号
经纬密度(根/10 cm)	经密	66	66	57
	纬密	32	32	28
缝针密度(针/10 cm)	缝边	10	10	10
	袋口	6	6	6
断裂强度(kN/m)	经向	18	18	14
	纬向	20	20	14
	缝边	15.5	15.5	9.6
公定质量(g)		927	610	740

注 1:袋口缝针密度是指用双股线缝合,若用单线缝合,其密度是 10 针/10 cm。
注 2:缝合处不是布边时应折边。
注 3:缝制麻袋的坯布,一般经过轧光机整理。
注 4:麻袋的公定回潮率是 14%,作为折算公定质量之用。

1.2.5 防汛麻袋的包装与标志应符合下列要求:

1. 每 100 条为一件,采用"#"形捆扎后,外用麻布包装。包装应平整、牢固,无破损、无沾污,每件包装内必须放置产品合格证。

2. 每件包装外印刷白色标志如下:"防汛专用麻袋(×号)"、规格、数量、重量、监制单位、生产厂家、生产日期。

1.2.6 在对防汛麻袋作直观检验时,取样应以 50 000 条为一批,不足 50 000 条以实际数量为一批,每批随机抽取 10 件,每件抽取 1 条。

1.2.7 直观检验的项目及要求如下:

1. 包装与标志应符合 1.2.5 的要求。

2. 产品合格证应与产品相符。

3. 尺寸、重量、缝合应符合表 2-5 和表 2-6 的要求。

4. 外观质量:检查麻袋面布的跳线、断线、单线长度不大于 10 mm,并且无经线、纬线交叉或相邻跳线、断线,每条麻袋单面跳线、断线不多于 2 处。

5. 数量清点:10 件总数不应少于 999 条。

6. 结果判定:产品同时符合上述要求判定该批产品合格;否则为不合格。

1.2.8 在对防汛麻袋作抽样检测时,取样应以 50 000 条为一批,不足 50 000 条以实际数量为一批,每批随机抽取 5 件,每件抽取 1 条。

1.2.9 抽样检测性能指标应符合表 2-6 的要求。

1.2.10 抽样检测方法应按 GB/T 731-87 执行。

1.2.11 抽样检测结果判定以样本检测的平均值为准。所测项目指标符合要求,判定该批产品合格。所测项目中,若有一项指标不合格,则加倍抽取样本对该项性能进行检测以复检一次结果为准。

1.3 防汛土工织物

1.3.1 防汛土工织物应是为防汛抢险专门制作的土工织物,主要用于过滤、排水、隔离、防护、加强等。

1.3.2 不同类型防汛土工织物的规格要求如下：

1. 塑料编织土工织物幅宽应在 4.0～6.0 m 之间。普通型应为白色或彩条色；防老化型应为蓝色或黑色。

2. 长丝机织土工织物幅宽应在 2.0～4.0 m 之间。

3. 非织造针刺土工织物幅宽应在 4.0～6.0 m 之间。

1.3.3 防汛土工织物不应采用或添加再生材料。塑料编织土工织物的材质应为聚丙烯或聚乙烯树脂；长丝机织土工织物的材质应为丙纶或涤纶长丝；非织造针刺土工织物的材质应为涤纶。

1.3.4 防汛土工织物外观质量及允许偏差应符合表 2-7 的要求。

表 2-7 防汛土工织物外观质量及偏差

项目		要求
外观质量	断丝、缺纱	有纺布同处经纬丝断缺之和少于 3 根长度小于 5 cm，100 cm 之内不超过 6 处
	蛛网	不大于 50 mm^2，100 mm^2 之内不超过 3 个
	杂物、僵丝	软质，粗不大于 5 mm，100 m 内不超过 10 处
	边不良	每 50 cm 计一处，100 cm 内不超过 5 处
	破损	每处不大于 0.5 cm，100 m 内未超过 10 处
	缺丝	有纺布 10 cm 内少于 2 根，100 m 之内不超过 6 处
	色泽	明亮、不混杂
允许偏差(%)	幅宽	−0.5
	单位面积质量	−10～−6
	长度	−0.5

1.3.5 不同类型防汛土工织物的性能指标如下：

1. 塑料编织土工织物物理力学性能指标符合表 2-8 的要求。

表 2-8 塑料编织土工织物物理力学性能指标

项目	规格						
	20 kN/m	30 kN/m	40 kN/m	50 kN/m	60 kN/m	80 kN/m	100 kN/m
经向断裂强度(kN/m)≥	20	30	40	50	60	80	100
纬向断裂强度(kN/m)≥	15	22	28	35	42	56	70
经纬向断裂伸长率≥	15%						
梯形撕裂强力(kN)≥	0.3	0.45	0.5	0.6	0.75	1.0	1.2
顶破强力(kN)≥	1.6	2.4	3.2	4.0	4.8	6.0	7.5
垂直渗透系数(cm/s)	10^{-3}～10^{-2}						
等效孔径 O_{95}(mm)	0.1～0.5						

2. 防老化型塑料编织土工织物的性能指标，除应符合表 2-8 的要求外，还应符合表 2-4 的要求。

3. 长丝机织土工织物物理力学性能指标应符合表 2-9 的要求。

表 2-9 长丝机织土工织物物理力学性能指标

项目		规格				
		35 kN/m	50 kN/m	65 kN/m	80 kN/m	100 kN/m
1	经向断裂强度(kN/m)≥	35	50	65	80	100
2	纬向断裂强度(kN/m)≥	34	48	58	64	70
3	拼接向断裂强力(kN/m)≥	断裂强力×50%				
4	撕裂强力(kN)≥	0.5	0.8	1.0	1.3	1.5
5	顶破强力(kN)≥	2.0	4.0	5.5	8.0	10.0
6	垂直渗透系数(cm/s)	10^{-3}～10^{-2}				
7	等效孔径 O_{95}(mm)	0.1～0.2				
8	单位面积质量(g/m)	140	200	260	320	390

4. 短纤针刺非织造土工织物物理力学性能指标应符合表 2-10 的要求。

表 2-10 短纤针刺非织造土工织物物理力学性能指标

项目	规格						
	200 g/m²	250 g/m²	300 g/m²	350 g/m²	400 g/m²	450 g/m²	500 g/m²
断裂强度(kN/m)≥	6.5	8.0	9.5	11.0	12.5	14.0	16.0
断裂强度对应伸长率(%)	25～100						
CBD 顶破强力≥(kN)	0.9	1.2	1.5	1.8	2.1	2.4	2.7
垂直渗透系数(cm/s)	10^{-3}～10^{-1}						
等效孔径 O_{95}(mm)	0.1～0.2						
撕破强力(kN)	0.16	0.20	0.24	0.28	0.33	0.38	0.42

5. 长丝纺粘针刺土工织物物理力学性能指标应符合表 2-11 的要求。

表 2-11 长丝纺粘针刺土工织物物理力学性能指标

项目		规格						
		200 g/m²	250 g/m²	300 g/m²	350 g/m²	400 g/m²	450 g/m²	500 g/m²
1	断裂强度(kN/m)≥	10.0	12.5	15.0	17.5	20.5	22.5	25
2	断裂伸长率(%)	40～80						
3	CBR 顶破强力≥(kN)	1.8	2.2	2.6	3.0	3.5	4.0	4.7
4	垂直渗透系数(cm/s)	10^{-3}～10^{-1}						
5	等效孔径 O_{95}(mm)	0.1～0.2						
6	撕破强力(kN)	0.28	0.35	0.42	0.49	0.56	0.63	0.70

1.3.6 防汛土工织物的包装及标志应符合下列要求：

1. 每卷定长 50 m 或 100 m,加轴收卷。每卷内用白色塑料薄膜(厚度不小于 40 μm),外用黑色编织布包装,3 道～4 道打包带捆扎,包装应平整、牢固,每件包装内放置产品合格证。

2. 每件包装外可印刷白色标志如下:“防汛专用土工织物(×型)”、规格、数量、重量、监制单位、生产厂家、生产日期。

1.3.7 在对防汛土工织物作道观检验时,取样应以 100 000 m^2 为一批,不足 100 000 m^2 实际数量为一批,每批产品随机抽取 5 卷。

1.3.8 直观检验的项目及要求如下：

1. 包装与标志应符合 1.3.6 的要求。

2. 产品合格证应与产品相符。

3. 规格应符合 1.3.2 的要求。

4. 外观质量及充许偏差应符合 1.3.4 的要求,并且放卷检验布面,断丝、缺丝、杂物、边奉良、破损、蛛网等每 100 m 不超过 15 处。

5. 结果判定:产品同时符合上述要求判定该批产品合格;否则为不合格。

1.3.9 在对防汛土工织物作抽样检测时,取样应以 100 000 m^2 为一批,不足 100 000 m^2 以实际数量为一批,每批随机抽取 2%～3%,但取样不应少于 2 卷。

1.3.10 抽样检测性能指标应符合 1.3.5 中防汛土工织物对应类型物理性能指标的要求。

1.3.11 抽样检测的检测方法可按 SL/T235-1999 执行,防老化性能检测指标按表 2-4 执行。

1.3.12 抽样检测结果判定以样本检测的平均值为准。所测项目指标符合要求,判定该批产品合格。所测项目中,若有一项指标不合格,则加倍抽取样本对该项性能进行检测,以复检一次结果为准。

1.4 防汛复合土工膜

1.4.1 防汛复合土工膜应是为防汛抢险专门制作的,以土工织物为基材,以聚乙烯、、聚氯乙烯、聚丙烯等土工膜为膜材复合而成的一种土工合成材料,主要用于防渗、防护、隔离、加强等。

1.4.2 防汛非织造布复合土工膜的幅宽应在 4.0～6.0 m 之间,膜厚应在 0.2～0.5 mm 之间。其中以彩条塑料编织土工织物为基材时,膜材厚度应不小于 0.1 mm。

1.4.3 防汛复合土工膜的基材应为非织造土工织物和编织土工织物,非织造土工织物材质应为全新涤纶,编织土工织物材质应为全新聚丙烯、聚乙烯。

1.4.4 防汛复合土工膜的膜材应为聚乙烯膜、聚丙烯膜、聚氯乙烯膜等

1.4.5 防汛复合土工膜的外观质量及偏差应符合表 2-12 的要求。

表 2-12 防汛复合土工膜外观质量及偏差

内容	项目	要 求
外观质量	折皱	宽度为 5 cm,长度 15 cm,1 m 内不多于 3 处
	复合	不允许出现复合宽度不足、明显脱膜、气泡或硬块
	稀档	1 m 内经纬丝断丝之和少于 3 根
	边不良	不大于 300 cm,每 50 cm 计一处,100 m 内不超过 5 处
	杂物	软质,直径不大于 5 mm,100 m 内不超过 10 处
允许偏差(%)	幅宽	−0.5
	长度	−0.5
	单位面积质量	−10

1.4.6 不同类型防汛复合土工膜的性能指标如下：

1. 基材是短线针刺非织造土工织物时，其物理力学性能指标应符合表2-13的要求。

表2-13 短纤针刺非织造复合土工膜物理力学性能指标

项目	规格			
	500 g/m²	600 g/m²	700 g/m²	850 g/m²
断裂强度(kN/m)≥	7.5	10.0	12	14
CBR顶破强力(kN)≥	1.5	1.9	2.2	2.5
撕破强力(kN)≥	0.25	0.32	0.40	0.48
断裂伸长率(%)	30～100			
剥离强力	人工手撕，难以剥离			
渗透系数(cm/s)≤	10～11			
耐静水压(MPa)≥	0.4			

2. 基材是长丝纺粘针刺土工织物时，其物理力学性能指标应符合表2-14的要求。

表2-14 长丝纺粘针刺复合土工膜物理力学性能指标

项目	规格			
	500 g/m²	600 g/m²	700 g/m²	800 g/m²
纵横向断裂强度(N/mm)	12.5	15	17.5	20
CBR顶破强力(kN)≥	2.2	2.6	3.0	3.4
断裂伸长率/%	30～100			
撕破强力(kN)≥	0.30	0.36	0.42	0.48
剥离强力	人工手撕，难以剥离			
耐静水压≥	0.4			
渗透系数(cm/s)≤	10^{-11}			

3. 基材是编织土工织物时，一布一膜、一布两膜的物理力学性能指标应符合表2-15的要求。

表2-15 编织复合土工膜一布一膜、一布两膜物理力学性能指标

项目	规格				
	80 g/m²	100 g/m²	120 g/m²	140 g/m²	160 g/m²
经向断裂强度(kN/m)≥	12	16	18	20	22
纬向断裂强度(kN/m)≥	11	15	17	19	21
经纬向断裂伸长率(%)	15～40				
剥离强度(kN/m)≥	1/6				
纵向梯形撕裂强力(kN)≥	0.16	0.22	0.30	0.38	0.45
顶破强力(kN)≥	0.8	1.2	1.6	2.0	2.4
渗透系数(cm/s)≤	10^{-11}				

注：测定时如试样难以剥离，未到规定剥离力，基材或膜材断裂，视为符合要求。

1.4.7 防汛复合土工膜的包装及标志应符合下列要求：

1. 每卷定长 50 m 或 100 m,加轴收卷。每卷内用白色塑料薄膜(厚度不小于 40 μm),外用黑色编织布包装,3 道～4 道打包带捆扎,包装应平整、牢固,每件包装内放置产品合格证。

2. 每件包装外可印刷白色标志如下:“防汛复合土工膜”、规格、数量、重量、监制单位、生产厂家、生产日期。

1.4.8 在对防汛复合土工膜作直观检验时,取样应以 100 000 m 为一批,不足 100 000 m 以实际数量为一批,每批随机抽取 5 卷。

1.4.9 直观检验的项目及要求如下：

1. 包装与标志应符合 1.4.7 的要求。

2. 产品合格证应与产品相符。

3. 规格应符合 1.4.2 的要求。

4. 外观质量及允许偏差应符合表 2-12 的要求,并且放卷检验折皱、稀档、边不良、杂物等,每 100 m 不超过 15 处。

5. 结果判定:产品同时符合上述要求判定该批产品合格;否则为不合格。

1.4.10 在对防汛复合土工膜作抽样检测时,取样应以 100 000 m^2 为一批,不足 100 000 m^2 以实际数量为一批,每批随机抽取 2%～3%,但取样不应少于 2 卷。

1.4.11 抽样检测性能指标应符合 1.4.6 中对应类型防汛复合土工膜物理性能指标的要求。

1.4.12 抽样检测的检测方法可按 SL/T235-1999 执行。

1.4.13 抽样检测结果判定以样本检测的平均值为准。所测项目指标符合要求,判定该批产品合格。所测项目中,若有一项指标不合格,则加倍抽取样本对该项性能进行检测,以复检一次结果为准。

1.5 防汛针刺复合土工织物

1.5.1 防汛针刺复合土工织物应为为防汛抢险专门制作的编织针刺复合土工织物和机织针刺复合土工织物。在防汛抢险中用于增强、反滤、排水、隔离等,特别适用于泥沙颗粒小的抢险现场排水反滤的需要。

1.5.2 防汛针刺复合土工织物应以经向断裂强力为主要规格,以单位面积质量和幅宽为辅助规格,其主要规格和辅助规格应符合表 2-16 的要求。

表 2-16 针刺复合土工织物主要规格和辅助规格

项目	规格				
	BZF20	BZF24	BZF30	JZF40	JZF52
经向断裂强度(kN/m)	20	24	30	40	52
单位面积质量(g/m^2)	300	350	380	350	380
幅宽(m)≥	3.8				

注 1:短纤非织造土工织物单位面积质量不小于 150 g/m^2。
注 2:BZF 表示编织针刺复合土工织物;JZF 表示机织针刺复合土工织物。

1.5.3 普通型或防老化型编织针刺复合土工织物应以普通型或防老化型编织土工织物与短纤针刺非织造土工织物、长丝纺粘非织造土工织物针刺复合而成。

1.5.4 机织针刺复合土工织物应以丙纶或涤纶长丝机织土工织物与短纤针刺非织造土工织物、长丝纺粘非织造土工织物经针刺复合而成。

1.5.5 防汛针刺复合土工织物的外观质量及允许偏差应符合表 2-17 的要求。

表 2-17 防汛针刺复合土工织物的外观质量及允许偏差

内容	项目	要求
外观质量	断丝、缺纱	同一处经纬断缺之和少于 3 根，100 m 内不超过 6 处
	蛛网	有纺土工织物不大于 50 mm²，100 m² 内不超过 3 处
	布面不良	无纺土工织物均匀，无明显破洞、少纤维现象
	折痕、皱折	宽不大于 15 mm，长不大于 500 mm，100 m 内不超过 3 处
允许偏差(%)	幅宽	−1
	单位面积质量	−10
	长度	−0.5

1.5.6 防汛针刺复合土工织物的物理力学性能指标应符合表 2-18 的要求。

表 2-18 防汛针刺复合土工织物的物理力学性能指标

序号	项目	BZF20	BZF24	BZF30	JZF40	JZF52
1	经向断裂强度(kN/m)≥	20	24	30	40	52
2	纬向断裂强度(kN/m)≥	16	20	26	38	50
3	额定负荷伸长率(%)≥	25			30	
4	纵向梯形撕破强力(kN)≥	0.2	0.25	0.4	0.55	0.7
5	顶破强力(kN)≥	2.5	3	3.5	4.5	5
6	垂直渗透系数(cm/s)	10^{-3}～10^{-2}				
7	等效孔径 O_{95}(mm)	0.1～0.2				

1.5.7 防汛针刺复合土工织物的防老化性能指标应符合表 2-4 的要求。

1.5.8 防汛针刺复合土工织物的包装及标志应符合下列要求：

1. 每卷定长 50 m 或 100 m，加轴收卷。每卷内用白色塑料薄膜(厚度不小于 40 μm)，外用黑色编织布包装，3 道～4 道打包带捆扎，包装应平整、牢固，每件包装内放置产品合格证。

2. 每件包装外可印刷白色标志如下："防汛针刺复合土工织物"、规格、数量、重量、监制单位、生产厂家、生产日期。

1.5.9 在对防汛针刺复合土工织物作直观检验时，取样应以 100 000 m² 为一批；不足 100 000 m² 以实数量为一批，每批产品随机抽取 5 卷。

1.5.10 直观检验的项目及要求如下：

1. 包装应符合 1.5.8 的要求。

2. 产品合格证应与产品相符。

3. 规格应符合 1.5.2 的要求。

4. 外观质量及允许偏差应符合表 20 的要求，并且放卷检验其断丝、缺沙、蛛网、折痕、皱折等，每 100 m 不超过 15 处。

5. 结果判定：产品同时符合以上要求，判定该批产品合格；否则为不合格。

1.5.11 在对防汛针刺复合土工织物作抽样检测时，取样应以 100 000 m² 为一批，不足 100 000 m² 以实际数量为一批，每批随机抽取 2%～3%，但取样不应少于 2 卷。

1.5.12 抽样检测主要检测物理力学性能，普通型防汛针刺复合土工织物各项指标应符合表 2-18 的要求。防老化型防汛针刺复合土工织物除应符合表 2-18 的要求外还应符合 1.5.7 的要求。

1.5.13 抽样检测的检测方法可按 SL/T235-1999 执行,防老化性能检测应 1.1.6 执行。

1.5.14 抽样检测结果判定以样本检测的平均值为准。所测项目指标符合要求,判定该批产品合格。所测项目中,若有一项指标不合格,则加倍抽取样本对该项性能进行检测,以复检一次结果为准。

1.6 防汛石料

1.6.1 防汛石料应为单体重量 15 kg 以上、未风化的天然石块。

1.6.2 防汛石料的规格和质量标准应符合表 2-19 的要求。

表 2-19 防汛石料的规格和质量标准表

品名	块石	毛料石	粗料石
单体重量(kg)	15～75	30～90	30～90
质量要求	石质坚硬,无风化石、山皮石、分层易碎石。	表面不加工的较规则的六面体,最小边长不小于 20 cm。	经过粗加工的规则六面体,表面凸凹深度不大于 2 cm,其他同毛料石。

注 1:块石单体重 15 kg 为下限,15～30 kg 的块石总量不得超过批次总量的 20%。
注 2:若 15～30 kg 的块石超过总量的 20%,必须剔除,剔除后下限石的量占总量的比例不得大于 15%。

1.6.3 在对防汛石料作直观检验时,取样应以 500 m^3 为一批,不足 500 m^3,以实际数量为一批,每批在码方前随机抽取 6 m。

1.6.4 直观检验项目要求如下:

1. 规格和质量标准应符合表 2-19 的要求。
2. 码方应边齐、顶平、内部密实。
3. 码方后,长、宽、高多点测量取平均值,按实测体积的 0.95 倍计量。
4. 按实际重量换算,每立方米不低于 1.7 t。
5. 结果判定:产品同时符合以上要求,判定该批产品合格;否则为不合格。

1.7 防汛卵砾石

1.7.1 防汛卵砾石应为粒径在 5～100 mm 之间的岩石颗粒,在防洪抢险中与砂料配合作反滤和压浸材料。

1.7.2 防汛卵砾石的规格按其粒径不同有粗、中、细之分,防汛抢险中常用卵砾石的粒径为 10～20 mm、20～40 mm 两类。

1.7.3 防汛卵砾石的材质应为天然卵砾石或用质地坚硬石料轧制。质地应致密坚硬,具有高度的耐水性、抗风化能力、无黏性。

1.7.4 防汛卵砾石的容重应不小于 1 700 kg/m,含泥量应不大于 5%,10～40 mm 粒径所占比例不小于 80%。

1.7.5 在对防汛卵砾石作直观检验时,取样应以 1 000 m^2 为一批,不足 1 000 m^3 以实际数量为一批,每批随机抽取 10 m^3。

1.7.6 直观检验项目要求如下:

1. 经过筛分,颗粒均匀,无泥浆和砂料等混合。
2. 规格和材质应符合 1.7.2 和 1.7.3 的要求。
3. 堆放成规则体后,对其体积要素作多点测量取平均值,按实测体积的 0.95 倍计量。
4. 结果判定:产品同时符合以上要求,判定该批产品合格;否则为不合格。

1.7.7 在对防汛卵砾石作抽样检测时,取样应以 1 000 m^3 为一批,不足 1 000 m^3 以实际数量为一批,每批随机抽取 1 m^3。

1.7.8 抽样检测应检测容重、含泥量、粒径比等,检测方法可按 JGJ53-92 执行。

1.7.9 抽样检测结果判定以样本检测的平均值为准。所测项目指标符合要求，判定该批产品合格。所测项目中，若有一项指标不合格，则判定该批产品不合格。

1.8 防汛砂料

1.8.1 防汛砂料应为粒径在0.5～2 mm的岩石颗粒，其材质应为天然砂，主要用于防汛抢险中的反滤和压浸排水。

1.8.2 防汛砂料的质地应致密坚硬，具有高度的抗水性能和抗风化能力，且透水性大，无黏性。

1.8.3 防汛砂料的容重不小于1 500 kg/m^3，渗透系数不小于10^{-2} cm/s，含泥量不大于5%，0.5～2 mm粒径所占比例不小于80%。

1.8.4 在对防汛砂料作直观检验时，取样应以1 000 m^3 为一批，不足1 000 m^3 以实际数量为一批，每批随机抽取10 m^3。

1.8.5 直观检验项目要求如下：

1. 经过筛分，砂料无泥土和粉砂混合。
2. 规格和材质应符合1.8.1和1.8.2的要求。
3. 堆放成规则体后，应对其体积要素作多点测量取平均值，按实测体积的0.95倍计量。
4. 结果判定：产品同时符合以上要求，判定该批产品合格；否则为不合格。

1.8.6 在对防汛砂料作抽样检测时，取样应以1 000 m为一批，不足1 000 m的以实际数量为一批，每批随机抽取1 m。

1.8.7 抽样检测应检测容重、含泥量、渗透系数、粒径比等，检测方法可按JGJ 52-92执行。

1.8.8 抽样检测结果判定以样本检测的平均值为准。所测项目指标符合要求，判定该批产品合格。所测项目中，若有一项指标不合格，则判定该批产品不合格。

1.9 防汛铅丝

1.9.1 防汛铅丝应为用低碳钢加工的冷拉镀锌钢丝或退火镀锌钢丝。在防汛抢险中用于编笼、捆扎、牵引等。

1.9.2 防汛铅丝的规格应为8号、10号、12号。

1.9.3 防汛铅丝的质量标准应符合表2-20的要求。

表2-20 防汛铅丝质量标准

规格		断面面积(mm^2)	重量(kg/km)	长度(m/kg)	抗力强度(N/mm^2)	弯曲试验(次/180^0)
号数	直径(mm)					
8	4±0.06	12.56	98.59	10.14	≤882	≥4
10	3.5±0.05	9.62	75.58	13.24	≤882	≥4
12	2.8±0.05	6.16	48.35	20.68	≤980	≥4

注：表中抗力强度为冷拉钢丝机械性能。退火钢丝的抗力强度应在294 N/mm～490 N/mm。

1.9.4 防汛铅丝应按每捆50 kg包装，内用防潮纸，外用麻布包扎，每捆应有合格证。

1.9.5 在对防汛铅丝作直观检验时，取样应以20 000 kg为一批，不足20 000 kg以实际数量为一批，每批随机抽取2%～5%，但不应少于5捆。

1.9.6 直观检验项目要求如下：

1. 规格和包装应符合1.9.2和1.9.4的要求。
2. 产品合格证应与产品相符。
3. 结果判定：产品同时符合以上要求，判定该批产品合格；否则为不合格。

1.9.7 抽样检测主要检测防汛铅丝的物理力学性能,各项指标应符合 1.9.3 的要求。

1.9.8 铅丝抽样检测的检测方法按 GB/T343-94 执行;拉伸试验按 GB228-87 执行;弯曲试验按 GB238-84 执行。

1.9.9 抽样检测结果判定以样本检测的平均值为准。所测项目指标符合要求,判定该批产品合格。所测项目中,若有一项指标不合格,则加倍抽取样本对该项性能进行检测,以复检一次结果为准。

1.10 防汛桩木

1.10.1 防汛桩木应为专门用于防汛抢险打桩的木料。

1.10.2 防汛桩木的规格及质量标准应符合表 2-21 的要求。

表 2-21 防汛桩木规格及质量标准

名称	长度(m)	直径(cm)	
		梢径	根径
短桩	1～3	6～12	8～16
长桩	3～5 >5	13～15 >15	17～20 >20

注 1:累计裂缝长度不大于桩木长度的 1/5,不得有贯通性裂缝。
注 2:疤节直径不大于桩木直径的 1/4。相当于桩木直径 1/5～1/4 的疤节,每 1 m 长度内不能多于 3 个。
注 3:无腐朽和明显缺陷。

1.10.3 防汛桩木的长桩应以杨木、榆木、松木、杉木为主,其他木材,可用作短桩。

1.10.4 在对防汛桩木作直观检验时,应按表 24 的要求逐根检验。满足 1.10.2 要求的判定为质量合格;否则判定为质量不合格。

1.11 防汛钢管

1.11.1 防汛钢管应为防汛抢险专门制作的焊接钢管,主要用于构筑钢木土石组合坝。

1.11.2 防汛钢管的内径应为 40 mm 或 50 mm,定尺长度应为 6 m 和 8 m。

1.11.3 防汛钢管的规格和允许偏差应符合表 2-22 的要求。

表 2-22 防汛钢管的规格及允许偏差

内径		外 径(mm)	普通管		加厚管	
mm	英寸		壁厚(mm)	理论重量(kg/m)	壁厚(mm)	理论重量(kg/m)
40	1.5	48±0.5	3.5	3.84	4.25	4.58
50	2	60±1	3.5	4.88	4.5	6.16

注 1:不含计扣件重量;
注 2:壁厚允许偏差+10%、-5%。

1.11.4 防汛钢管的材质应用 GB/T700-88 规定的 Q215A、Q235A 钢制造,外涂两层防锈漆。

1.11.5 防汛钢管的物理力学性能指标应符合表 2-23 的要求。

表 2-23 防汛钢管的物理力学性能指标

项目	抗拉强度(σ_b)	伸长率(δ_b)	弯曲度
指标	≥295 MPa	≥15%	≤1.5 mm/m

1.11.6 防汛钢管,按正六边形捆扎 4 道,每捆 19 根,每捆应有合格证。

1.11.7 在对防汛钢管作直观检验时,取样应以 50 000 kg 为一批,不足 50 000 kg 以实际数量为一批,每批随机抽取5%，但不应少于2捆。

1.11.8 直观检验项目要求如下：

1. 包装与标志应符合1.11.6的要求。

2. 产品合格证应与产品相符，同时应附有材质证明。

3. 规格及允许偏差应符合表2-22的要求。

4. 管体顺直，无折叠、裂缝、分层、搭焊等缺陷，内外表面应光滑。

5. 结果判定：产品同时符合以上要求，判定该批产品合格；否则为不合格。

1.11.9 在对防汛钢管作抽样检测时，取样应以50 000 kg为一批，不足50 000 kg以实际数量为一批，每批随机抽取5%，但不应少于2捆。

1.11.10 抽样检测主要检测防汛钢管的物理力学性能，各项指标应符合1.11.5的要求。

1.11.11 抽样检测的拉伸试验应按GB228-87和GB6 397-86执行；弯曲试验应按GB244执行；压扁试验应按GB246执行。

1.11.12 抽样检测结果判定以样本检测的平均值为准。所测项目指标符合要求，判定该批产品合格。所测项目中，若有一项指标不合格，则加倍抽取样本对该项性能进行检测，以复检一次结果为准。

1.11.13 防汛钢管配套扣件的质量标准应按GB15 831执行，每批产品应有合格证及材质证明，分类抽检数量。

1.11.14 防汛钢管配套扣件的包装应将扣件外涂两层防锈漆、螺栓涂黄油后，分类用小麻袋包装。

1.11.15 每吨防汛钢管配套扣件的规格及数量可按直角110个、对接20个、旋转20个配套。

(二) 救生器材

2.1 防汛救生衣

2.1.1 防汛救生衣应是为防汛抢险救灾专门制作的，用于抢险人员穿着和救助落水人员使用的闭孔泡沫救生衣。

2.1.2 防汛救生衣的式样可以采用船用救生衣(有领)和船用工作救生衣(无领)的式样。

2.1.3 防汛救生衣的材质要求及其物理性能如下：

1. 面料应为化纤布，其物理性能指标应符合表2-24的要求。

表2-24 防汛救生衣面料的物理性能指标

项目名称	试样规格	指标
径向、纬向拉断强度	200 mm×50 mm	≥784 N
径向、纬向密度	100 mm	≥106根

2. 浮力材料应为闭孔型泡沫塑料。要求发泡均匀，孔径一致，无分解、开裂现象。

3. 缝线应为耐油、耐海水的机缝线，其断裂强度不小于19.6 N。

4. 缚带应为柔软的编织袋，或用与面料相同的布料缝制而成，其断裂强度不小于882 N。

2.1.4 防汛救生衣的质量标准要求如下：

1. 一般要求应符合表2-25的要求。

2. 缝制要求如下：

(1) 明线距边缘不小于3 mm，应均匀、紧密、牢固、无跳针、断线。机缝线密度每50 mm不应少于20针，缝线端必须打回结。

(2) 绱缚带不应少于3趟缝线，缚带顶端烧结，无抽丝。

3. 用不松脱的死节捆扎口哨。

表 2-25 防汛救生衣的一般要求

项目	指标
颜色	橙色
浮力	≥73.5 N
哨笛	1只
逆向反光片	≥200 cm^2
单件质量	≤0.8 kg

注1:每件救生衣附使用说明书或穿着示意图。
注2:船用救生衣应能使穿着者入水后,头部露出水面,身体后仰,与垂直线呈20°~50°角。
注3:船用工作救生衣应能使穿着者入水后,头部露出水面,身体竖直或后倾,面部不应浸入水中。

2.1.5 防汛救生衣的包装与标志应符合下列要求:

1. 纸箱包装,机械打包四道。包装应平整、牢固无破损、无沾污,每箱内必须放置装箱单、合格证。

2. 外包装要有如下标记,型号、数量、规格、监制单位、生产厂家、生产日期、厂址、联系电话、邮政编码。

3. 每件救生衣印有船舶检验局(ZC)或中国船级社(CCS)标志、商标、型号、产品编号、生产日期。

2.1.6 在对防汛救生衣作直观检验时,取样应以10 000件为一批,不足10 000件以实际数量为一批,每批抽取5箱,每箱抽取2件。

2.1.7 直观检验的项目要求如下:

1. 包装与标志应符合2.1.5的要求。

2. 产导合格证应与产品相符。

3. 实际数量应与标记数量相符。

4. 一般要求和缝制要求应与2.1.4相符。

5. 结果判定:产品同时符合上述要求判定该批产品合格;否则为不合格。

2.1.8 在对防汛救生衣作抽样检测时,取样应以10 000件为-·批,不足10 000件实际数量为一批。每批抽取5箱,每箱抽取1件。

2.1.9 抽样检测项目按GB4 303-84和GB4 304-84标准执行。

2.1.10 抽样检测结果判定以检测报告为准。

2.2 防汛救生圈

2.2.1 防汛救生圈应是为防汛抢险专门制作的,用于抢险人员和救助落水人员使用的闭孔泡沫救生圈。

2.2.2 防汛救生圈应为包布救生圈,其外径710 mm±10 mm、内径440 mm±5 mm,重量2 500 g±50 g。

2.2.3 防汛救生圈的材质要求及其物理性能如下:

1. 包布和布箍应采用帆布或化纤布,其物理性能指标应符合表29的要求。

表 2-26 防汛救生圈布料的物理性能指标

布料	项目	试样规格	指标
帆布	径向、纬向拉断强度	200 mm×50 mm	≥784 N
	径向、纬向密度	100 mm	≥106根
化纤布	径向、纬向拉断强度	200 mm×50 mm	≥784 N
	径向、纬向密度	100 mm	≥200根

2. 缝线应耐油、耐海水。机缝线拉断强度不小于 29.4 N，手缝线拉断强度不小于 31.85 N。

3. 圈体应为闭孔型泡沫塑料经整体压制发泡成型，外观平整，泡孔均匀，无黄色焦层和异味。

2.2.4 防汛救生圈的要求如下：

1. 一般要求应与表 2-27 相符。

表 2-27 防汛救生圈的一般要求

项目	指标
颜色	橙色
重量	2.5 kg±0.1 kg
外观	平滑，无毛刺、无开裂、无变形
逆向反光片	≥200 cm^2
把手索	Φ≥9.5 mm，长度不小于外径的 4 倍
浮力	负重 14.5 kg，漂浮 24 小时以上
抗拉强度	悬挂 90 kg 重物，30 min 圈体无永久性变形

2.2.5 防汛救生圈的包装与标志应符合以下要求：

1. 外包装应平整、牢固、无破损、无沾污。

2. 外包装应印有型号、数量、规格、监制单位、生产厂家、生产日期。

3. 圈体应有产品名称、规格、型号、生产批号、厂名、商标、生产日期，电话、邮编、船舶检验局（ZC）或中国船级社（CCS）标志。

2.2.6 在对防汛救生圈做直观检验时，取样应以 5 000 只为一批，不足 5 000 只以实际数量为一批。每批抽取 5 件，每件抽取 1 只。

2.2.7 直观检验项目要求如下：

1. 包装与标志应符合 2.2.5 的要求。

2. 产品合格证应与产品相符。

3. 实际数量应与标记数相符。

4. 一般要求和缝制要求应与 2.2.4 相符.

5. 结果判定：产品同时符合上述要求判定该批产合格；否则为不合格。

2.2.8 抽样检测的按 GB 4 302-84 进行检测。

2.2.9 抽样检测结果判定以检测报告为准。

2.3 防汛橡皮舟

2.3.1 防汛橡皮舟应为橡胶涂覆织物制造，舟舷、舟底（或龙骨）均为气室式，充气后使用，在防汛救灾中用于人员、物资运输和救助。

2.3.2 防汛橡皮舟的规格按额定乘员数分为Ⅰ类（9 人及以下）和Ⅱ类（9 人以上）。

2.3.3 防汛橡皮舟应根据型号要求配备舷外机挂机板、防水多层胶合板或铝合金板舱底板，每舟应备有划桨、充气筒、系缆绳及简单修补工具。

2.3.4 防汛橡皮舟舟体的主颜色应为橙色。主要胶料应为氯磺化聚乙烯橡胶，胶布骨架材料应采用聚酯织物。

2.3.5 防汛橡皮舟橡胶涂覆织物物理机械性能应符合表 2-28 的要求。

表 2-28 防汛橡皮舟胶料物理性能指标

项目	Ⅰ类
拉伸强度(MPa)≥	14.7
拉断伸长率(%)≥	500
硬度 邵尔 A	60±5
热空气老化(100℃×24 h 拉伸强度降低率)(%)≤	20
耐磨性 阿克隆磨损[cm/(1.61 km)]≤	20
耐臭氧老化	10^{-4}×2 h

2.3.6 防汛橡皮舟橡胶涂覆物物理机械性能应符合表 2-29 的要求。

表 2-29 橡胶涂覆织物物理性能指标

项目	指标
经向拉伸强度(kN/m)≥	40
纬向拉伸强度(kN/m)≥	36
经向耐撕裂强度(梯形法)(N)≥	230
粘着强度(kN/m)≥	2
透气性(25 kPa 持续 5 min)	不透气

2.3.7 防汛橡皮舟的橡胶压模样与金属粘合强度应不小于 19.6 MPa。

2.3.8 防汛橡皮舟船体的各项技术指标如下：

1. 防汛橡皮舟耐压性指标应符合表 2-30 的要求。

表 2-30 防汛橡皮舟耐压性指标

充气部位	充气压力(kPa)	静放时间(min)	指标
舟舷	40	5	无异常
浮襄	40	5	无异常
龙骨	40	5	无异常

2. 防汛橡皮舟充气至工作压力时的气密性指标应符合表 2-31 的要求。

表 2-31 防汛橡皮舟气密性指标

充气部位	充气压力(kPa)	静放时间(min)	剩余压力(kPa)
舟舷	20	120	≥18
浮襄	40	120	≥36
防浪、横撑	13	15	≥12
龙骨	20	15	≥18

3. 防汛橡皮舟充气工作压力时的结构尺寸公差为：舟长±50 mm，舟宽±30 mm，舟首高±50 mm，舟尾高±40 mm，舷筒直径±20 mm。

4. 防汛橡皮舟满载额定乘员时，其干舷应不低于1/2舷筒。

5. 防汛橡皮舟胶布接缝强度应不小于橡胶涂覆织物主体的强度。

2.3.9 防汛橡皮舟的包装与标志应符合以下要求：

1. 舟体和舱板应分别人橙色的帆布袋中，每只防汛橡皮舟配有使用说明书、产品合格证及附件备品明细表各一份。每只防汛橡皮舟应配的附件及备品见表2-32。

表2-32 防汛橡皮舟应配附件及备品明细表

名称	规格型号	单位	数量	备注
挂机板	按船型	块	1	
划桨	装配式	把	2	铝合金材质、单独包装
打气筒	按船型	个	1	
主体橡胶涂覆织物		m	0.5	以下物品装入备品袋内
毛刷	12.7 mm宽	把	1	
圆头剪刀	不小于3号	把	1	
砂纸筒	Φ45	个	1	1号砂纸，筒长100 mm
急救塞		个	4	
气嘴上部	按船型	个	2	
气嘴密封圈	按船型	个	4	
滑石粉		kg	0.3	
软质泡沫塑料	20 mm×450 mm×150 mm	块	1	

2. 每只防汛橡皮舟在包装袋上印有产品名称、规格、额定乘员、监制单位、生产厂家、生产日期；挂机板上应有铭牌，标明型号、规格、重量、额定乘员、生产日期、厂名；舟体上应有产品生产序号。

2.3.12 在对防汛橡皮铅作直观检验时，应逐条检验。

2.3.13 直观检验项目要求如下：

1. 包装与标志应符合2.3.9的要求，附件、备品不齐全应由供应商补齐。

2. 产品合格证应与产品相符。

3. 耐压性指标应符合表2-30的要求。

4. 气密性指标应符合表2-31的要求。

5. 舟体不应有严重缺陷，轻微缺陷不应超过一处(防汛橡皮舟外观缺陷分类见表2-33)。

表2-33 防汛橡皮舟外观缺陷分类表

项目	缺陷
严重缺陷	织物断裂；机械损伤；离层；缺胶露布；死折；局部缺硫；粘着处开胶；粘着处有严重皱折；气泡面积大于3 cm^2；舟舷扭曲大于60 mm；舟底离层
轻微缺陷	轻微皱折、印痕；气泡面积不大于3 cm^2；舟舷扭曲不大于60 mm；杂质或线结直径不大于1 mm；熟胶粒直径不大于2 mm；粘着处胶液外露宽度大于10 mm；每只橡皮舟表面补疤不超过1处、面积不超过100 cm^2

6. 结果判定：产品同时符合上述要求判定该批产品合格；否则为不合格。

2.3.14 在对防汛橡皮舟作抽样检测时，取样应以50条为一批，不足50条以实际数量为一批，每批检测 1 条。

2.3.15 抽样检可按 GJB 2 311-95 标准中有关规定进行。

2.3.16 抽样检测结果判定以检测报告为准。

2.4 玻璃钢防汛抢险舟

2.4.1 玻璃钢防汛抢险舟应以船外机为动力,专用于防汛抢险的玻璃钢舟。应具有重量轻、稳性及不沉性好、抗损坏能力强等特点,可在内河 B 类航区中防汛抢险救灾使用。

2.4.2 玻璃钢防汛抢险舟应分为 5 m 及以上舟和 5 m 以下舟。5 m 以上舟主要用于广阔水域抢险救灾,5 m 以下舟主要用于山区、城镇等复杂区域抢险救灾。

2.4.3 玻璃钢防汛抢险舟主要材料及其性能要求如下:

1. 基体材料应为通用型不饱和聚酯树脂,其性能指标应符合表 2-34 的要求。

表 2-34 通用型不饱和聚酯树脂的性能指标

性能	外观	酸值(KOH/g)mg	粘度(25℃)(Pa·S)	固化含量(%)	凝胶时间(25℃)(min)	稳定性		触变指数
						(20℃)d	(80℃)h	
指标	透明淡黄色液体	17～25	0.25～0.85	59～67	6～25	180	24	＞1.9
测试方法	GB7 193.7	GB2895	GB7193.1	GB9193.3	GB7193.6	GB7193.5		—

2. 基体材料固化后树脂浇铸体试样应符合下列性能要求:

(1) 巴氏硬度≥35。

(2) 热变形温度≥55℃。

(3) 极限延伸率以≥2.0%。

3. 舟体板材的力学性能应符合表 2-35 的要求。

表 2-35 舟体板材的力学性能表

项目	指标
拉伸强度	＞150 MPa
弯曲强度	＞180 MPa
冲击强度	＞180 kJ/m²

4. 增强材料应为玻璃纤维及制品。主要包括无碱布、中碱布、表面毡、短切毡等。

5. 胶衣树脂应为船用耐水型聚酯树脂。

6. 储备浮力材料应为闭孔聚氨酯泡沫塑料。

7. 牵引环,系留环,吊装环等金属件应为钢制,表面热镀锌或镀铬,也可采用不锈钢;挂机垫板应为铝制。

2.4.4 玻璃钢防汛抢险舟质量标准的一般要求如下:

1. 舟体内壳应为乳白色,外壳为橙色,色泽一致、字迹清晰、规范。

2. 在人员行走且易上水的表面应采取有效防滑措施。

3. 舟体内外壳表面应光顺、平整光洁、无裂痕、划痕。不得有起皱、龟裂、分层、硬伤、气泡等缺陷。

4. 发泡应均匀、无漏发。

5. 牵引环、系留环、吊装环等应表面光洁、镀层均匀、无锈斑、无毛刺、螺丝不得松动;挂机垫板表面要有防滑纹、与舟体粘接牢固。

6. 随舟应配备船篙 1 只、船桨 2 只、系留绳 3 根、掏水瓢一个。

2.4.5 玻璃钢防汛抢险舟的包装与标志应符合以下要求：

1. 4～5 艘一叠，舟与舟之间垫以聚酯泡沫，下垫木楞并与舟两舷吊装环用丝扣固定。每舟应附有船舶检验证书、产品合格证、使用维护说明书及随舟配件清单各一份。

2. 舟艇应有铭牌，标明型号、规格、重量、额定乘员、生产序号、生产日期、生产厂家。

3. 在舟内侧醒目处标示额定乘员。

2.4.6 在对玻璃钢防汛抢险舟作直观检验时，应逐条检验。

2.4.7 直观检验项目要求如下：

1. 包装与标志应符合 2.4.5 的要求，附件、备品不齐全应由供应商补齐。

2. 产品合证应与产品相符。

3. 一般要求应符合 2.4.4 的要求。

4. 结果判定：产品同时符合上述要求判定该批产品合格；否则为不合格。

2.4.8 在对玻璃钢防汛抢险舟作抽样检测时，取样应以 10 条为一批，少于 10 条以实际数量为一批，每一批抽检 1 条。

2.4.9 抽样项目要求如下：

1. 操作试验：进行低、中、高速行驶试验；回转试验。

2. 不沉性试验(同型舟只做一次)；在装备齐全、满载时(每个乘员按 28 g 重量，用压铁代替)，向舟内灌水至艇内外水面持平，艇不沉。

3. 抗倾覆试验(同型船只做一次)：在不沉性试的基础上，将其中$(10+5n)$kg(n 为额定乘员人数)的重量移至一舷护舷材的任何位置处，舟仍不倾覆。

4. 结果判定：产品同时符合上述要求判定该批产品合格；否则为不合格。

2.5 防汛船外机

2.5.1 防汛船外机应为专门与玻璃钢防汛抢险舟和防汛橡皮舟配套的船外机。

2.5.2 防汛船外机的规格应为 9.9～150 Hp。

2.5.3 防汛船外机应为后悬挂式，可以是前操机，也可为后操机。

2.5.4 进口船外机作为防汛船外机时，国内供货商应具有二级代理以上资质。

2.5.5 代理商供货时必须提供以下真实有效的文件：

1. 生产厂颁发的代理许可证。

2. 船外机原产地证明。

3. 产品出厂检测报告和出厂编号。

4. 相应的海关进口放行证明(复印件有效)。

2.5.6 防汛船外机的包装与标志应符合以下要求：

1. 原外包装应完好无损。

2. 外包装应注明规格、型号和机器编号。

2.5.7 在对防汛船外机作直观检验时，应逐台检验。

2.5.8 直观检验项目要求如下：

1. 包装与标志应符合 2.5.6 的要求。

2. 外观应完好无损伤。

3. 配件、附件的数量、规格应与装箱单相符，有短缺或损坏的应由供货商补齐或更换。

4. 结果判定：产品同时符合上述要求判定该批产品合格；否则为不合格。

2.5.9 在对防汛船外机作抽样检测时,取样应以 20 台机器为一批,不足 20 台以实际数量为一批,每批抽 1 台。

2.5.10 抽样检到项目要求应在常温下 3 次内启动成功,运行平稳。

2.5.11 抽样检测结果判定:启动,运行正常该批产品为合格;否则该批产品为不合格。

(三)小型抢险机具

3.1 防汛汽油发电机组

3.1.1 防汛汽油发电机组应为为防汛抢险小面积照明、通讯和办公用供给电能的便携式汽油发电机组。

3.1.2 防汛汽油发电机组的规格应为 1～10 kW。

3.1.3 在对防汛汽油发电机组作直线检验时,应逐台检验。

3.1.4 直观检验项目要求如下:

1. 外观检查:外观完整,无变形、无污渍;备表面清洁,无损伤;涂漆部分漆膜均匀,电镀件表面光滑,无漏镀斑点。

2. 成套性检查:各种随机配件、工具、出厂合格证、备品清单,说明书(进口设备应附有中文说明书及进出口检验手续)齐全。

3. 标志检查:铭牌应标明设备名称、型号、额定电压、额定频率、额定输出功率、额定电流、质量、外型尺寸、生产厂家、生产日期、设备编号等。

4. 结果判定:同时符合以上要求判定该台设备合格;否则为不合格。

3.1.5 在对防汛汽油发电机组作抽样检测时,取样应以 20 台为一批,不足 20 台以实际数量为一批,每批抽 2 台检测。

3.1.6 抽样检测应作运行试验:常温内 3 次内启动成功,运行平稳,输出电压、功率达到额定要求。

3.1.7 抽样检测结果判定:启动、运行正常该批产品为合格;否则该批产品为不合格。

3.2 防汛柴油发电机组

3.2.1 防汛柴油发电机组应为为防汛抢险大范围照明和小型动力设备供给电能的往复式柴油发电机组。性能在 G2 级以上,分为的固定式和移动式。

3.2.2 防汛柴油发电机组的规格应为 24～200 kW。

3.2.3 在对防汛柴油发电机组作直观检验时,应逐台检验。

3.2.4 直观检验项目及要求如下:

1. 外观检查:外观完整,无变形、无污渍,设备表面清洁、无损伤;涂漆部分漆膜均匀,电镀件表面光滑,无漏镀斑点;各紧固件不松动;焊接牢固、焊缝均匀,无裂纹、溅渣、焊穿、咬边、漏焊以及气孔等缺陷。

2. 成套性检查:各种随机配件、工具、出厂合格证、备品清单,说明书(进口设备应附有中文说明书及进出口检验手续)齐全。

3. 标志检查:铭牌应标明设备名称、型号、相数、额定转数、额定电压、额定频率、额定输出功率、额定电流、质量、外形尺寸、生产厂家、生产日期、设备编号等。

4. 结果判定:同时符合以上要求判定该台设备合格,否则为不合格。

3.2.5 在对防汛柴油发电机组作抽样检时,应逐台检测。

3.2.6 抽样检测项目要求如下;

1. 起动性能检测:在环境温度不低于 5℃情况下 3 次内起动成功。

2. 技术参数检测:铭牌上标注的各项技术参数应达到额定指标。

3. 绝缘性检测:绝缘电阻不应低于 2 MΩ。

4. 耐电压检测:各独立电器回路对地间能承受 1 500 V 试验电压。

5. 移动部分检验(若有):主要检验承载能力、减震、稳性是否满足要求,灯光系统是否完善,转向、制动系统是否灵活等。

6. 结果判定:产品同时符合上述要求判定该批产品合;否则为不合格。

3.2.7 防汛柴油发电机组的检测应按 GB/T2 820 进行。

3.3 便携式防汛工作灯

3.3.1 便携式防汛工作灯应为使用蓄电池直流(DC)供电,能满足防汛巡堤、观测、水下查险、发送光讯号、照明等常规抢险要求的强弱可调的便携灯具。

3.3.2 便携式防汛工作灯的额定电压应为 6 V 或 12 V。

3.3.3 便携式防汛工作灯的包装与标志应符合以下要求:

1. 每盏灯具应为一个独立包装,包装内应有合格证及说明书。每 10 盏灯具为一件,每件为纸盒包装。包装完整,无污渍;灯具外观整洁,铭牌标示齐全。

2. 每个包装的外面应印刷黑色标志如下:注册商标、灯具名称、型号、数量、重量、监制单位、生产厂家、生产日期等;

3.3.4 便携式防汛工作灯一般只作直观检验,取样按应以 100 盏为一批,低于 100 盏以实际数量为一批,每批抽取 2 盏检验。

3.3.5 直观检验的项目要求如下:

1. 成套性检查:产品合格证、使用说明书、各种附件齐全。

2. 防水性检验:防护灯具应达到 IP67。打开灯具电源开关,将灯具完全置于水中 30 min,灯具底部水深至少 1 m,能正常工作。

3. 抗跌性检验:在水泥地面上由 100 cm 高处自由跌落 4 次,每次绕它的轴线转 90°,以 4 个不同置跌落。实验后,灯具不应有危及安全和继续使用的掼坏。防止灯泡损坏的保护部件不应松动。

4. 照距检测:有效照射距离应大于 30 m。

5. 连续工作时同检测:连续工作时间应大于 8 h。

6. 蓄电时间检测:充电后放置 6 个月,电池容量不低于满容量的 80%。

7. 充电器;应与电池系相匹配,能在 24 h 完成充电,灯具的工作时间达到额定值。对于因电池使用寿命终结失效而引起的短路,应有防护功能。

8. 结果判定:同时符合上述要求判定产品为合格。其中有一项不符合要求应加倍抽样复检,复检仍有一项以上不合格即视为本批产品不合格。

3.4 防汛投光灯

3.4.1 防汛投光灯应为为防汛抢险现场或防汛指挥场所照明的灯具,其照射区域的亮度应明显高于周围地区。

3.4.2 防汛投光灯应为 400~2 000 W 的钠灯、碘钨灯、汞灯等。

3.4.3 防汛投光灯的质量要求如下:

1. 防水、防尘等级应达到 IP55。

2. 绝缘性试验应在施加约 500V 交流电压 1 min 后测定,绝缘电阻不应低于 2 MΩ。

3.4.4 防汛投光灯的包装与标志应符合以下要求:

1. 每盏灯具为一个独立包装,内附合格证及说明书。

2. 每个包装的外面应印刷黑色标志如下:注册商标、灯具名称、型号、监制单位、生产厂家、生产日期等。

3.4.5 在对防汛投光灯作直观检验时,取样应以 100 盏为一批,低于 100 盏以实际数量为一批,每批抽取 2 盏。

3.4.6 直观检验的项目及要求如下:

1. 外观查包装完整,无污渍,符合 3.4.4 的要求;灯具外观整洁,铭牌标示应齐全。

2. 成套性检查:产品合格证,使用说明书,各种附件齐全。

3. 结果判定:同时符合以上要求判定产品为合格;否则为不合格。

3.4.7　在对防汛投光灯作抽样检测时,取样应以 100 盏为一批,低于 100 盏以实际数量为一批,每批抽取 2 盏。

3.4.8　抽样检测性能指标应符合 3.4.3 的要求。

3.4.9　抽样检测的方法 GB7 000-1996 执行。

3.4.10　抽样检测结果判定:符合要求为合格。其中有一不符合要求应加倍抽样复检,复检仍有一项以上不合格即为批产品不合格。

标准用词说明(表 2-36)

表 2-36　标准用词应遵守规定

标准用词	在特殊情况下的等效表述	要求严格程度
应	有必要、要求、要、只有……才允许	要求
不应	不允许、不许可、不要	
宜	推荐、建议	推荐
不宜	不推荐、不建议	
可	允许、许可、准许	允许
不必	不需要、不要求	

三、省级防汛物资入库堆放要求

依据《中华人民共和国消防法》仓库“五距”的规定,《江苏省省级防汛抗旱物资储备管理办法》堆放要求,仓库整体功能、配套设备设施等各方面能够满足水旱灾害防御物资储备需求,并落实各项保管和安全措施。

(一) 仓库“五距”标准

1. 墙距:指墙壁与堆货之间的距离。墙距又分外墙距与内墙距。一般外墙距在 50 厘米以上,内墙距在 30 厘米以上。以便通风散潮和防火,一旦发生火灾,可供消防人员出入。

2. 垛距:指货堆与货堆之间的距离,通常为 100 厘米,堆距的作用是使货堆与货堆之间,间隔清楚,防止混淆,也便于通风检查,一旦发生火灾,还便于抢救,疏散物资。

3. 柱距:指货堆与屋柱的距离一般为 10～20 厘米。柱距的作用是防止柱散发的潮气使商品受潮,并保护柱脚,以免损坏建筑物。

4. 灯距:指仓库内固定的照明灯与商品之间的距离。灯距不应小于 50 厘米以防止照明灯过于接近商品(灯光产生热量)而发生火灾。

5. 顶距:指堆货的顶面与仓库屋顶平面之间的距离。一般的平顶楼房,顶距为 50 厘米以上;人字形屋顶,堆货顶面以不超过横梁为准。

(二) 防汛物资码垛要求

为进一步规范省级水旱灾害防御物资储备管理,科学规划存储空间,准确计算地坪负荷,合理设计垛形、垛位,确定码垛方式、作业方法,合理调配作业人员及作业工具等,堆码标准如表 2-37 所示。

表 2-37 省级防汛物资码垛要求

类别	物资名称	作业要求	码垛方式	码垛方法	码垛高度
抢险物料	编织袋	（1）按照稳固、通风、整齐、方便盘点、调运和节省空间的要求，结合包装尺寸、数量和重量合理布置码放。 （2）预留必要的消防通道和巡查装卸通道。 （3）码垛搬运应轻拿轻放，避免摩擦、震动、重压和倾倒。	纵横交错式货堆	（1）垛位、垛型确定后，计算垛位边线和每层排、列数，布置好底部托盘（或垫木）。 （2）将物资转运至底部托盘上，按既定顺序依次纵横交错稳固码放。 （3）第二层及以上码放参照下一层类推，但相邻层在垂直面上应交错。 （4）整垛码放基本到位后，微调外围垛形，使整体外观整齐、美观。	一般不超过 5 m
	复膜编织布				一般不超过 5 m
	土工布				一般不超过 5 m
	防管涌土工滤垫				一般不超过 10 层
	防汛抢险集装袋		重叠式货堆	（1）垛位、垛型确定后，计算垛位边线和每层排、列数。必要时，布置好底部托盘（或垫木）。 （2）物资转运至底部托盘上，按既定顺序依次重叠稳固码放。 （3）整垛码放基本到位后，微调外围垛形，使整体外观整齐、美观。	一般不超过 5 层
	装配式防洪子堤连锁袋				一般不超过 3 层
	防管涌围井围板				一般不超过 8 层
	钢丝网兜				一般不超过 3 层
	防洪铅丝网				一般不超过 4 层
	折叠式金属网箱				一般不超过 4 层
	高强抢险网兜				一般不超过 4 层
救生器材	橡皮舟舟体	恒温库房存储，温度保持 0～25℃，相对湿度小于 70%。	货架上单只（组）摆放	涂敷滑石粉，装包存放。	综合考虑包装尺寸和库房高度等因素，合理确定货架层数
	橡胶船舷				
	玻璃钢冲锋舟	（1）入库前要清洗干净，金属件涂敷黄油。 （2）舟体最下层应按照厂家要求垫木数量均匀支垫。 （3）舟与舟之间的间隔用硬质泡沫块支垫。	重叠式货堆	（1）垛位、垛型确定后，计算垛位边线和每层排、列数。必要时，布置好底部托盘（或垫木）。 （2）物资转运至底部托盘上，按既定顺序依次重叠稳固码放。 （3）整垛码放基本到位后，微调外围垛形，使整体外观整齐、美观。	舟体叠放不得超过 5 艘
	抢险舟				舟体叠放不得超过 5 艘

续　表

类别	物资名称	作业要求	码垛方式	码垛方法	码垛高度
救生器材	专用机油	机油应单独存放，严禁同其他物资混放，避免重压，并用防尘罩布罩盖。	重叠式货堆		高度不得超过 4 层
	救生衣	(1) 物资在隔潮垫层上(高度 0.2 米)整齐码放。 (2) 每个堆垛面积不大于 150 m^2。			高度不得超过 5 层
	救生绳索抛射器	码垛搬运应轻拿轻放，避免摩擦、震动、重压和倾倒。	重叠式货堆或货架摆放		综合考虑包装尺寸和库房高度等因素，合理确定层数
抢险机具	巡堤查险照明灯组	垛位旁须留有充足空间，满足叉车及辅助工作人员作业需要。	重叠式货堆或货架摆放	根据存放位置实际情况逐个(组)进行叠摞(现存巡堤查险照明灯组叠摞限定为 5 件)，尽量做到五五整齐摆放，便于清点，使用辅助工作人员或叉车进行码放。	综合考虑包装尺寸和库房高度等因素，合理确定层数，叠放限定为 5 件
	移动式照明灯塔		单台(组)摆放	并排整齐摆放，移动式灯塔需进行刹车制动，移动式灯塔需放下 4 个支撑脚支撑并保持平衡，配件箱存放于机器顶部明显位置，便于盘点、出库，使用叉车进行码放。	略
	拖车式移动泵站			整齐摆放，设备四周要有支撑杆支撑，配件存放于机器周边明显位置，便于盘点、出库。	略
	大流量应急排水单元 大流量排涝泵站				略
	大流量潜水电泵			整齐摆放，配件存放于机器周边明显位置，便于盘点、出库。	略

续 表

类别	物资名称	作业要求	码垛方式	码垛方法	码垛高度
给排水设备	储水罐	垛位旁须留有充足空间，满足叉车及辅助工作人员作业需要。 垛位旁须留有充足空间，满足叉车及辅助工作人员作业需要。	货架上单只（组）摆放	根据货架测算实际情况逐个单只（组）摆放，尽量做到五五摆放，便于清点。	综合考虑包装尺寸和库房高度等因素，合理确定货架层数
	净水机		重叠式货堆	按产品包装箱标明规定进行叠摞（现存净水设备叠摞限定为 2 件），使用叉车进行码放。	高度不得超过 2 层
	发电机组			按产品包装箱标明规定进行叠摞（现存柴油发电机组叠摞限定为 3 件）。拖车柴油发电机组车体前后要有支撑杆支撑。	高度不得超过 3 层
	绞盘式喷灌机		单台（组）摆放	整齐摆放，设备前后要有支撑杆支撑。配件存放于机器周边明显位置，便于盘点、出库。	略
	手推式喷灌机组		重叠式货堆	按产品包装箱标明规定进行叠摞（现存手推式喷灌机组叠摞限定为 3 件），使用叉车进行装卸。	高度不得超过 3 层
	变频控制柜		重叠式货堆	按产品包装箱标明规定进行叠摞（现存变频控制柜叠摞限定为 3 件），使用叉车进行装卸。	高度不得超过 3 层

第三章
仓储管养

一、省级防汛物资储备保管要求

依据《中央防汛抗旱物资储备管理办法实施细则》(财农〔2016〕14 号),江苏省省级防汛物资仓库存储要求如下(图 2-3):

1. 存储面积满足物资储备需要,库内干净整洁;
2. 设避光、安全监控和消防等设施;
3. 具备良好的保温、防潮、通风、防火、避雷、防盗和防鼠、防虫、防污染等条件;
4. 配备必要的装卸设备;
5. 留有搬运通道;
6. 严禁接触酸、碱、氧化剂、挥发性化学品和有机溶剂等物质,严禁与以上物品同库混储;
7. 每批(件)物资都应配有明显的标牌,标明品名、数量、质量、入库时间、储存年限和供货单位等内容,做到实物、标牌、标签、台账相符。

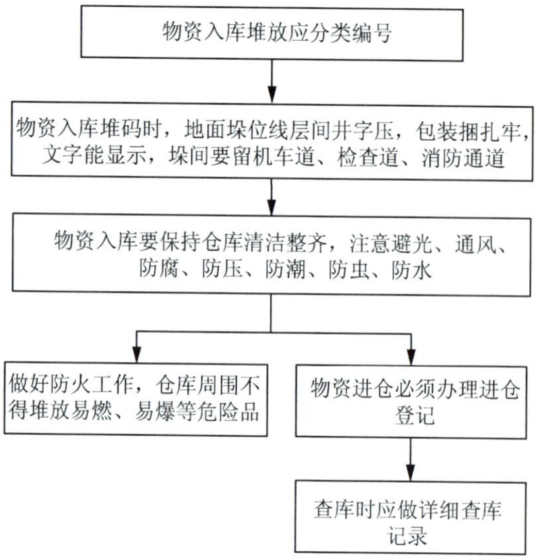

图 2-3 物资储备管养流程

为加强防汛物资的储备管理,确保安全,防止发生霉烂、变质、老化,制订保管规定如下:

(一) 编织袋、土工织物、彩条布等(图 2-4～图 2-6)

1. 存储编织袋、复膜编织布、土工布、防管涌土工滤垫和围井围板、橡胶子堤护坦布、泡沫救生衣等聚酯合成材料及班用帐篷蓬体的仓库要严格避光、通风，保持干燥。

2. 按“一垫三不靠”(下垫枕木、上不靠天花屋架，下不靠地面裸土，四周不靠墙壁它垛)，要求堆放整齐，不得倚墙码垛，应避免阳光直接照射，窗子要用黑色避光塑膜隔光。

3. 各种不同的物资要按照进库(生产)时间分别码垛，土工布可以井字形码垛或骑缝码垛，垛高一般不超过四米；防管涌土工滤垫和围井围板的码高不超过 10 层，以免受压变形；编织袋堆码必须整齐并确保安全、美观。垛底要用垫层(高度不低于 0.2 米)，适时地开门通风，降低库内温度和湿度。

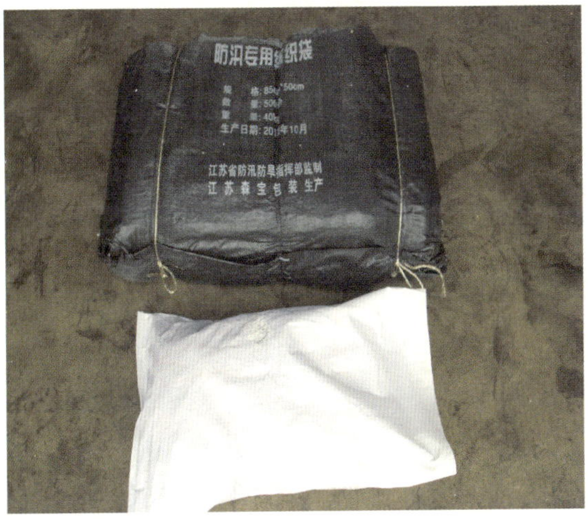

图 2-4　防汛编织袋

图 2-5　土工布

图 2-6　彩条布

(二) 草包(图 2-7)

1. 草包是易燃易霉烂物资，保管中要特别防火防雨。底层要有防潮、防鼠措施。

2. 在库房周边要树立明显的禁火标志，定期对库房的屋顶进行检查，特别是在雨季要加强检查。天晴后对水淋部份要全部进行翻晒，并保持仓库的通风。梅雨季节要密封好门窗，晴天开窗通风。

3. 草包堆放要整齐,每 20～25 只为一捆,捆扎要牢固。有条件的要用机器打包,四周应离墙 80 cm,中间留有检查通道。

图 2-7 防汛草包

(三) 防汛木材(图 2-8、图 2-9)

1. 防汛木材科学保管的原则:

(1) 保持木材采伐时边材所具有的高含水率或迅速使木材含水率降低至 25%以下,防止木材腐朽、虫害和开裂。

(2) 防止木材变质降等,降低使用性能。

(3) 防火、防洪、防盗、避免木材损失。

2. 防汛木材要妥善保存,存在库房内的杉木桩、木方要采用大小头倒顺形或井字形分别堆放,用钢管架垛,便于通风,保持干燥。堆放要整齐美观、安全。每根方木都要用红漆编号,标明尺寸。

3. 存放在宕口的木排要捆扎牢固,固定好专人看守,防止被盗。注意检查材质的变化,以防腐蚀。水质的 pH 值应在 6～8.5 之间。对捆扎绳缆要勤查,防止散排,并建有详细码单。

图 2-8 圆形防汛桩木

图 2-9 方形防汛桩木

4. 防汛木材保管方法按 GB/T18 959 标准执行。

5. 应对木材开裂,建议采用机械防裂法,即在保管的木材上用钢丝或铁丝捆端头,使用防裂环("C"型或"S"型钢丝圈)等,用机械的方法强制木材不要膨胀和收缩,避免木材发生开裂。

(四) 橡皮船、橡胶子堤(图 2-10)

1. 存放橡皮船、橡胶子堤的库房要求安装空调设备,室内温度保持在 0～28°C,相对空气湿度不大于 80%。

2. 橡皮船应单只摆放在货架上，在入库前要重新涂撒滑石粉，橡皮船船体及附件、备品在货架上要单只摆放；橡胶子堤在货架上单组摆放。严禁与有挥发性的化工物品混放。尽量减少摩擦。

3. 橡皮船应每年在汛前做充气检查，做好检查纪录，并重新涂上滑石粉，配齐备品和胶水。

图 2-10　防汛橡皮艇

（五）防汛抢险舟（冲锋舟，图 2-11）

1. 防汛抢险舟（冲锋舟）在入库前要将舟体擦拭干净，金属部位要涂敷黄油，叠放不超过 5 艘，以免下层舟体重压变形，下层舟体吊环内侧面也用 3 根垫木（截面 120mm×100 mm）支撑，舟与舟之间用硬质泡沫块支垫。叠放好的舟体要用布质防尘罩罩盖。

2. 操舟机及专用机油要单独堆垛存放，严禁与其他物资混放，避免重压，防止机油挥发渗漏。库房内要避光，设有通风设施并备有专用灭火器材。

3. 避免接触尖锐、坚硬物体。

4. 避免长期在烈日下暴晒。

5. 定期上蜡抛光，施加油漆，保持美观和耐久。

图 2-11　防汛抢险舟

(六)便携式打桩机(图 2-12)

1. 按“三不靠”要求堆放整齐,应避免阳光直接照射,窗子要用黑色避光塑膜隔光,按规定养护后放入原专用箱存放。

2. 库房内存放,底部要设防潮垫层,摆放整齐避免重压,防止生锈。

3. 电线电缆接头,油管接头,易碰撞和摩擦处,应加套或用护管保护。

图 2-12 打桩机

(七)装配式围井(图 2-13)

1. 要求按不同规格分开堆放,底部要求使用托盆或木架垫层,方便叉车搬运。

2. 仓库尽量通风干燥,周围不得接触酸、碱等腐蚀性物质,不得长期暴晒,做好防潮措施,防止生锈。

图 2-13 装配式围井

(八) 投(泛)光灯具(图 2-14)

1. 投光灯具属抢险照明设备,存放场所应该干燥洁净、通风,存放均要有防潮垫层,注意防热源、防腐蚀。

2. 应设有灯具存放的货架或箱柜,要有相应的防火措施。

3. 要保管好灯具、灯具配件、光源的原始的说明书、包装箱等,以备查询。

4. 投光灯具应定期进行擦拭、保养。建议每一至两个星期保养一次。擦拭灯具时,要用干净柔软的布。擦拭完灯具后,用干净的透明塑料袋装好,装箱封存,放到相应的地方。

5. 抢险移动照明车车体前后要有支撑杆支撑车体,并用布质防尘罩罩盖。

6. 发电机类移动照明如长期不用,每半年发动一次,每次发动 10 分钟,每次使用后关闭发电机前先将油阀关闭,把积余的油燃尽,防止沉淀的油堵塞滤芯。

图 2-14 防汛照明车

(九) 便携式工作灯(便携式强光照明灯组,图 2-15)

1. 便携式工作灯属充电式灯具,使用蓄电池供电,首次使用灯具时请充满电,每次使用后请及时充电,长期不使用时,每隔三个月做一次完全的充放电,并充满电存放,确保机能无缺。

2. 需安装防潮灯罩,以防止潮气入侵,避免出现锈蚀损坏或漏电短路。

3. 严禁在危险场所充电、更换电池或灯泡。严禁撞击、抛甩、针刺电池或将电池投入火中以免发生危险。

4. 保存、携带或运输时,应确保按钮开关免受外物触压。以免灯具开启耗电。

5. 灯具严禁撞击。抛甩,若不慎将灯具掉入水性溶液里应及时取出并擦拭干净。

6. 不要随便拆卸灯具的结构件,尤其是密封结构件。

7. 充电时请注意充电器的型号及充电口的规格切不可混淆使用。

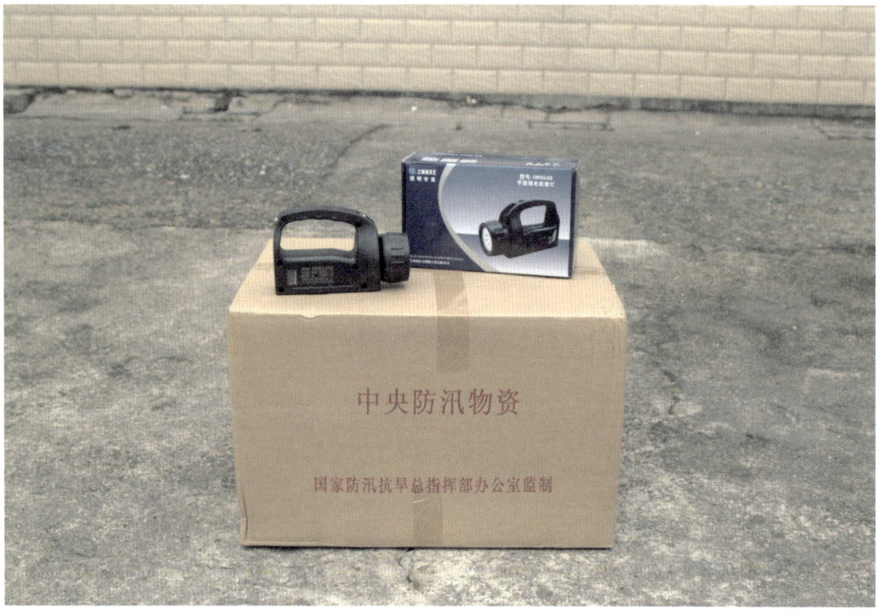

图 2-15　便携式工作灯

(十) 救生衣(图 2-16)

1. 保管中要注意防火。底层要有防潮、防鼠措施。堆放仓库必须保持干燥,避免腐烂,且应不受挤压。

2. 堆放应避免阳光直接照射,窗子要用黑色避光塑膜隔光。

3. 定期检查救生衣的包布、缚带有没霉烂,必要时翻新更换。

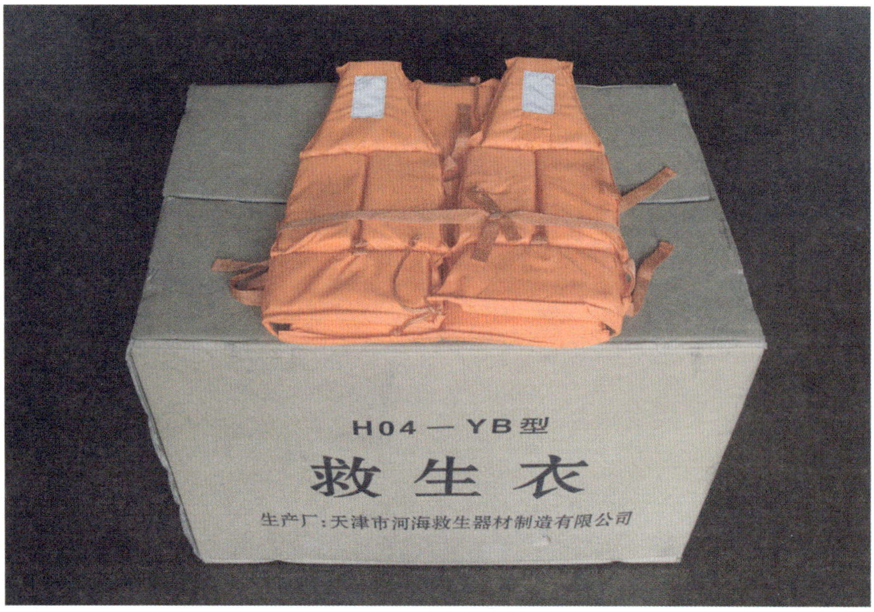

图 2-16　防汛救生衣

（十一）救生圈（图 2-17）

1. 堆放时要用塑料布包装，搬运时防止摩擦破损，防止太阳暴晒。
2. 避免油污，防止减低性能。
3. 应存放在干燥的库房内，且应平放。

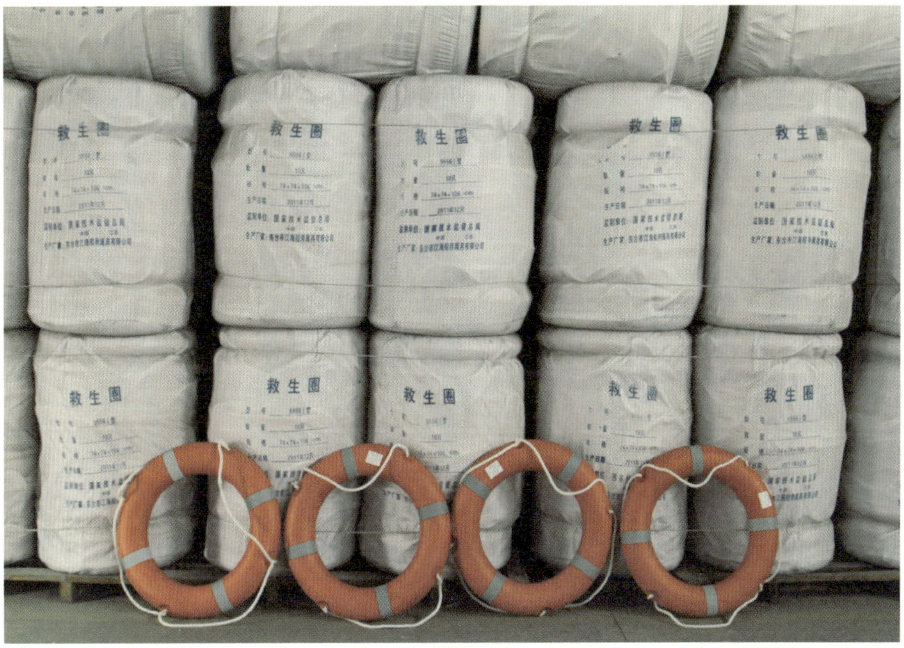

图 2-17　防汛救生圈

（十二）抛石柔性集装网（图 2-18）

1. 存储抛石柔性集装网的库房内要干燥、通风，下部要设防潮垫层，避免重压。
2. 入库不得与污物杂品接触，不应沉积尘土。
3. 存放应远离酸、碱、盐等容易引起腐蚀的物资。

图 2-18　抛石柔性集装网

(十三) 防汛钢管(图 2-19)

1. 抢险钢管要涂防锈漆并在库房内存放,底部防潮垫层不小于 20 cm,摆放整齐避免重压,防止钢管和扣件变形生锈,同时堆垛侧面加装栏杆,防止发生钢管堆垛侧面倾覆。

2. 扣件外涂防锈漆,螺栓涂黄油后要按品种分别堆放,要用麻袋或硬材箱牢固包装,每袋(箱)重量不超过 30 kg。

图 2-19 防汛钢管

(十四) 块石(图 2-20)

1. 块石堆放要整齐,宽度视场地的情况而定,不得用虚土垫平。高度一般情况下不得超过 2M 左右,同时注意稳固不坍塌,顶层边线最好用色漆涂刷标记。

2. 货场要有车辆进出通道,便于机械和人工装、卸货。在货场周边明显位置树立警示标牌和“省级防汛块石”标牌,标明:数量、储备单位、储备时间、保管单位、责任人、联系方式。

3. 块石在多处堆放的,要分别建帐,在平面图上标明各处数量,调拨使用后要及时清理,重新码方。

图 2-20 防汛块石

(十五) 快速膨胀堵漏材料(图 2-21)

1. 吸水膨胀袋和吸水速凝挡水子堤的库房内要严格避光,装有抽潮。排风设施,保持室内相对湿度不大于 75%。严禁拆开快速膨胀堵漏材料的密封包装,防止其因包装破损而自行吸水膨胀。

2. 吸水膨胀袋可以折叠储存,也可堆砌,但堆高不超过五箱。

图 2-21 吸水膨胀袋

(十六) 防汛麻袋(图 2-22)

1. 防汛麻袋应该按包装整齐码放,便于搬运,不得散乱堆放。

2. 下部要设有防潮垫层,垫层高度不小于 20 cm,仓库注意通风,防虫防鼠。

3. 严禁接触酸、碱、氧化剂和有机溶剂等物质。

4. 避免存放尖锐物品,避免硬物划伤。

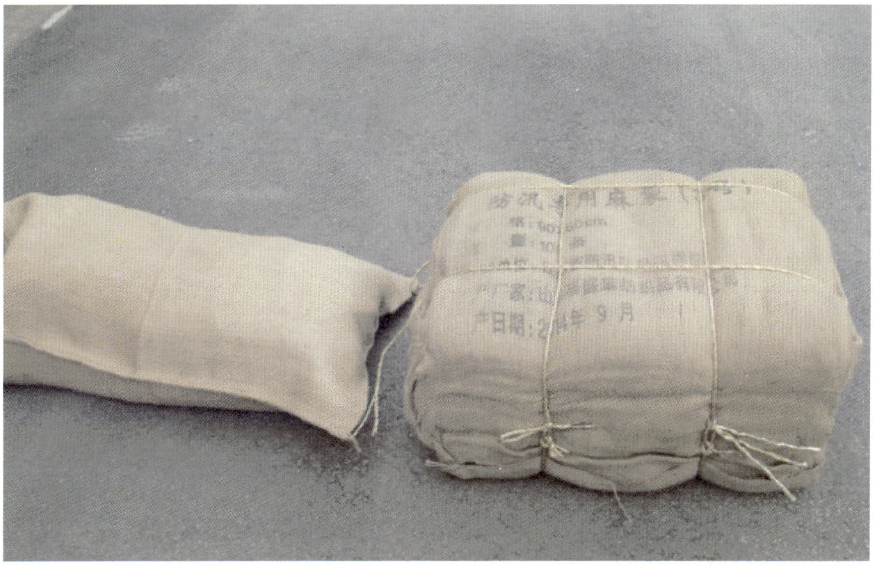

图 2-22 防汛麻袋

(十七) 挡水子堤(图 2-23)

1. 汛后分解撤收,将各部件冲洗凉干(必要时,可对金属件进行防腐处理),分类包装,存放在阴凉无鼠害仓库里(注意避免在冲洗清理过程中发生磕碰、磨损及搬运过程中发生的损坏)。

2. 每年汛前检查一次,做好抢险准备。

图 2-23 挡水子堤

(十八) 防汛车辆(图 2-24)

1. 车辆停入仓库应当停放整齐,车库前禁止停放其他车辆。
2. 定期对库内防汛车辆进行检查,出现故障要及时修理。
3. 车载的仪器或者设备应按不同的要求拆卸或者随车储放。

图 2-24 应急抢险车

(十九) 发电机(图 2-25)

1. 入库前进行外表面清洗,检查各机械、电器线路的连接和导线质量,如有松动或损坏立即紧固、更换。柴(汽)油发电机按规定养护后放入原专用箱存放。

2. 使用木块支承底盘以解脱车轮的负荷,但车轮不要离地,将手刹放置在刹车位置,然后用帆布罩将整车罩好,停放在无尘、清洁、通风良好的库房内,并按库存条例予以例行检查。

3. 储存的发电机组每半年发动一次,每次发动 10 分钟,每次使用后关闭发电机前先将油阀关闭,把积余的油燃尽,防止沉淀的油堵塞滤芯,放净机滤、空滤等中的机油。

4. 每月摇转曲轴 1～2 次，每次摇转后均应使活塞处于压缩上止点。

5. 将排气口、空滤、燃油箱通气孔、低温启动装置的排烟口等用油纸包封。

6. 将柴(汽)油机、发电机、联轴口、底架及发电机所有部件、工具、附件等金属表面先用洗洁剂擦洗干净，必要的地方涂上黄油。

图 2-25 移动发电机

(二十) 救生抛投器 (图 2-26)

1. 抛投器的运输和贮存中应符合以下要求：抛投器在运输时要轻拿轻放，禁止抛投，防止碰撞，避免雨淋。暴晒污染；应避免与油、酸、碱或其他腐蚀、有害物质接触和贮存；运输时气瓶应卸压。

2. 抛投器应贮存在清洁、干燥、通风良好的环境中，禁止重压。

3. 抛投器使用后要及时清洗、干燥，检查部件是否完好，对各金属部件喷涂防锈润滑油，以防生锈；用少许硅油涂抹气瓶嘴上，再安好护套，以备再用。

图 2-26 救生绳索抛投器

(二十一) 防汛抢险油锯

1. 油锯应贮存在干燥、通风的场所,远离热源或明火。

2. 使用后要彻底清洗整台机器,特别是气缸散热片和空气滤清器,用沾有油的布擦拭机器表面。

3. 在通风处放空燃油,然后启动发动机,让发动机工作至自动熄火为止,并做好清洁工作。

4. 放干化油器,避免化油器泵膜黏住,影响下次启动。

5. 取下锯链和导板,清洁并检查,喷上保护油。

6. 卸下火花塞,将少许发动机机油倒入气缸内,用启动绳拉动发动机 2～3 次后,按上火花塞,再此拉动启动绳,使其停止在感觉有力的位置(压缩上止点)。

7. 如果油锯较长时间不用,用刷子将链条洗净,放置在机油池里保管。

(二十二) 其他物资(图 2-27)

泡沫救生衣(圈)、抢险照明设备等物资存放均应有防潮垫层,防止挤压变形、损坏。橡胶制品参照橡皮船的保管要求执行。其他未明确规定存储要求的防汛物资按各种物料、器材、机具的产品说明书的要求进行维护保养。

图 2-27　防汛帐篷

各种物资要在垛位明显位置挂有垛位卡片,标明品名、进出货日期、规格、现存数量等内容,以便于清点、核对。

要保持储备的防汛物资不受沾污,不破损、散落,周围不得有酸碱等腐蚀性介质,注意防火、防盗,按消防部门的规定配备各种灭火器具,各单位领导要定期进行检查,并做好记录。

二、省级防汛物资维护保养要求

要做好物资日常维修维护保养工作,使物资始终处于良好状态,保证随时能够调用,并填写维修养护档案和日志,详细记录维修养护情况。每年汛前和汛后,须对物资进行全面的质量检查和维修维护保养盘查,并作好记录。

(一) 橡胶制品

橡皮舟、抢险舟橡胶船舷要逐只做 8 小时以上气密试验;橡胶子堤、橡胶储水罐要逐只(组)做接缝检查并重新涂撒滑石粉。需要进行修理的要及时修理,检查修复后,要重新涂撒滑石粉。附件、备品要齐全、完好。橡套电缆检查外护橡套后要撒滑石粉,重新进行包装。

(二) 仪器设备

便携式应急查险灯(铅酸电池)逐只进行 24 小时充电,做照射亮度实验;便携式应急查险灯(锂电池)、强光搜索灯逐只进行 10 小时充电,做照射亮度实验;投光灯具应定期进行擦拭、保养,逐只试灯。建议每一至两个星期保养一次，擦拭灯具时，要用干净柔软的布，擦拭完灯具后，用干净的透明塑料袋装好，放到相应的地方；泛光灯每次使用前应进行灯具表面清洁，检查机油，机油的更换应在首次使用一个月(或 250 小时)后，今后每六个月应进行更换，空气滤清器在每次使用前应检查，每隔 3 个月或使用 50 小时后应清洗，若灰尘较多环境下使用应每隔 1 个月清洗一次，保持空气滤芯干净；找水物探设备、管涌检测仪每半年充电 1 次，并开启仪器进行检测；救生绳索抛射器进行绳索拉力试验，碳纤维充气气瓶每年汛前充气到 20 MPa 储存、调运前充气到 30 MPa。

(三) 聚酯合成材料

编织袋、复膜编织布、长丝土工布、二布一膜土工布、防管涌土工滤垫、围井围板、快速膨胀堵漏材料、吸水速凝挡水子堤、橡胶子堤护坦布、泡沫救生衣、帐篷篷体、涂塑输水软管、钢丝橡胶管等聚酯合成材料定期进行外观检查，并进行防潮倒垛或翻晒，重新投放防虫、鼠药。

(四) 舟体

喷水组合式抢险舟、嵌入组合式抢险舟、复合型防汛抢险舟、玻璃钢冲锋舟进行舟体外观检查，对非不锈钢金属件做涂敷黄油养护。经常清洗保洁，定期上蜡抛光，施加油漆，保持美观和耐久。

(五) 机械设备

汽油船外机、汽(柴)油发电机(组)、水泵、净水设备、洗井空压机组、喷灌机(组)、便携式打桩机、液压抛石机、照明投光灯、打井设备、专用空压机(泵)、抢险照明车等机械进行外观检查和防锈维护保养。各类机械设备均要按产品说明书定期维护保养，并试机，确保汛期正常使用。便携式打桩机、液压抛石机、抢险照明车要逐台做 2 小时启动运行试验。

(六) 金属材料

钢丝网兜、铅丝网片、班用帐篷支撑架、打井机支架、抢险钢管及扣件等金属材料进行外观检查，做防锈处理。

(七) 机油

船外机专用机油进行防止挥发渗漏的检查。

(八) 车辆

防汛应急通信车、防汛应急抢险车进行性能维护保养，定期排查故障。

三、江苏省水利防汛物资储备中心物资垛位牌标准样式

江苏省水利防汛物资储备中心物资垛位牌用于呈现中央、省级防汛救灾物资详细信息的示意牌。

(一) 垛位牌的设计

垛位牌形状整体为矩形站立式，由底座、一体式支架、面板(易开启更换)、垛位卡、中心 LOGO 和背后置物架组成；整体尺寸为高 1 300 mm×宽 275 mm；制作材料应选用环保、安全、耐用、阻燃、防腐蚀、易于维护的材料。(具体垛位牌样式、规格尺寸及材质见图 2-28 所示)

(二)垛位卡样式

1. 垛位卡主要所标识物资信息；垛位卡内容由物资名称、规格型号、库号、垛位号、计量单位、生产日期、数量、储存年限、入库时间、供货企业名称、仓库负责人、物资保管员、储备单位、物资查询二维码组成。

2. 垛位卡将嵌于垛位牌面板内，面板为易开启更换；

垛位卡面板外边框尺寸为：长 31.7 cm * 宽 23 cm；

垛位卡的尺寸为标准 A4 纸张，四周边距 2.54 cm、3.18 cm、2.54 cm、3.18 cm。

3. 垛位卡整体设计样式与江苏省水利防汛物资储备中心标识标牌导视效果统一风格；基色总体为蓝色，色号与中心 LOGO 色号相同。(具体样式见图 2-29 所示)

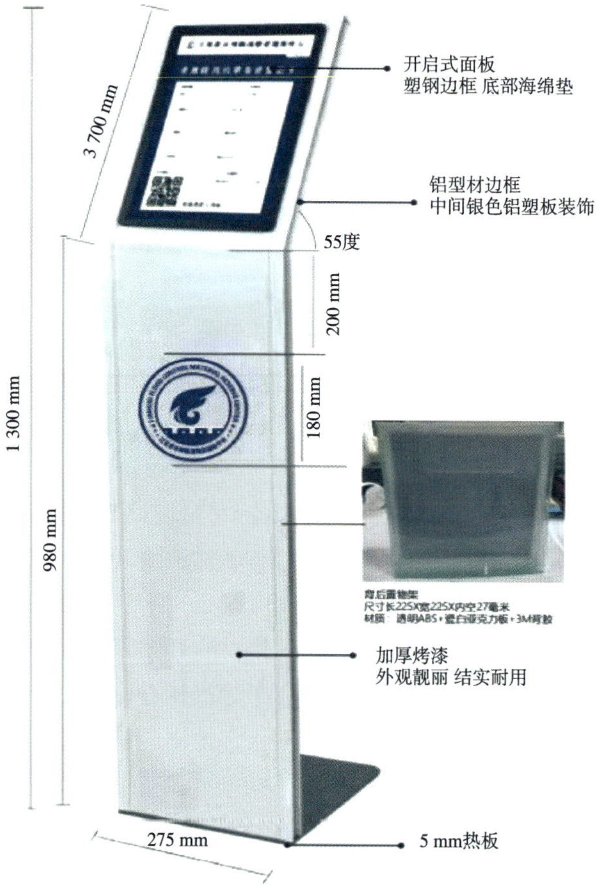

图 2-28　垛位牌样式

4. 垛位卡中文字部分字体字号使用：单位名称“江苏省水利防汛物资储备中心”字样用黑体二号；“中央/省级防汛抗旱物资垛位卡”字样用方正小标宋简体小初；信息正文用仿宋 GB 2312 二号，英文应使用 Arial 字体，正文字数过多时，应适量精简文字，如文字无法精简，正文字号不得小于四号字。

图 2-29　垛位卡样式

（三）日常维护

1. 垛位牌使用期间，防汛物资垛位牌材料不应变形和褪色。

2. 应对垛位牌进行定期检查和维护，如防汛物资垛位牌出现缺失、损坏和材料老化等情况应及时进行更换，并应及时清洁防汛物资垛位牌外表，保持垛位牌外观整洁。

（四）垛位牌使用

1. 垛位牌的使用应以确保展示物资信息为目的。

2. 禁止滥用垛位牌，垛位牌不得用作商标和广告，不得用于商业活动。

详见附表。

附表:保管员台账(样式)

江苏省水利防汛物资储备中心________分中心

保 管 员 台 账

二〇　　年至二〇　　年

保管员台账(示例)

第　　页

年	月	日	品名	规格型号	计量单位	收	发	存放(发出)库房	备注

第四章
出库及结算管理

一、出库调运

汛期调用防汛物资，采用“分级调度”原则，即省级防汛物资由省防指统一调度，市县级防汛物资由各市、县负责调度。在紧急情况下，省防指可以根据抢险需要，对全省各级储备的防汛物资统一调用，必要时还可以向社会其他系统征调、募集，汛后再予以结算补偿。

调用程序为：“先地方后省级”“先近后远”“先主后次”；手续上，省级防汛物资的调用，由市级防汛指挥部或厅属管理单位向省防办提出申请，经省防指批准同意后，向储备仓库的主管单位下达明传电报形式的调令，调令内容包括调用物资品名、用途、数量、运往地点、时间要求和联系方式等。

仓库接到调令后，立即启动应急预案，迅速组织车辆（船）装运，同时与接收单位联络，一般要求在二个小时内发出首车，在 24 小时内发出首船，并开据“发货单”一式三联（见附表）随货同行，物资送达后接收单位签收回执联交驾驶员（或押运员）带回，作为汛后结算运费和物资销账的依据。物资抵达目的地后，应及时向上级汇报任务完成。

图 2-30 为防汛物资出库调运流程图。

二、结算管理

根据《中央防汛抗旱物资储备管理办法》及江苏省有关规定，申请调运物资所发生的调运费用，原则上由申请调用单位负责承付。特殊情况由省防办承付调运费用的，汛后各分中心编制“分中心防汛物资调拨明细表”和“年度防汛物资调运费结算明细表”报中心职能部门，审核通过后，凭正式发票与省防办集中统一支付。分中心同时核销物资账目、更新“省级防汛物资管理系统”数据，编制“分中心防汛物资收发存明细表”报职能部门备案，详见附表 1～附表 4。

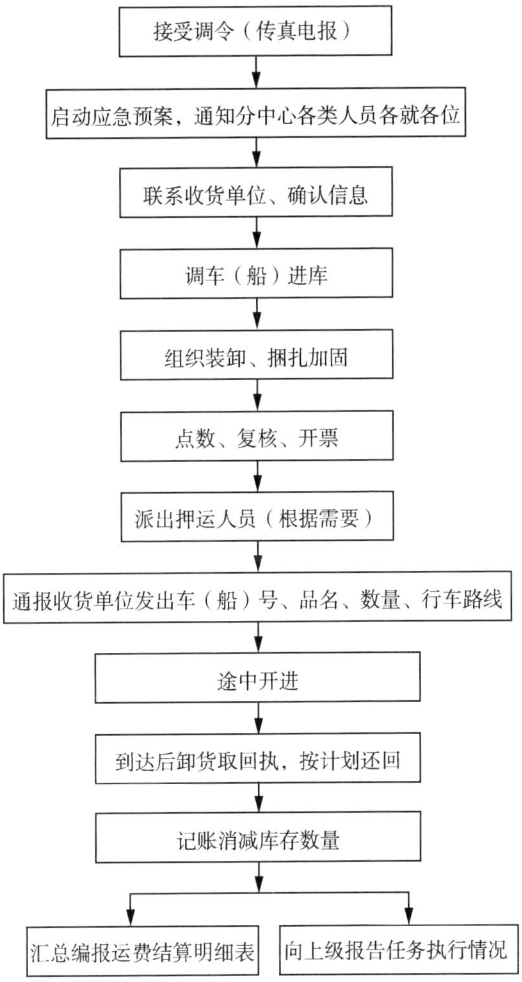

图 2-30 防汛物资出库调运流程图

附表 1：

分中心防汛物资发货单

NO.

发货单位：发货依据(调令号)：　　　　年　月　日

物资名称	规格型号	计量单位	数量	入库时间	备注
运输单位			车号		

接收单位确认回执(签字或盖章)：

领货人：　　　　接收时间：　年　月　日

发货责任人：　　　　开单人：　　　　单位负责人：

第一联：留根

第二联：收货单位留存

第三联：收货回执返发货单位

附表 2：

分中心防汛物资调拨明细表

序号	品名	规格型号	单位	数量	金额（万元）	调拨批准文号	调拨时间	调拨方式	发往地点	经办人	备注

负责人：　　　　制表人：　　　　时间：

附表 3：

年度防汛物资调运费结算明细表

填报单位：　　　　填报日期：　月　　日　　　　单位：　元

调令号	送往地点	物资名称	规格型号	计量单位	数量	运输费	装车费	其他费用	合计	备注
	合计									

单位领导：　　　　部门领导：　　　　复核人：　　　　填报人：

附表 4：

分中心防汛物资收发存明细表

填报单位：______________　　　　填报日期：　　年　月　日

序号	品名	规格型号	计量单位	入库数量				入库小计	发出数量				出库小计	库存数量	库号	垛号	保质期限	状态	备注
				XXXX 年	XXXX 年	XXXX 年	XXXX 年		XXXX 年	XXXX 年	XXXX 年	XXXX 年							
1																			
2																			
3																			
4																			
5																			
6																			
7																			
8																			
9																			
10																			

主任签名：　　　　　　　　库管员签名：

第五章
报废更新与年限管理

一、各类防汛物资使用年限

参照中央防汛物资管理相关规定，江苏省省级防汛物资使用年限如表 2-38 所示（以生产日期起计）。

表 2-38　防汛物资使用年限

品名	储备年限
便携式应急灯（铅酸电池）	5 年
编织袋、快速膨胀堵漏材料（编织袋包装）	6 年
复膜编织布、吸水速凝挡水子堤、泡沫救生衣（圈）、涂塑输水软管、便携式应急灯（锂电池）	8 年
土工滤垫、装配式围井围板、橡胶子堤、橡皮舟、抢险舟橡胶船舷、堤坝渗漏管涌检测仪、找水物探设备、钢丝橡胶管	10 年
抢险照明车、投光照明灯、救生绳索抛射器、橡套电缆、防水帆布帐篷、柴油发电机组、洗井空压机组、大功率水泵、深井潜水泵、泵用变频柜、柴动直联泵、打井机、净水设备	12 年
抢险舟玻璃钢舟体、汽油船外机、空气压缩机（泵）、汽油发电机	15 年
钢丝网兜、铅丝网片、抢险钢管及扣件	16 年

二、防汛物资报废流程

1. 对因储存年限到期或非人为破损需报废的省级防汛物资，可以申请要求报废。

2. 由省防储中心上报书面报废申请，将需报废防汛物资的品名、规格、数量、生产日期、入库时间、储备年限、目前现状、报废理由、处理方式做详细描述，向省防办申请报废核销；部分价值量大的防汛机械设备的报废，必要时还须由省防办、相关技术专家及省防储中心负责人联合成立“报废物资鉴定小组”，经“报废物资鉴定小组”鉴定，认为确需报废的，由省防储中心向省防办申请，说明原因和具体处理意见，经省防办批准同意后方可报废。

3. 防汛物资报废处理，统一归省防办；各分中心做好有效防范措施，防止不法商贩钻空子以次充好，再次返用于水利系统或抢险救灾。

4. 各分中心要加强省级防汛物资的储备管理。因管理不善或人为因素导致毁损的防汛物资，要追究相关责任人的责任。

5. 经批准报废后的物资，保管员及时做好账面调整，保证账物相符。处理完毕后要整理好有关资料存档备查。详见附表 1～附表 3。

附表 1：

______年度到期待报废防汛物资统计表

填报单位：　　　　（盖章）　　　　　　　　　　填报日期：　　年　月　日

序号	存放地点	物资品种	规格型号	计量单位	数量	单价（元）	物资价值	入库年月	规定年限	目前状况	生产厂家	备注
1												
2												
3												
4												
5												
6												
7												
8												
9												
10												
11												
12												

注：目前没有明确报废年限规定的物资，可参照产品说明书的规定上报，并在备注栏注明出处。

负责人：　　　　　　审核人：　　　　　　填表人：

附表 2：

________年度待报废防汛物资申报表

填报单位：　　　　（盖章）　　　　　　　　　　　　　　　填报日期：　　年　月　日

序号	品名	规格型号	单位	数量	金额(万元)	规定年限	入库时间	到期时间	物资状态	备注

负责人：　　　　　　　　　　　　　　　　制表人：

附表 3：

______ 年度防汛物资报废处理情况表

填报单位：　　　　（盖章）　　　　　　　　　　　　　　　　　　填报日期：　　年　月　日

序号	品名	规格型号	单位	数量	金额（万元）	规定年限	生产时间	报废处理时间	报废批准文号	报废方式	经办人	备注

负责人：　　　　　　　　　　　　　　　　　　制表人：

第六章
安全管理

为了贯彻落实"安全第一，预防为主，综合治理"的安全方针，加强和规范省防储中心的安全生产工作，防止发生安全事故，保障储备物资、储备仓库和职工群众的生命及财产安全，根据《中华人民共和国安全生产法》《中华人民共和国消防法》《江苏省企业事业单位内部治安保卫条例》等法律法规，依据《国家物资储备仓库安全保卫办法》，结合省防储中心工作需要制定本办法，请各分中心严格执行，确保安全生产。

一、目标原则

1. 基本原则

安全管理要始终坚持"安全第一，预防为主"，人员防范和技术防范相结合的原则，以相关法律法规为依据，以目标管理和量化考核为手段，以定期的教育培训和监督检查为保障，形成组织有力、部门协同一致、职工共同参与的一体化安全管理机制。

2. 目标任务

安全管理的工作任务是加强重要岗位的安全检查和日常监管，建立健全安全管理制度，保障省级防汛物资储备安全保卫工作的顺利进行。

二、安全生产职责

（一）总体要求

1. 根据《中华人民共和国安全生产法》《江苏省安全生产条例》《江苏省安全生产"党政同责、一岗双责"暂行规定》等安全生产法律法规，结合中心安全生产管理实际，强化安全生产责任制，切实做好安全生产工作，明确安全生产责任，防止和减少安全生产事故发生。

2. 全中心安全生产应按照"一岗双责、党政同责、齐抓共管"、"管生产必须管安全"和"谁主管、谁负责"的原则，严格落实"一把手"负责制和安全生产"一票否决"制，履行相应的安全生产主体责任，做到职责明晰、任务明确、措施到位。

3. 安全生产人人有责，中心每名干部职工都有义务在自己岗位上认真履行各自的安全职责，实现全员安全生产责任制。

(二) 仓储安全生产组织网络图(图 2-31)

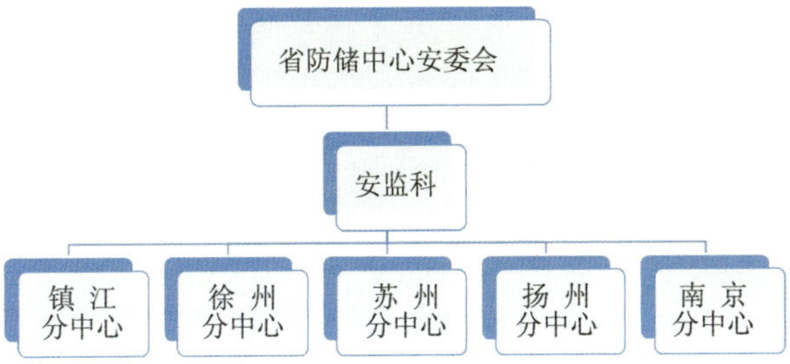

图 2-31　安全生产组织网络图

(三) 安全生产工作职责

1. 中心安全生产委员会(以下简称安委会)工作职责

(1) 贯彻落实党和国家安全生产方针政策、法律法规。

(2) 研究部署、指导协调、监督检查全中心安全生产工作。

(3) 根据行业发展和安全生产形势,研究制定全中心安全生产规划、计划,组织安全生产标准化建设,完善安全生产规章制度。

(4) 组织、指导、协调生产安全事故的应急救援和调查处理。

(5) 完成省厅安全生产委员会部署的其他安全生产工作。

2. 安全生产监督科(中心安委会办公室)

(1) 负责中心安委会办公室的日常工作。

(2) 研究提出中心安委会工作计划建议。

(3) 贯彻落实安全生产法律法规并监督实施,按照上级安全生产监督管理工作机构的工作部署,开展安全生产相关工作。

(4) 检查督促中心安委会决定事项的落实,沟通协调成员单位(部门)安全生产监督管理工作。

(5) 组织或参与拟定中心安全生产规章制度。

(6) 组织或参与安全生产应急演练。

(7) 组织开展中心安全生产综合性及专项检查,督促落实安全生产整改措施。

(8) 组织开展安全生产标准化建设。

(9) 组织开展中心安全生产监督管理工作考核;组织和指导全中心安全生产宣传、教育和培训。

(10) 指导全中心水利设施安全运行管理、隐患排查、应急预案编制、安全鉴定。

(11) 协助有关部门做好水利安全生产事故调查处理。

(12) 负责安全生产统计和信息报送工作;负责中心安委会会议组织和重要文稿起草。

(13) 负责中心领导交办的其他安全生产监督管理事项。

(四) 安全生产岗位职责

1. 主要负责人、分管安全负责人安全生产职责

中心主要负责人:

对全中心安全生产总负责。

分管安全负责人:

(1) 指导和监督检查中心机关各科室、所属各分中心安全生产工作。

(2) 监督检查全中心安全生产责任制贯彻落实情况。

(3) 监督全中心对国家、省有关安全生产法律法规、方针政策的贯彻落实情况。

(4) 组织开展安全生产标准化建设,组织研究拟订安全生产规章制度、安全奖惩制度和全中心安全生产

的规划计划并督促全面实施。

(5) 定期组织召开安全生产工作会议，分析中心安全生产形势和存在问题，督促加强安全生产和安全防范措施的落实。

(6) 每半年至少组织一次安全生产全面检查，研究重大事故隐患的整改方案。

(7) 组织对事故的调查处理，并及时向主要负责人报告。

(8) 协助单位主要负责人做好其他安全生产的管理工作。

2. 分中心负责人安全生产职责

(1) 保证国家安全生产法律法规和规章制度在本单位贯彻执行，对本单位的安全生产负责。认真贯彻"五同时"原则，做好计划、布置、检查、总结、评比安全工作。监督检查本单位(部门)对安全生产各项规章制度执行情况，及时纠正失职和违章行为。

(2) 组织制订并实施本单位安全生产管理规定、岗位安全生产职责、安全操作规程和安全应急预案等，建立健全安全生产管理网络。

(3) 组织对新职工(包括实习、临时人员)、租赁人员进行安全宣传教育；对职工进行经常性的安全思想、安全知识教育，开展岗位技术练兵、应急预案演练、安全生产相关培训，组织职工积极参与安全生产月、安全生产法宣传周等活动。

(4) 组织本单位安全检查，落实隐患整改，坚持值班巡查，保证仓库结构、库区电气、特种设备、现场作业、安全设备、消防设施、防护器材和急救物品等处于良好状态，并教育职工加强维护、管理，正确操作、使用。

(5) 深入生产运行一线，掌握了解本单位安全生产状态，及时解决影响安全生产的各种问题，做到防患于未然，安全生产闭环管理。

(6) 做好职工劳动保护，努力改善职工劳动条件，保护职工在劳动中的安全与健康。

(7) 及时报告本单位发生的事故，注意保护现场，参加重大事故的调查处理，做好伤亡事故的善后处理工作。

3. 分中心仓库保管员安全生产职责

(1) 贯彻执行及本单位对安全生产的指令和要求，全面负责责任库区的安全生产。

(2) 学习并贯彻库区安全生产相关规章制度及操作规程，时刻保持安全意识，遵章守纪。

(3) 负责对岗位新同志进行岗位安全教育，熟悉岗位安全事项。

(4) 熟悉管辖库区物资的分类、特性、保管等相关知识，定期强调安全、检查安全、总结安全。

(5) 负责库区特种设备、安全装备、消防设施、防护器材和急救器具的检查维护工作，使其正常保持完好和正常运行，合理使用劳动保护用品、用具，正确使用消防器材。

(6) 负责库区安全检查，发现不安全因素及时组织力量消除，并报告上级。发生事故立即报告，组织抢救，保护好现场，做好详细记录，参加事故调查、分析，落实防范措施。

(7) 提高库区运行管理水平，保持库区作业现场整洁，实现库区文明管理。

4. 分中心装卸、设备操作人员安全生产职责

(1) 严格遵守安全规章制度和操作规程，服从管理，不违反劳动纪律，不违章作业。

(2) 积极参加安全生产教育培训，增强事故预防和应急处理能力；获取相应岗位操作证书，做到持证上岗。

(3) 正确操作，装卸，严格执行设备安全操作、物资装卸运行规范，并保持现场作业有序安全。

(4) 按时认真进行设备定期检查，做好各项记录，发现异常情况、事故及时处理，如实向上级报告，并保护现场，做好详细记录。

(5) 上岗必须按规定正确佩戴劳动保护用品，妥善保管劳动防护器具。

(6) 发现直接危及人身安全的紧急情况时，有权停止作业或者采取应急措施后撤离作业场所。

（7）有权拒绝违章指挥和强令冒险作业，对他人违章作业加以劝阻和制止。

三、消防安全管理

1. 仓库管理部门应把仓库消防安全作为仓库管理工作的首要工作，加强库区范围内消防管理工作，自觉执行“四抓”，即抓隐患、抓苗头、抓措施、抓效果。

2. 对库区内配备的电器应按规定及有关制度办理。禁止乱拉临时线；库房内不准设置移动式照明灯具，仓库内不准使用碘钨灯、日光灯、电熨斗、电炉子、电烙铁、电饭煲、电钟等电加热器具和电视机、电冰箱等家用电器，不准用可燃材料做灯罩，灯头与物品间应保持安全距离，照明灯具、电器设备的周围和主线槽下方严禁堆放物品；库房内除照明设备外，一般不安装电气设备。

3. 每年至少两次对库房内灯具、电线等设备进行检查，严防因水浸、虫噬、自然老化等，及时更换老化电路、开关；发现电线老化、破损、绝缘不良等不良因素，要及时采取措施，立即通知安全与保障部门检修；发现短路、打火、漏电、接触不良、超负荷用电等不安全因素，必须及时更新线路。

4. 库区的电源线应设总闸和分闸，每个库房应在库房外单独安装具有防雨、防潮保护设施的开关箱。

5. 禁止超负荷用电作业，禁止使用不合格的保险装置。

6. 要保持库内通道和入口的畅通，在防火通道内，不准堆放任何物品。

7. 仓库内严禁生火或明火作业，如因工作需要进行明火作业时，必须办理动火证，须经中心安全管理部门审批同意并采取可靠的安全措施后方可作业。动火证应当注明动火地点、时间、动火人、现场监护人、批准人和防火措施等内容。

8. 动火区防火规定：

（1）分中心仓库辖区内存放物资的仓库及周边50米范围内划定为一类动火区，其余地区划分为二类动火区。凡在一、二动火区内动火，必须按规定提前申请，方可作业。

（2）不符合动火审批手续和违反动火的作业，立即责令停止作业。在动火中发现不安全苗头，立即停止作业。

9. 库区内防火规定：

（1）库区不准随意乱拉、乱接临时电线，严禁乱用较大功率的电热器（具）。

（2）禁止生产区、库房区吸烟，严禁库区内焚烧杂草、垃圾，仓库配套的休息间严禁煮食。

（3）严禁携带引火物及发火物进入库区。

（4）库区不得存放易燃易爆的危险品；严禁任何单位或人员携带或载运易燃、易爆等危险物品进入库区。

10. 电气设备的安全防火规定：

（1）仓库的电气装置必须符合国家现行的有关电气设计和施工安装验收标准规范的规定。

（2）电气设备和线路的安装、检修必须由专职电工操作。

（3）电气设备必须设有安全的接地装置和有可熔保险器，或自动控制器，严禁使用不符合安全要求的保险装置；电力网不准超负荷运行。

（4）对容易产生静电引起火灾的设备和容器，必须装置足以能够导除静电的设施。

（5）变压器、电动机、配电室等电气设施和部位，要经常检查维修，严格控制温度、保持清洁、不得在附近存放易燃易爆物品。

11. 火灾事故的抢救：

（1）在遇有火情时，应按应急方案采取灭火行动，并按上级指令疏散人员，由最近的消防楼梯撤离到安全地带。

(2) 早报警,边报警,边抢救,要及时扑灭初起之火。报警要沉着冷静,及时,准确。报警后,应安排人员及时清理通往火场的道路,以便消防车能进入火场。应派人在起火地点附近路口迎候消防车辆,使之迅速准确地达到火场投入灭火战斗。

(3) 先控制,后抢救;先救人,后救物。首先切断可燃烧的来源;贯彻执行救人重于灭火的原则。

(4) 正确选用灭火剂,尽可能站在上风向,必要时须佩戴面具。

(5) 听指挥,莫惊慌,平战结合,计划周密,互相配合,积极主动。现场操作人员必须沉着、冷静,正确判断。

12. 消防器材与设施的管理标准:

(1) 仓库应当按照国家有关消防法规规定,配备足够的消防器材,并确保消防器材有效。

(2) 所需消防器材,统一购买、配置,并登记备查。

(3) 各种定位的消防器材和消防设施,任何单位和个人不得随意挪用、移动、损坏、圈占或埋压。严禁在消防通道堆放货物,严禁堵塞消防门及消防器材。

(4) 必须加强对消防器材的维护和管理,消防器材应放在明显便于拿取的地方。灭火器放置地点应干燥、远离热源,不受高温辐射,阳光暴晒、温度适宜,不受化学物质侵蚀,周围不得有障碍物。

(5) 仓库的消防设施、器材,应当由专人管理,负责检查、维修、保养、更换和添置,应定期检测、检查及维护保养,确保随时完好备用。

(6) 严格执行"三定一交"管理标准,即定点存放、定人管理维护、定期检查并列为交接班内容,保证消防器材经常处于良好、有效状态。用过的和失效的灭火器应急时充装或更换。

13. 加强安全宣传与教育,仓库应当设置明显的防火标志,完善仓库消防安全警示标志。

14. 库房工作结束时,应当对库区、库房进行检查,确认安全后,方可离人,必须切断电源,拉闸断电。

四、货物安全摆放

1. 存放物品的仓库应保持整洁通风,码放整齐,谨防受潮。各类物资要分别标识垛位卡。

2. 按照横平竖直"三不靠"(上不靠天花屋架,下不靠地面裸土,四周不靠墙壁堆垛),地画垛位线,层间"井"字压,包装捆扎牢,外包装文字能显示。垛间留有机车道(≥1.5 m)、检查道(80 cm)。不得混存,并按货物包装提示安全堆码,物资摆放要分类、整齐、稳定、限高。特别要注意推陈出新,将先入库的物资垛放外口,后入库的垛放里面,以便调运时先发旧的,再发新的。各类物资入库后要保持仓库的清洁整齐,注意避光、通风、防潮。

3. 不得磕、碰、摔、挤压物资。

4. 对包装材料稳定性较差的货物、包装有锋利棱角的货物、叠层且偏高的货物要设围栏,警示标牌。

5. 禁止货物堵塞消防设施及消防通道。

五、设施设备安全管理

1. 仓库设施、设备设有专人管理,各种设备和仪器不得超负荷或带故障运行,须做到正确使用,经常维护保养,定期检修,对不符合安全要求的陈旧设备,应提请部门领导研究决定后,有计划地进行更新或改造。

2. 电气设备和线路须符合国家有关安全规定。电气设备须有可熔保险和漏电保护,绝缘良好,并有可靠的接地或接零保护措施。

3. 工作场所须配备防爆型电气设备;潮湿场所和移动式的电气设备,须采用安全电压。电气设备必须符合相应防护等级的安全技术要求。

4. 生产用房、建筑物必须坚固、安全;通道平坦、畅顺,要有足够的光线。详见附表1～附表3。

附表 1：

库区来访登记表

填报单位：　　　　（盖章）　　　　　　　　　　　　　　　　　　　　填报日期：年 月 日

来访人姓名		所在单位		来访时间	时　　分
被访人		部门		离开时间	时　　分
有效证件及号码				车牌号	
事由					
被访人签名			保安签名		

附表 2：

消防设施情况表

填报单位：　　　　　　　（盖章）　　　　　　　　　　　　　　　　　　　　填报日期：年 月 日

序号	库号	温感设施	烟感设施	灭火器	消防水泵设备	消防通道	其他	备 注
1		完好□ 缺损□	完好□ 缺损□	完好□ 缺损□	完好□ 缺损□	畅通□ 阻碍□	完好□ 缺损□	
2		完好□ 缺损□	完好□ 缺损□	完好□ 缺损□	完好□ 缺损□	畅通□ 阻碍□	完好□ 缺损□	
3		完好□ 缺损□	完好□ 缺损□	完好□ 缺损□	完好□ 缺损□	畅通□ 阻碍□	完好□ 缺损□	
4		完好□ 缺损□	完好□ 缺损□	完好□ 缺损□	完好□ 缺损□	畅通□ 阻碍□	完好□ 缺损□	
5		完好□ 缺损□	完好□ 缺损□	完好□ 缺损□	完好□ 缺损□	畅通□ 阻碍□	完好□ 缺损□	
6		完好□ 缺损□	完好□ 缺损□	完好□ 缺损□	完好□ 缺损□	畅通□ 阻碍□	完好□ 缺损□	
7		完好□ 缺损□	完好□ 缺损□	完好□ 缺损□	完好□ 缺损□	畅通□ 阻碍□	完好□ 缺损□	

附表 3：

上岗操作证及培训情况表

填报单位：（盖章） 填报日期：年 月 日

序号	岗位/设备名称	证书名称	职责范围	持证人	年检培训		备 注
1					有□ 无□		
2					有□ 无□		
3					有□ 无□		
4					有□ 无□		
5					有□ 无□		
6					有□ 无□		

第七章 调运预案管理

为积极应对灾害、险情突发事件，确保防汛物资及时送达抢险一线，有效避免和最大程度减少人员伤亡和财产损失，依据《国家物资储备应急预案》《中华人民共和国国防法》和国务院有关规定，制定《江苏省水利防汛物资储备中心防汛防旱物资调运预案》。

一、总则

1.1 基本概况

江苏省水利防汛物资储备中心(以下简称“省防储中心”)是江苏省水利厅直属事业单位，承担中央和江苏省级防汛物资的储备、管理、调运任务及防汛物资新技术、新方法的研究开发与推广应用，为江苏省水旱灾害提供物资保障。省防储中心下辖徐州、苏州、镇江、扬州、南京五个分中心及连云港、盱眙、句容三个省级防汛块石储备基地，总库房面积约 2.5 万 m^2。目前共储有中央级、省级各类防汛抗旱物资价值 7 386 万元，全力保障苏南、苏中、苏北及沿海片区防汛抢险物资需要。

1.2 编制意义

江苏省位于长江、淮河、沂沭泗流域下游，地处南北气候的过渡地带，境内地势平坦，河网密布，全省 10.72 万 km^2 的面积承受着上中游近 200 万 km^2 国土面积的洪水过境入海，85%的地面处于洪水位以下，省内历来水旱灾害频繁，素有“洪水走廊”之称。近年来，受全球气候变化影响，我省极端灾害天气明显增多，旱涝急转的复杂性、难以预见性日益突出，严重威胁我省人民生命财产安全和经济社会高质量发展。综上所述，为能满足我省防大汛、抗大洪、抢大险、救大灾的要求，必须科学编制防汛抗旱物资调运预案，确保防汛抗旱物资高效、安全、快速调往出险现场。

1.3 编制目的

做好防汛抗旱物资调运准备工作，确保防汛抗旱物资安全及时运达险工险段，保障水旱灾害抢险工作高效、有序进行，最大限度减少灾害损失。

1.4 编制依据

依据《中国人民共和国突发事件应对法》、《中央级防汛抗旱物资管理办法》、《中央级防汛物资管理细则》、《国家防汛防应急预案》、《江苏省防汛防旱应急预案》、《江苏省省级防汛物资管理办法》及《江苏省水利防汛物资储备中心安全生产管理制度》、《江苏省水利防汛物资储备中心防汛值班制度》等各项规章制度，制定本预案。

1.5 适用范围

本预案适用于储备在江苏省水利防汛物资储备中心所属各分中心及储备基地的省级防汛防旱物资的

调运。

1.6 工作原则

1.6.1 坚持人民至上、生命至上的原则;扛起“两争一前列”新使命,统筹做好疫情防控和组织调运工作,切实把确保人民生命安全放在第一位落到实处。

1.6.2 坚持中心领导负责制,统一指挥,分级负责。

1.6.3 坚持以物资储运安全为目标,贯彻“安全第一、常备不懈、以防为主、防抗结合”的工作方针,不断提升水旱灾害防汛抗旱物资调运现代化水平。

1.6.4 坚持因地制宜、科学调度原则;按流域区域、物资储备情况统筹安排,局部服从全局。

1.6.5 坚持依法依规调运,在接到调令后,统一安排,严禁擅自动用防汛抗旱物资。

二、组织体系与职责分工

2.1 省防储中心机关职责

2.1.1 物资调运领导小组及其职责

(1) 成立省防储中心防汛抗旱物资调运领导小组(以下简称“领导小组”),由中心主要领导担任组长,分管领导担任副组长,相关职能科室负责人、分中心主任担任小组成员,领导小组下设办公室,办公室设在防储科,防储科负责人担 4 任办公室主任。防汛抗旱物资调运领导小组负责省防储中心防汛抗旱物资的调运组织与协调工作。详见图 2-32。

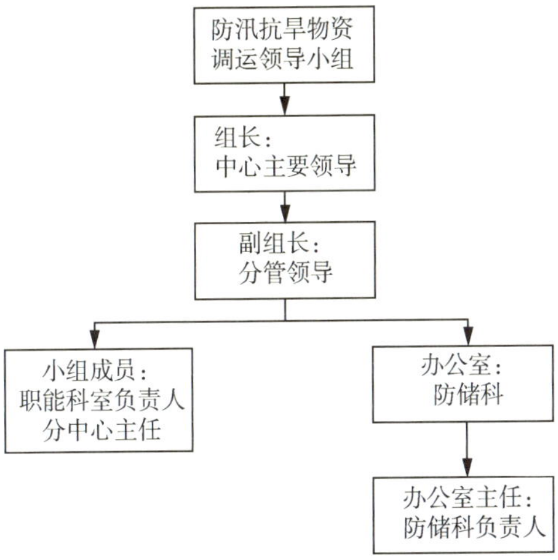

图 2-32 调运领导小组图

(2) 结合疫情防控常态化相关要求,要密切关注社会疫情发展形势,及时收集和报送疫情信息,强化防控意识,统筹协调相关部门、单位对疫情的预防和应对工作。

2.1.2 组长职责

负责省防储中心防汛抗旱物资调运全面指挥及协调工作,是物资调运第一责任人。

2.1.3 副组长职责

协助组长工作,具体负责省防储中心防汛抗旱物资调运的指挥及协调工作,是物资调运重要责任人。

2.1.4 领导小组办公室职责

(1) 掌握中心所储物资情况,参与制订中心物资调运方案,根据领导小组意见,积极向省防办提出物资调运建议。

(2) 实时掌握汛期天气情况,跟踪上级通报汛情、旱情、台风等动态。

(3) 及时向分中心传达上级指令,协调、督促有关分中心开展物资调运工作。

(4) 实时跟踪分中心物资调运动态。

(5) 开展汛后各项调运处置工作。

2.1.5 领导小组成员职责

(1) 防储科负责协调处理防汛抗旱抢险物资储运相关事宜,协助中心领导协调各部门的处置工作。

(2) 防管科负责汛期值守的安排与监督,配合防储科落实调运任务。

(3) 人事科负责组织协调中心人员选派、抽调。

(4) 财审科负责保障物资调运期间发生的相关经费,包括物资装车期间的运费、餐饮、防暑降温等经费保障。

(5) 办公室负责保障中心疫情防控工作及召开汛期会议(含视频会议),组织中心车辆的调配、进行有关宣传报道等。

(6) 安监科负责指导各分中心按《防汛物资储备单位安全生产标准化评价标准》相关要求,确保物资调运期间工作秩序良好,预防安全事故发生。

2.2 分中心职责

(1) 成立防汛抗旱物资调运领导小组,负责分中心物资的调运组织与协调工作。

(2) 编制和完善分中心应急调运预案,做好物资调运准备工作。

(3) 接到中心调运指令后,立即组织相关工作人员,并准备好车辆、船只待命。

(4) 负责运输车辆、船只的检查,确保车辆、船只处于良好的使用状态。

(5) 负责对调运装卸人员疫情防控及安全教育培训,确保做好疫情防控及物资装车过程中人员和物资的安全工作。

(6) 必要时派员随车、船押运,与司机进行交底,包括物资运输过程中应注意的安全事项、车辆行径的路线、运抵目的地的时间要求、运输里程的计量等。

(7) 负责调运相关费用结算工作。

三、应急响应的处置

3.1 响应启动的条件

根据《江苏省防汛抗旱应急预案》,按洪涝、旱灾的严重程度和范围,将应急响应分为IV级(一般)、III级(较大)、II级(重大)和I级(特别重大)。根据省防风抗旱指挥部(以下简称“省防指”)启动的应急响应的级别,省防储中心立即启动相应的应急响应措施,参与制订物资调运方案,指导、协调、督促有关分中心立即开展相关调运处置工作。

3.2 响应行动

3.2.1 物资调运准备

省防指启动洪水或干旱III级、Ⅳ级应急响应(黄色、蓝色):

(1) 中心防汛抗旱物资调运领导小组副组长任总指挥,组织召开领导小组会议,负责制订物资调运方案,指导、协调、督促有关科室和分中心开展工作;在特殊情况下增派相关人员协助有关分中心,组织现场调运防汛物资。

(2) 分中心防汛抗旱物资调运领导小组应履行以下职责:

组长任执行指挥,负责具体指挥和处置工作,召集全体职工召开会议,布置物资调运具体方案。

通知分中心全体职工进入待命状态,各司其职做好相关准备工作;确定物资运输车辆、船只及人员需求规模,负责联系物资运输车辆、装卸人员进入分中心仓库待命。

省防指启动洪水或干旱Ⅰ级、Ⅱ级应急响应(红色、橙色):

(1) 中心防汛抗旱物资调运领导小组组长任总指挥,组织召开领导小组会议,负责制订物资调运方案,指导、协调、督促有关科室和分中心开展工作;在特殊情况下,增派相关人员协助有关分中心,组织现场调运防汛物资。

(2) 分中心防汛抗旱物资调运领导小组应履行以下职责:

组长任执行指挥,负责具体指挥和处置工作,召集全体职工召开会议,布置物资调运具体方案。

通知分中心全体职工进入待命状态,各司其职做好相关准备工作;

确定物资运输车辆、船只及人员需求规模,负责联系物资运输车队、装卸人员进入分中心仓库待命。

3.2.2 物资的调运

省防储中心值班人员接到调运物资的命令时,必须详细询问调运物资的名称、规格、数量、运送时间、送达地点、联系人、联系电话,并立即向省防储中心领导汇报。中心领导小组研究调运方案,领导小组办公室将调运方案下达有关分中心。

分中心接到中心调运指令后,保证 1 h 内人车到位,2 h 内发出首车,24 h 内发出首船。

省级防汛物资分为两部分,一是库内储存的防汛物资;二是储备基地储存的防汛块石。调运手续的规范化流程如下:

(1) 中心接到调令(传真电报)。

(2) 中心向分中心(代管单位)下达指令(传真电报)。

(3) 分中心(代管单位)立即启动调运预案。

(4) 调运情况报备。调运结束后,领导小组办公室汇总整理各分中心编制的"分中心防汛物资调拨明细表"和"年度防汛物资调运费结算明细表",并递交财审科及上级有关部门审核,办理费用结算工作;同时督促分中心核销中心物资账目、更新"省级防汛物资管理系统"数据。

3.2.3 物资调运应急保障

(1) 物资调令的接收、下达

省防储中心全体职工必须严格按照《江苏省水利防汛物资储备中心防汛值班制度》的有关要求进行汛期值班,确保及时接收省防汛抗旱总指挥部的物资调令。省防储中心值班员收到省防汛抗旱总指挥部的物资调令后,应及时向有关领导和领导小组办公室汇报,经领导批示,将调令下达相关分中心。

(2) 人员保障

中心防汛抗旱物资调运领导小组根据应急响应的级别和要求,组织召开会议,商定具体物资调运方案。

分中心一旦收到上级指令,全体员工必须立即进入待命状态,及时联系物资运输车队(船只)、装卸作业人员到岗,执行具体调运方案。当物资调运频次较多,现有人力不足时,可调用社会装卸力量,确保装卸任务按时完成。

(3) 设备保障

分中心应对仓库调运设备故障及意外情况做好检查预防,确保发生物资调运时,应急处置调运快速有序。

(4) 运输路线保障

为确保防汛抗旱物资及时运达指定地点,分中心应与当地交通部门、公安部门保持密切联系,不定期关注周边运输路线的通行情况。如遇困难,及时向中心汇报并协助解决。

(5) 通信保障

省防储中心全体职工应保持手机 24 小时通信畅通。必要时,分中心可配备对讲设备,保持通信畅通。

(6) 供电保障

分中心应加强与供电部门联系沟通,确保特殊时期供电保障。

(7) 资金保障

分中心应加强与中心财审科联系沟通并寻求指导,落实所有调运发生费用的保障。

(8) 安全与疫情防控保障

分中心应常态化重视与落实调运及疫情防控相关安全生产工作。

3.3 响应终止条件

物资按照省防办调度指令全部发运完毕或省防办决定终止调运任务。

四、预案演练

省防储中心须在每年汛前组织或参加不少于一次物资应急调运演练。每次演练后应及时总结经验、查找问题和短板,及时整改到位,进一步完善预案。

五、奖励与责任追究

对防汛物资调运工作作出突出贡献的先进集体、先进个人,由省防办(或有关部门)和省防储中心给予表彰;对调运工作中玩忽职守造成损失的,将追究当事人责任,并予以处罚,构成犯罪的依法追究其刑事责任。

六、预案管理

本预案由省防储中心组织编制,省防储中心职能部门及各分中心须学习并熟悉本预案的内容。每年对本预案修订一次,并视情况变化进行相应修改。

本预案由省防储中心负责解释。

本预案自印发之日起实施。

调运预案样式详见附件。

附件：分中心预案（样本）

20XX 年防汛抗旱物资

调运预案

江苏省水利防汛物资储备中心
XX 分中心

目　　录

一、领导小组成员及职能分工(附表 1)

附表 1：

江苏省水利防汛物资储备中心镇江分中心
防汛工作领导小组

职 务	姓 名	职能分工
组　长	XXX	负责防汛物资抢险调运全面工作
副组长	XXX	负责汛期抢险后勤服务保障及资金调度工作
组员	XXX	负责现场安全保障和现场发运具体工作
组员	XXX	负责装运车辆和外来装卸人员的落实以及现场发运具体工作

二、汛期值班表及通信录(附表 2)

附表 2：

20XX 年 X 月 XX分中心 24 小时防汛值班表

<table>
<tr><td colspan="2">星期</td><td>一</td><td>二</td><td>三</td><td>四</td><td>五</td><td>六</td><td>日</td></tr>
<tr><td colspan="2">日期</td><td>31</td><td></td><td></td><td></td><td></td><td>1</td><td>2</td></tr>
<tr><td rowspan="3">值班人</td><td>上午</td><td rowspan="3">XX</td><td rowspan="3"></td><td rowspan="3"></td><td rowspan="3"></td><td rowspan="3"></td><td>XXX</td><td>XXX</td></tr>
<tr><td>下午</td><td>XXX</td><td>XXX</td></tr>
<tr><td>夜间</td><td>XXX</td><td>XXX</td></tr>
<tr><td colspan="2">日期</td><td>3</td><td>4</td><td>5</td><td>6</td><td>7</td><td>8</td><td>9</td></tr>
<tr><td rowspan="3">值班人</td><td>上午</td><td>XXX</td><td>XXX</td><td rowspan="3">XXX</td><td rowspan="3">XXX</td><td rowspan="3">XXX</td><td rowspan="3">XXX</td><td rowspan="3">XXX</td></tr>
<tr><td>下午</td><td>XXX</td><td>XXX</td></tr>
<tr><td>夜间</td><td>XXX</td><td>XXX</td></tr>
<tr><td colspan="2">日期</td><td>10</td><td>11</td><td>12</td><td>13</td><td>14</td><td>15</td><td>16</td></tr>
<tr><td rowspan="3">值班人</td><td>上午</td><td rowspan="3">XXX</td><td rowspan="3">XXX</td><td rowspan="3">XXX</td><td rowspan="3">XXX</td><td rowspan="3">XXX</td><td>XXX</td><td>XXX</td></tr>
<tr><td>下午</td><td>XXX</td><td>XXX</td></tr>
<tr><td>夜间</td><td>XXX</td><td>XXX</td></tr>
<tr><td colspan="2">日期</td><td>17</td><td>18</td><td>19</td><td>20</td><td>21</td><td>22</td><td>23</td></tr>
<tr><td rowspan="3">值班人</td><td>上午</td><td rowspan="3">XXX</td><td rowspan="3">XXX</td><td rowspan="3">XXX</td><td rowspan="3">XXX</td><td rowspan="3">XXX</td><td>XXX</td><td>XXX</td></tr>
<tr><td>下午</td><td>XXX</td><td>XXX</td></tr>
<tr><td>夜间</td><td>XXX</td><td>XXX</td></tr>
<tr><td colspan="2">日期</td><td>24</td><td>25</td><td>26</td><td>27</td><td>28</td><td>29</td><td>30</td></tr>
<tr><td rowspan="3">值班人</td><td>上午</td><td rowspan="3">XXX</td><td rowspan="3">XXX</td><td rowspan="3">XXX</td><td rowspan="3">XXX</td><td rowspan="3">XXX</td><td>XXX</td><td>XXX</td></tr>
<tr><td>下午</td><td>XXX</td><td>XXX</td></tr>
<tr><td>夜间</td><td>XXX</td><td>XXX</td></tr>
</table>

说明：1. 值班时间从 5 月 1 日起至 9 月 30 日止，如有特殊情况，另行通知。

2. 值班人员值班期间必须保持通信畅通，不得使用呼叫转移，及时上传下达防汛信息，做好防汛值班记录，值班电话/传真：______0511-XXXXXXXX

3. 班次计算原则：工作日为 1 个班，节假休息日分别为上午(08:30—12:00)、下午(12:00—18:00)、晚间(18:00—08:30)，3 个班。

4. 5 月共计 55 个班，其中 19 个工作日计 19 个班，12 个节假休息日计 36 个班。

5. 汛情紧张，须双岗值班以中心电话通知为准；如有调运物资任务，在备注中记录调运人员的名单及加班班次。

XX分中心通信录

姓名	电话号码
XXX	XXXXXXXX
XXX	XXXXXXXX
XXX	XXXXXXXX
XXX	XXXXXXXX
XXX	XXXXXXXX
XXX	XXXXXXXX
XXX	XXXXXXXX

值班员职责：

1. 坚守岗位，不得擅离职守，不得瞒报、漏报重大事件，违反规定者将实行责任追究。

2. 认真接听电话、文明应答，收发电传，确保上传下达，联络畅通。一般电话铃响三声，必须有人接听，严禁使用值班电话聊天和从事与防汛值班无关的事宜。

3. 值班期间应将发生的事项和处理情况在值班记录本上记录。值班记录要字迹清楚，要素齐全，详略得当。对重大突发事件的处置，要记录详细过程。

4. 熟悉本单位所储物资情况。接到防汛物资调度指令后，必须立即报告单位领导，同时要求相关部门第一时间组织联系车船、保管、装卸人员到位作业，并及时通知收货单位，通报调运情况与进度。对上保持联络，随时做好记录。

5. 对值班期间发生的一般来电、来访及安全管理（生产）方面的情况与问题，值班人员在对政策了解的情况下，可先期处置；重要来电要求对方尽量采用书面形式报送，并立即报告带班领导。

6. 严格遵守值班纪律，按时做好交接班；严禁饮酒，爱护公物，保持值班室整洁有序。

7. 完成单位领导布置的其他任务。

三、运输车辆预备情况及通信方式(附表3)

附表3:

运输车辆情况表

联系人	联系电话	汽车及船只
XX公司	XXXXXXXX	挖掘机、装载机、块石运输车辆、水运船只
XX公司	XXXXXXXX	苏XXXXXX
XX公司	XXXXXXXX	XXXXXXX
XX公司	XXXXXXXX	XXXXXXX

四、调运预案及重点措施

(一)汛前准备工作

1. 根据中心的要求,按照防汛物资管理手册,结合镇江分中心的具体情况。镇江分中心领导从思想上高度重视,及时召开了全分中心职工动员大会,传达文件。全体职工进行了认真学习讨论,对防汛工作的重要性有了更深的认识。对防汛物资调运工作中所涉及的调运规程、要求、相关知识进行了学习。对工作作了部署,分工明确,确保职工履行职责。

2. 汛前对发电机组的电瓶进行充电保养、轮胎进行充气保养;对储备物资进行盘点,做到账、卡、物相符;对排水房、发电房进行检查保养,排水沟进行清理;对库区草坪进行修整;签订了防汛物资运输协议、防汛块石运输协议;对储备在采石厂的块石进行了检查,块石堆放整齐,数量充足,协调好发运前的准备工作,厂方表示,只要防汛发运,他们听从安排,保证不折不扣地完成任务。

3. 成立了防汛物资装卸领导小组

领导小组成员:

组长:XXX

副组长:XXX

成立了抢险和后勤服务保障队。抢险和后勤服务保障队队长:XXX

抢险装卸人员:以分中心在职7人为主要抢险队员,为了确保防汛物资及时装卸劳力,拟与劳务公司签订装卸服务外包协议。

在汛期,汛情较紧张时,提前安排1~3台、5~20吨、7~13 m的车辆入库,随时待命,确保第一时间将抢险物资送达抢险地段。

在汛期,保证库区道路畅通无阻。

(二)调运方案

1. 镇江分中心成立了防汛物资调运领导小组。

领导小组成员:

组　长:XXX

副组长:XXX

2. 防汛物资调运规程。值班人员一接到调运物资的传真和命令,必须详细询问清楚调运物资的名称、规格、数量、运送时间、送达地点、联系人、联系电话,并立即向分中心领导汇报。值班人员应根据物资的规格、长度、重量选择合适的车辆。按照联系号码立即联系联系装卸人员、送货车辆,要保证 30 min 人车到位,1 小时装车出发。

镇江分中心储存的省级防汛物资分为两部分:一是库内储存的防汛物资;二是采石厂储存的防汛块石。

①库内储存的防汛物资的装运。

接到调令后,保管员首先确定所发的防汛物资品种规格以及在几号仓库的什么位置。装卸作业人员分为两批,库内作业人员根据保管员的安排,负责把所需发的防汛物资(土工布、帐篷、编织袋、操舟机、机油、钢丝网兜、水膨式堵漏袋、土工滤垫、防汛编织布、防汛麻袋、升降照明泛光灯、应急照明灯)装在叉车的钢板上,保管员清点数量,叉车驾驶员操作叉车,把防汛物资送到仓库外面运输车辆上,由库外作业人员把防汛物资卸在车上并负责码放整齐。

库内的发电机,首先由叉车牵引到 1 号库,用行车把发电机吊到运输车辆上,然后捆扎好,固定在运输车辆上。储存在库内的防汛木材,作业人员分为起吊及摆放两批。行车操作员把行车开到所发防汛木材的上方,起吊人员配合行车操作员用钢丝绳把木材捆绑好,保证起吊平稳,然后由保管员清点支数,确定方数。行车操作员操控行车把防汛木材吊到运输车辆上方,由摆放人员平稳地放在运输车辆上面,装好后,把木材用绳索固定在运输车辆上面,确保车辆行驶中的平稳。

整个过程要快速有序,保证作业时的速度要达到最快,以争取在最短的时间装好防汛物资,让装运车辆快速出发。同时,设计到达抢险地点的最佳途径,保证车辆尽早到达抢险地点。

②储存在采石厂防汛块石的装运。

根据镇江分中心防汛块石储备的实际情况和发运特点,成立防汛块石发运组。

组　长:XXX

副组长:XXX

组　员:XXX、XXX

省级防汛块石储备共 34 197 吨,目前存放在巫岗采石厂 20 197 吨,西岗采石厂 14 000 吨。我们在汛前分别与镇江同鑫物流有限公司签订了汛期块石装运任务协议。在协议中,要求他们随时按上级指令组织装车用的挖掘机、装载机、足够的运输车辆以及运输船舶等。

我分中心派两名人员上山协助发运,一名协调并抓好安全发运,另一名负责石料的过磅,并随时和码头取得联系,衔接好装运过程中的各个环节,确保及时准确地将块石送达到码头。安排一名职工在码头与镇江同鑫物流有限公司进行协调装卸防汛块石的汽车和船舶,将防汛块石通过汽车直接自卸或装载机的铲运,装上运输船舶。运输船舶准确及时地将防汛块石运输到抢险地点。

3. 调运手续的规范化流程。

①接到调令(传真电报);②联系收货单位;③通知仓库保管员、值班员、开票记账人员;④调车(船)进库;⑤组织装卸、吊机叉车人员作业;⑥点数、复核、开票、捆扎牢固;⑦通知收货单位发出车(船)号、品名、数量、行车(船)路线;⑧途中开进、到达卸货后取回回执;⑨记账销减库存数量、汇总编报运费结算明细表;⑩向上级报告任务执行结束。

分别与镇江同鑫物流有限公司签订了《防汛块石运输协议书》;与镇江十力物流有限公司签订了《防汛物资运输协议书》。

4. 调运情况报备。汛后,编报"汛期调用物资明细表"和"年度省级防汛物资调运费结算明细表"报省防办物资组审核,同时编制"省级防汛物资库存情况明细表"上报上级主管部门。

(三) 新型冠状病毒肺炎防控期间防汛物资调拨

为做好新型冠状病毒肺炎防控期间的防汛物资紧急调拨工作,保证防汛物资及时、准确地送达指点抢险地点,控制住险情。现根据疫情形势和单位实际情况,制定以下措施。

1. 加强组织领导

分中心高度重视新型冠状病毒感染的肺炎疫情防控工作,建立疫情防控工作组织体系。分中心成立由分中心主任田志平为组长、副主任范文健为副组长、张锦为成员的疫情防控领导小组。

领导小组密切关注社会疫情发展形势,及时开展新型冠状病毒防控工作。负责本单位职工健康情况的收集、分析、上报和反馈;开展健康教育和社会责任意识教育;加强防控措施的落实和统筹协调工作;充分准备应对可能发生的疫情。

2. 严格防护措施

(1) 疫情防控期间,所有职工必须佩戴口罩等必要的防护工具,以科学严谨的态度,切实增强自我防范意识,自觉遵守当地各级党委、政府关于疫情防控的各项规定,最大限度减少人员聚集。

(2) 镇江分心积极采购额温枪、口罩、消毒水、一次性手套等防控物品,分发给职工。对库区、办公场所开展必要的消毒,保持通风和清洁卫生。对机械设备进行消毒处理。

(3) 疫情期间,镇江分中心严禁无关外来人员进出库区,做好单位职工工作安排,如有特别情况需要进出库区,必须根据工作情况,尽量减少来人。安排传达室做好把控工作,对于进出人员必须做到一戴口罩,二询问,三登记,四测温。对于外来人员,开展必要的询问,要求其做好防控措施,保证无感染症状,才能进入单位;控制活动区域,特别是门卫和接待人员采取必要的防护措施。

(4) 强化物流车辆管理。运输防汛物资的车辆进入库区前,要进行消毒处理,驾乘人员须佩戴口罩并检测体温,减少与库区人员的直接接触,货物装卸后尽快驶离库区。对运输物资视情进行消毒处理。加强驾乘人员管理,保持车辆内外清洁,及时对驾驶室、门把手等接触部位进行消杀。

(四) 应急行动方案(应急措施)

考虑到在装运时,如出现工作量过大,单位人员不够时,临时调用社会装卸力量,同时对人员做好防范疫情措施;出现行车故障时,就租用市场上的吊机作业;叉车出现故障时,租用市场上的叉车。对这些设备做好消毒处理,操作人员须佩戴口罩并检测体温,减少与库区人员的直接接触。这些意外情况的出现都做了调研准备工作,确保物资调运的快速有序。

(五) 物资调运事故现场处置方案

1. 事故应急处置程序

(1) 当发生事故时,现场人员立即组织现场人员撤离、疏散,迅速报告物资调运领导小组组长。

(2) 当事故有扩大趋势时,组长应启动应急预案,及时与地方政府、应急救援队伍、公安、消防、医院等相关部门取得联系,确保 24 小时联络畅通,联络方式采用电话、传真等。

(3) 现场人员通过上述联络方式向有关部门报警,报警的内容主要是:物体打击发生的时间、地点、背景,造成的损失(包括人员受灾情况、人员伤亡数量、造成的直接经济损失),已采取的处置措施和需要救助的内容。

2. 注意事项

(1) 抢救受伤人员(特别是重伤人员),一定要在现场或附近就地进行,切忌长途护送到医院,以免延误抢救时间。

(2) 险情发生至现场恢复期间,应封锁现场,防止无关人员进入,发生意外。

(3) 救助人员要服从指挥,统一行动。

(4) 做好善后工作,伤亡人员及家属的抚恤工作,确保事故发生后伤亡人员及家属思想稳定。做好受伤人员医疗救护的工作,协调处理医疗救护单位的相关矛盾。做好伤亡人员及财产损失的理赔工作。

五、防汛物资调运流程图(图 2-33)

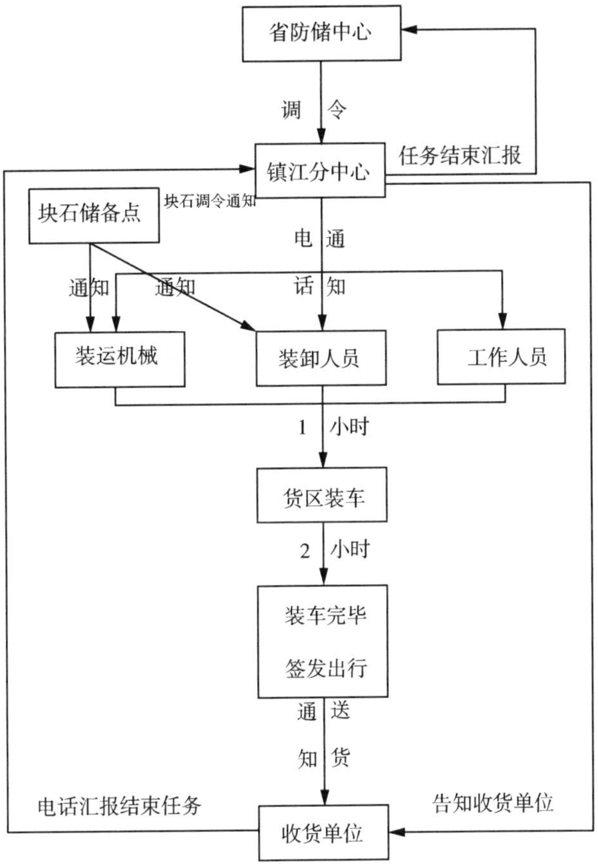

图 2-33 防汛物资调运流程图

六、防汛调度里程(表 2-39)

表 2-39 防汛调度里程表

序号	起止地点	路 线	里 程(千米)	卡车时间(小时)
1	镇江—南京	312 国道	70	1.5 小时
2	镇江—南通	宁通公路	220	3.5 小时
3	镇江—扬州	润扬大桥	40	1.0 小时
4	镇江—盐城	国 道	220	3.5 小时
5	镇江—淮安	国 道	240	4 小时
6	镇江—宿迁	国 道	320	5 小时
7	镇江—连云港	国 道	500	7 小时
8	镇江—泰州	宁通公路	120	2 小时
9	镇江—常州	沪宁公路	100	1.5 小时
10	镇江—无锡	沪宁公路	140	2.0 小时
11	镇江—苏州	沪宁公路	200	3 小时

七、防汛物资规格单件尺寸预装量(表 2-40)

表 2-40 防汛物资规格单件尺寸预装量

名称	规格	储存	单件重量	单件体积	13 m 车	9.6 m 车	6.8 m 车	单件尺寸(m)
		数量	(kg)	m^3	装运量	装运量	装运量	
防汛编织布	4 m×50 m	100 000 m^2	24	0.058 5	200 000 m^2 (1 000 件、20 层)	150 000 m^2 (750 件、20 层)	100 000 m^2 (500 件、19 层)	1.3×0.45×0.1
土工布	4.5 m×100 m	94 800 m^2	112.5	1.03	19 800 m^2 (44 件、6 层)	19 800 m^2 (44 件、6 层)	9 900 m^2 (22 件、6 层)	$3.14\times(0.54/2)^2\times4.5$
帐篷	81 型	30 顶	57.5	0.2	—	—	150 顶(6 层)	0.8×0.7×0.35
帐篷	23 平米	110 顶	64	0.2	—	—		0.8×0.7×0.35
编织袋	85 cm×50 cm	990 000 只	40	0.15	160 000 只 (320 件、8 层)	120 000 只 (240 件、8 层)	80 000 只 (160 件、8 层)	0.9×0.55×0.3
操舟机	9.9 马力	18 台	50	0.29	—	—	80 台(4 层)	1.2×0.6×0.4
机油	TC-W3 型	10 箱	10	0.023	—	—	400 箱(4 层)	0.5×0.25×0.2
三维复合 土工滤垫	2 200 g/m^2	5 040 m^2	264	1.77	4 320 m^2 (36 件)	2 880 m^2 (24 件)	1 440 m^2 (12 件、4 层)	$3.14\times(0.75/2)^2\times4$
钢丝网兜	0.25 t	4 500 只	37.5	0.972	2 400 只 (48 件、2 层)	1 800 只 (36 件、2 层)	1 200 只 (24 件、2 层)	0.9×0.9×1.2
发电机	120 GT18-102	2 台	3 980	26	2 台	1 台	1 台	5.18×2.04×2.46
木材	12 m～18 m	42.274 m^3	55	0.3	—	—	—	$3.14\times(0.1+0.06/2)^2$ $\times1.5$
水膨式堵漏袋	360mm×360mm ×8mm	10 000 只	15	0.032 5	—	—	10 000 只 (200 箱、3 层)	0.65×0.25×0.2

续 表

名称	规格	储存	单件重量	单件体积	13 m 车	9.6 m 车	6.8 m 车	单件尺寸(m)
		数量	(kg)	(m^3)	装运量	装运量	装运量	
块石		34 197 t			—	—	—	用 20 t 自卸车
升降照明泛光灯	HSG 2800	2 套	50	0.28	—	—	32 套(1 层)	0.8×0.5×0.7
气胀式救生衣	XT5589	2 000 件	18	0.06	4 000 件(400 箱)	3 000 件(300 箱)	2 000 件(200 箱、3 层)	0.5×0.27×0.45
移动柴油发电机组	250 KW	2 台	4 000	46.8	2 台	1 台	1 台	6×2×2.6
防汛麻袋	90 cm×60 cm	5 000 条	50	0.134	20 000 条(200 件、4 层)	15 000 条(150 件、4 层)	10 000 条(100 件、4 层)	0.62×0.54×0.4
升降照明泛光灯	BJQ6300	2 台	50	0.28	—	—	32 套(1 层)	0.8×0.5×0.7
便携应急照明灯	BJQ5153	100 盏	10	0.11	—	—	2 000 盏(200 箱、2 层)	0.54×27×0.75

八、安全生产现场应急处置

具体处置措施参照《镇江分中心安全生产预案》相关内容落实到位。

第八章
运输管理

一、运输主体

(一) 运输服务方式

江苏省省级防汛物资运输可采用自有车辆运输、外包购买社会服务运输以及两相结合等多种运输服务方式。目前,省防储中心主要采用外包运输方式来承担防汛物资运输任务。采用外包运输时需明确划分双方的权利和责任,以免因事故或意外而产生纠纷。签订合同时要明确合同条款。同时,省防储中心在条件允许的情况下可适当购置少量运输车辆,提升省级防汛物资储备单位的应急反应能力。

(二) 运输服务主体

根据上述运输服务方式,省级防汛物资运输服务的主体包括省级防汛物资储备单位、提供购买服务的社会运输方。江苏省省级防汛物资运输单位、运输人员、运输设备须具备相应的资质要求:

1. 运输单位

承担省级防汛防旱物资运输单位须具备如下资质:

(1) 能提供与防汛调运任务相适应且年检合格的车辆。

(2) 有完善的安全生产管理制度。

(3) 具备相应的法人资质和按规定办理的相关证件。

(4) 有相对固定的办公场地和相应的设施设备。

(5) 提供购买服务的社会运输方应具备从事货物运输、管理维护的组织机构,责权清晰,分工明细,协作高效。

(6) 提供购买服务的社会运输方应定期或不定期对员工进行制度、技术、管理、客户服务安全等方面的培训,提高从业人员的专业素养。

2. 运输人员

省级防汛防旱物资运输人员须具备如下素质:

(1) 具有相关职业资格,具备货运运输管理与控制能力,身体健康,爱岗敬业。

(2) 具备货运法律常识,熟悉车况、维修、运输流程,了解防汛防旱物资运输作业要求,确保服务质量。

(3) 须遵守国家道路交通相关法律、法规和职业要求,在确保及时、高效、安全运输的前提下,严禁超速,疲劳驾驶以及违章、违规等操作。

3. 运输设备

省级防汛物资运输设备须达到以下要求:

（1）根据需调用省级防汛防旱物资的品种、数量，配备相应的运输车辆和设备。

（2）防汛物资运输车辆须定期维护，保证车况良好，无故障，车容整洁，行车装备齐全。

（3）防汛防旱物资运输车辆应具备完善的防汛物资在途跟踪反馈能力，按规定装备 GPS 或制作行车记录，方便及时反馈车辆位置和运输状况。

二、车辆要求及调度

（一）车辆要求

1. 须对防汛物资运输车辆进行检查，确认车辆有关证件是否真实、齐全（身份证、驾驶证、行驶证、营运证、购置税、交强险、商业险、保险卡、人车合影），其中身份证、驾驶证、行驶证、营运证为必须提供的证件，否则不予装车。

2. 防汛物资运输车辆防雨布必须完好无损，保证防雨布防渗、防漏。

3. 随车配备与车辆类型相适应的灭火器，灭火器应在有效期内，并安排妥当，便于取用。

4. 防汛物资运输车辆应车况良好，车厢干净整洁，尺寸满足调运物资需要，保证物资运输不受影响。

5. 防汛物资运输车辆内物资必须摆放平稳，牢固；应当采取必要措施，防止重型物资设备脱落、震荡、损伤等；车厢侧板，后板须关好，拴牢。

6. 防汛物资运输车辆的手刹车，转向灯，尾灯和制动灯须保证运转正常。

（二）车辆调度原则

1. 按指令和规定调度：坚持按照上级指令和相关规定办事，按实际需求快速调度车辆。

2. 有理有序调度：接受上级部门的统一领导和指挥、分级管理、分工负责，坚持从全局出发，局部服从全局的原则。

3. 科学合理调度：及时了解并掌握运输目的地的情况，选择最佳行车路线，预留备用车辆，做好应急准备。

4. 车辆调度准备：省防储中心人员需汇总省级防汛物资发货清单，对省级防汛物资的类型、件数、重量等参数进行详细记录，根据汛情及防汛物资调拨指令，通知外包运输企业或者自有车辆管理部门提前准备适型车辆，按时到省级防汛物资储备仓库装货。

5. 以人为本，安全第一：把保障受灾群众的生命安全和身体健康、最大限度地预防和减少或避免突发汛情造成的人员伤亡作为首要任务，确保防汛物资及时送达，紧密配合应急救援人员的安全救护。

6. 快速反应，协同应对：加强省级防汛物资管理队伍建设，加强区域合作和部门合作，建立协调联动机制，形成统一指挥、反应灵敏、功能齐全、协调有序、运转高效的防汛物资储备管理快速应对机制。

三、装运发货

省防储中心接到省防办调令后，须立即组织发送防汛物资，并根据当时情况选择安全、快捷的运输方式，调用的物资抵达目的地后，及时与申请调用单位办理交接手续，同时向省防办及时报告调运任务完成情况。

（一）装运流程

1. 车辆到达后，须进行车况检查，确保无装车障碍、装卸问题等。

2. 装货前，防汛物资运输车辆应由专人引导停放在等待位置，并被告知注意事项；在接到仓库管理员装货通知后，车辆应行进至装货区或指定位置等待装货。

3. 仓库管理员根据发货清单发货，运输方应协助仓库管理员清点所发省级防汛物资的数量、规格，保证零差错；提供省级防汛物资发货清单，标明规格、数量、到达地点和收货人。

4. 运输方须清点装运物资,核对相关信息,与仓库管理员做好交接,装完货后持仓库管理员装货清单办理相关手续,并在出库单上签字确认。

5. 装货完毕后,需留存司机的身份证、驾驶证、行驶证等相关复印件,运输方需迅速驶离储备仓库,前往指定受灾目的地。

6. 运输方需持相关手续,交由门卫,经核实后放行。

(二)装卸原则

1. 统一指挥、服从指令。装载过程中须做到:指挥调度得当、忙而不乱,装卸人员听从指挥、令行禁止、配合协作。

2. 起落平稳、精确掌控。装卸过程中须清楚装载机具性能、装载定额,掌握装载从业人员的业务能力以及承受能力;做到不超额、不超能力、不超范围装卸,确保装载作业起落平稳、精确掌控。

3. 不超不偏、合理布局。装载前须根据装载任务提前规划、布局、计算,做到运输车辆码放整齐不散乱、重心均衡不偏向,确保布局合理、装载均衡。

4. 因物施策、分类装载。对于有特殊装载、运输要求的防汛防旱物资,装卸时须按要求做好相关辅助措施或隔离防护措施,做到因物施策、分类装载。

5. 人机结合、机器为主。装载物资时,应做到人工与机器相结合、机器装载为主,确保装载效率。

6. 检查加固、安全为先。装载完毕后,须仔细检查,绑扎加固,确保安全。

四、在途运输管理

1. 运输车辆出发前,要提前进行出险点线路规划,确定至少有 1 种以上线路方案和具体卸车方式;如需大型机械辅助或大量人力协助,应提前上报并做好准备。

2. 在运输途中,调度人员应实时与运输人员进行信息沟通,掌握物资运输状态,同时,运输人员应不定时对物资的数量、外观及捆扎情况做有效检查,防止中途散落防汛物资。

3. 实行重点线路重点监控,根据需要随车派遣押运人员,保证运输作业的准确性和及时性。

4. 在运输途中,要做好防盗、防火、防雨、安全行车等安全保障工作,严禁超载,超限运输。

5. 运输途中如遭遇车祸、地震、洪水、泥石流、火灾等意外或不可抗力,造成阻滞发生或车辆、货物受损等情况,应在第一时间上报相关异常情况,在确保人员及货物安全的前提下,按上级部门要求,配合做好后续工作。

五、货物签收及回单

1. 到货验收:运输单位将防汛物资运输至目的地后,由接收方指定收货人员,凭有效证件核实确认后签收。

2. 变更收货人:如收货人发生变更,须在防汛物资到达目的地之前,由省防储中心以书面、传真、短信或电子邮件等形式通知车辆调度人员;现场收货人员与调令文件指定收货人不一致时,运输单位应立即与省防储中心联系,经过确认后方可交货,否则出现的损失由运输单位承担。

3. 变更目的地:因指定目的地由于灾情等原因无法按原定计划到达,押车人员或运输人员需及时与调度人员联系,经上级部门紧急研究后,重新确定新的物资接收点,因运距增加而产生的合理费用按实际情况计算。

4. 运输人员应在物资送达后,即刻与收货单位交接,收货单位在确认无误后,签收物资明细,回执单或收据交由押车人员或运输方带回。

5. 如发生物资损坏或丢失情况，押车人员或运输人员应及时反馈信息，并记录证明资料(包括照片，签收收据或回执单等)。

六、应急运输能力建设

一、运输企业库建设

建立完善的省级防汛物资运输企业库，是顺利完成省级防汛物资运输的保证，各分中心须加快运输企业库建设：

1. 制定统一的标准识别码。该标准识别码至少应包括行政区划码、单位编码(法人码)。

2. 完善采集制度。应建立统一的江苏省省级防汛物资运输企业信息管理平台，全面采集江苏省省级防汛物资运输企业的资产规模、车辆条件、站场设施、经营业绩、安全状况、服务质量等情况，要求能动态地反映运输企业的创建、发展变更和消亡的全过程，防止运输企业库产生资料不全、信息滞后等问题。

3. 省防储中心应经常与运输企业进行沟通，及时掌握运输企业变动情况，对运输企业库进行适时更新和维护。

二、运输在线监测

省防储中心通过卫星定位监控平台或者监控终端及时纠正和处理超速行驶、疲劳驾驶、不按规定线路行驶等违法违规驾驶行为。

监控系统要求：

1. 部署灵活，运行稳定，兼容性高，兼容国内外50多种常见终端设备。

2. 地图资源应保持动态更新，一般情况下可采用行政区划地图。

3. 权限管理灵活，系统管理员、一级管理员、二级管理员权限对应省防储中心各级领导层次分布，以便服从统一调度指挥。

4. 监控系统须具有监听、照片传输或视频传输等功能。

5. 提供车辆、司机信息。

6. 提供管理员发布公告、增加共享标注、车辆所在地天气预报、实时交通路况信息通知等功能。

7. 提供各种行驶、停车、油耗、温度、位置、报警报表。

三、运输绩效评价

有效的绩效管理能优化省级防汛物资运输过程、提升省级防汛物资运输服务水平。在省级防汛物资运输绩效管理中，须强化绩效评估，评估内容主要包括：运输设备和运输服务的绩效评估。运输设备绩效评估应包含单位运输费用、燃料消耗指标、单车经济效益、平均维修时间、平均故障间隔时间、设备利用率等指标。运输服务绩效评估应包含可靠性、运送时间、可达性、受理能力、诚信度等指标。

第九章
信息化

经济社会发展对灾害防御提出了更高的要求，目前，江苏省省级防汛物资管理信息化尚存在仓库信息化建设水平参差不齐、业务功能不完善、信息化建设标准不统一等系列问题，迫切需要信息化管理的规范化和制度化，这既是新时期防汛物资管理工作的需要，也是完善防汛防旱指挥体系的需要，更是“十四五”水利现代化、信息化建设的需要。

一、总体目标与原则

近年来，信息化管理已逐步成为现代防汛物资管理的一个重要手段。省级防汛物资储备信息化系统的建设是实现防汛物资储备管理创新、提高管理效率、规范管理流程的必然选择，也是解决在业务需求和提升核心竞争力的重要手段要创新管理模式，着力构建信息综合利用、资源共享的防汛物资储备管理平台是实现防汛物资管理的信息化、智能化和现代化的现实要求。

建立省级防汛物资储备管理信息化的总体目标是以丰富的、全面的信息管理为基础，通过先进的计算机、网络通讯设备及现代化的信息技术，建立科学、高效的防汛物资管理系统，保证防汛物资相关数据的准确性，提升防汛物资管理的效率，从而更好地为防汛抢险服务。防汛物资信息化管理的原则是“定额储备、专业管理、保障急需”。对防汛物资进行信息化管理可以对防汛物资的整个生命周期（包括入库、仓库管理、出库、运输、财务结题等阶段）进行跟踪与管理，提升防汛物资储备管理的综合能力和水平。

二、技术要求

省级防汛物资储备管理信息化将充分借助计算机网络技术、监控技术、仓储管理技术等进行透彻感知和广泛连接，深度计算防汛物资储备信息化管理平台运行的关键信息，对整个防汛抢险物资的管理有极大的推动作用。

省级防汛物资储备管理信息化需要大量使用数据采集技术（如条形码技术、二维码技术、无线射频技术、扫描技术等）、数据通信技术、大数据分析与挖掘技术等，使用信息化的管理平台需要具备相关专业素质的管理人才，在进行防汛物资的储备信息化管理过程中，要不断提高相关管理人员的整体素质，强化管理人员的责任感，建立与信息化水平相匹配的管理机制。在进行防汛物资仓储的过程中，管理人员要明确相关人员的工作责任，将责任落实到个人，调动工作人员的积极性。

此外，省级防汛物资管理信息化系统应满足数据对接与安全防护的要求：(1) 应具备与外部系统，尤其是政府公共平台的对接功能，系统中的模块应灵活配置，平台的接口服务，应随时能够提供对第三方的对接服务，满足政府的数据需求。系统应具备较高的可靠性及可扩展性，需满足如下要求：系统应不存在单点故障、系统应具备可扩展能力、系统应提供负载均衡能力。(2) 应具备网络安全防范功能，分布式安装在网络的不同区域，对安全设施进行有效的监控和管理。系统应符合国家信息安全等级保护第三级标准，满足物理安全及网络安全要求，具有防火墙、入侵防御、防病毒等安全防护措施，系统数据应具有定期执行数据备份的计划。

三、建设原则

省级防汛物资管理信息化建设的原则：

第一，满足实用性与先进性，系统中相关模型的设计，软件的结构以及相关的平台要有一定的前瞻性；同时，也要结合行业实际，满足防汛抢险物资在实际调度中的需要，为防汛抢险工作打下良好的基础。

第二，系统要可靠安全。系统必须确保运行安全，具有抵抗病毒等人侵的力量，设置水平较高的安全技术，提高整个系统的安全性能。

第三，具有灵活性和可扩展性。防汛物资信息化管理系统需要充分利用现有的各种资源，控制成本的同时，保持系统的柔性和可扩展性，不断优化、改进，淘汰落后的技术和理念，满足发展要求。

四、信息化构架

（一）系统框架

为提升省级防汛物资管理效率和水平，对防汛物资储备管理进行实时监控，促进物资调运效率的提高，省级防汛物资管理信息化系统将主要打造五大子系统(详见图 2-34)：

1. 物资管理子系统：建设一个以信息采集、运行监控为基础，综合数据库为纽带，调度运行和物资管理为核心的运行管理系统。从业务需求方面，系统通过计算机网络化的管理，实现物资数据电子化管理。建立物资编码体系，实现全省物资管理规范化，实现防汛抗旱物资的合理储备、分级管理、信息共享和统一调配。

2. 智能仓储子系统：根据防汛物资仓库安全高效管理需要，增设防汛物资智能仓储系统，该系统通过对仓储环境实时监控，物资管理智能广播，物资分类触摸展示，实现防汛物资管理的数字化、智能化，从而提升防汛物资管理效率与水平。

3. 运输全过程监控子系统：建设一个以信息采集、运行监控为基础，调度运行和运输全过程监控管理为核心的运行管理系统，实现水利防汛物资统一调配和运输全过程监控。

4. 视频监控子系统：监控中心通过视频监控系统，能够实时、直接地了解和掌握各个仓库当前实际情况，监控中心值班人员能够直接根据现场发生的情况做出相应的反应和处理，从而更加实时有效的进行管理。采用数字监控平台和数字录像技术相结合的方式，统一由安防监控数字平台控制，采用安防监控数字平台进行多画面的监视及录像。

5. 视频会商子系统：建立以省防储中心总部为中心节点，覆盖所有下属站库及相关单位的视频会议系统。可进行各类政策传达、全体职工大会、领导讲话等系列的应用。在会议进行中，可使几个重要的会场实现分组讨论，使之成为工作交流、报告、会议、培训的平台，弥补地理位置造成的管理差异，节约防储中心内部的差旅费用和路途中花费的时间，强化汛期人力资源流动的管理，提高中心的远程控制能力。

（二）分层结构

省级防汛物资管理信息化涉及两级，即省级、分中心级。系统总体上按两级进行布局，突出上下级之间的数据互联互通，总体分层布局如图 2-35 所示。

图 2-34 防汛物资储备信息化管理子系统构成

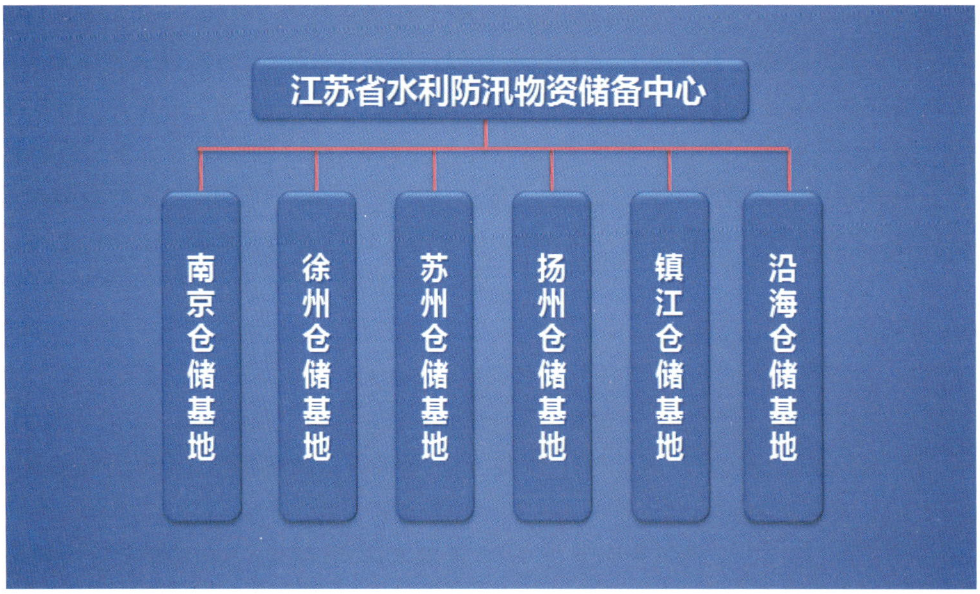

图 2-35 防汛物资储备信息化管理分层布局图

省级防汛物资管理信息化系统主要包括三个层次:第一,应用层。主要是针对省级防汛物资日常的运行与管理而开发的软件系统,在这一层次,可以实现对省级防汛物资进行集中的管理与调度,以此为基础,实现对设备的维修,应急事件的处理,以及对数据进行查询和安防的管理等的信息化。第二,数据的服务层。可以为整个江苏省省级防汛物资信息化管理系统提供基本的数据信息,提供历史的数据和最新的数据,包括访问、连接、数据、视频、安全和通信等服务的系统,还能够对外界发布相关的服务信息,设计合理的数据库,具有全面的数据参数,进而满足不同层次的需求。第三,设备的监控层。对设备进行监控是整个管理系统运行的基础,在设备层内,对设备进行监控的主机不仅可以提供对各仓库进行监控的功能,还可以对设备进行自动的检测和控制,以便应用层的使用和管理。

五、各子系统功能与建设要求

（一）物资管理子系统

1. 建设要求

（1）支持桌面系统与移动平台。

（2）在GIS地图上集成防汛物资库存、物资调度等信息。

2. 建设内容

提供防汛物资的入库管理、库存管理、出库管理、二维码管理、调度管理、与GIS系统的接口管理等功能。建设省防储中心及六个仓储基地防汛物资管理系统，实现防汛物资的合理储备、分级管理、信息共享以及统一调配。建立以网络技术、计算机技术等现代信息管理技术为支撑的防汛防旱物资调度管理信息系统。

3. 主要功能

实现对各仓储基地基础设施、物资存储调用数据、应用等各类资源整合和统一管理，并通过数据交换平台，为省防汛决策支持系统平台提供数据共享支撑。

（1）入库管理

防汛物资采购完成之后入库工作需要对防汛物资进行卸货、查点、验收、办理入库手续等各项工作。要保证入库的防汛物资数量准确，质量符合要求，包装完整无损，手续完备清楚，入库迅速。防汛物资在进入仓库时，仓库管理员须按防汛物资的名称、型号、供货单位等信息录入物资验收单据以及物资入库单据，这些信息都存储在信息化管理系统中，方便随时调用不同物资的信息。

（2）库存盘点与预警

在防汛物资的储备过程中，须定期或不定期地对物资的储存情况进行清点、查核。进行库存盘点主要是查清不同防汛物资的实际库存数量，可以根据现在的库存数量进行制订后续的采购计划。在防汛物资信息化管理的系统当中库存盘点一般根据包括以下的几个步骤，盘点前的准备、确定盘点时间和盘点人员、确定盘点方法、最后进行盘点结果的处理和统计。防汛物资的库存预警主要是数量预警，防汛物资储备信息化管理系统会自动统计不同防汛物资的在库数量，系统根据防汛物资的使用情况和在库的剩余数量对需要采购补充的防汛物资发出预警。

（3）出库管理

在防汛物资的出库过程中，可以利用防汛物资的信息化管理系统进行物资的出库工作。防汛物资的出库需要防汛物资管理科根据上级的指示然后通过信息化系统给储备仓库下达"出库单"，"出库单"须由仓库领导签字。物资管理员和仓库保管员根据"出库单"所列的物资的品种、规格、数量等，通过信息化管理系统查询这些物资的库存情况，然后组织发货。设备和物资出库，需由物资管理员、仓库保管员和送（提）货人在"出库单"上签字确认。防汛物资在出库完成之后，系统会及时更新现有的物资库存情况，方便了解实时的物资在库情况，并开始后续运输监控功能。

（4）二维码管理

防汛物资信息化管理系统中对库存物资进行二维码标签式管理，通过系统连接打印设备，打印生成垛位卡，展示物资名称、规格型号、库号、垛位号、计量单位、生产日期、数量、储存年限、入库时间、供货企业名称、仓库负责人、物资保管员、储备单位和物资查询二维码等。通过手机扫描垛位卡上的二维码标识，可以在手机上显示该垛物资的名称、规格、生产日期、生产厂家、入库时间、储存年限等内容；可以查询防汛物资的介绍（包括物资性能、特点、保管和防汛抢险的应用方法等）；还可以通过手机扫描二维码的方式，对该垛位物资的盘点、检查、维护保养等记录进行查看。

开发手机APP（安卓版）客户端，用账号密码登录物资系统，按权限进行管理，实现入库、出库、移库、盘点、检查、维护保养等功能在手机端数据录入、修改。

(5) 调度管理

防汛物资信息化管理系统对各个站点的物资进行管理、调配,还涉及对一些库存不充足或者保存的时间快到期需要进行及时保养报废等的物资,向相关人员进行提示预警,并利用防汛管理平台把信息发送到管理人员手中,在防汛抢险期间,可以根据预设的抢险策略自动生成对各个仓库物资的调度方案,安排相关的运输队伍,以保证防汛抢险的有效实施。

(6) 查询分析与统计

防汛物资储备管理过程中,需要根据防汛物资的出入库情况和不同物资的种类库存和使用情况进行查询统计并分析后续物资的采购情况。防汛物资储备管理对查询要求高,查询内容包括库存查询、出入库查询、仓库历史记录查询,涉及入库、出库、仓库盘点等。

(二) 智能仓储子系统

1. 建设要求

(1) 各省属仓储基地统一建设标准,统一管控平台。

(2) 支持在仓库平面图或航拍图上集成展示仓储环境数据信息。智能仓储子系统拟建设仓储环境监测、智能巡更、仓储门禁控制、仓储智能语音、触摸屏展示、智能化设备任务分配与作业控制等模块,并集成于统一的仓储环境管控软件平台中。

2. 建设内容

(1) 通过传感器自动检测报警技术,实现防汛物资储备仓库环境变化的记录、预警功能。以库房的面积进行测算监测的基本参数。增设一体化气象站,实时采集仓储基地范围内气象数据。增加红外周界电子围墙,实现仓库重要库区入侵实时预警功能。

(2) 智能巡更系统采用非碰触式存储技术、自动控制技术及计算机通讯等技术,并结合国内巡查工作的实际经验为设计依据的新型的数码巡更系统。

(3) 在进入防汛物资储备仓库的主要通道入口处安装非接触式感应门禁机,通过门禁系统软件,能实现持卡者资料管理、进出时区设定、门组管理、持卡者进出管理控制等。每个仓储基地配置多套门禁机设备终端(管理用房、机房、财务室和档案室分散配置)。

(4) 根据物资管理系统的调拨指令,采用语音广播的方式,提醒库室内的工作人员,及时调拨物资的种类、数量及放置位置等信息。

(5) 物资触屏展示系统在物资仓库的应用为防汛物资及装备提供了展示和信息交流的平台。

(6) 建设统一的仓储环境管控软件平台,将所有仓储环境数据集中展示在系统中,实现远程管控。

(7) 智能化装卸设备及其优化控制系统。形成适应于洪涝灾害等特殊环境下运行的防汛物资智能仓储资源优化配置方案,及其智能仓储多机(装卸设备,如叉车、穿梭车等)作业控制系统。

3. 主要功能

(1) 智能化设备任务分配(调度)。基于洪涝灾害特性与防汛物资需求特性等因素,根据防办下达的指令及其时效性等技术要求,以保障率最高、响应时间最短和总费用最小等多目标建立防汛物资智能仓储中多机任务分配(调度)优化模型及其高效求解算法,实现防汛物资智能仓储多机任务分配与调度优化。

(2) 智能化设备作业控制。基于多机任务分配(调度)给出的单机作业任务清单及其作业时限要求,构建防汛物资智能仓储单机作业控制模型,系统解决防汛物资智能仓储设备(装卸设备,如叉车、穿梭车等)作业控制技术难题,提出防汛物资智能仓储系统的各类单机作业策略。

(3) 物资触屏展示系统。在操作界面和触摸屏界面上同时对库房中物资的位置和具体的情况进行显示,库房可配有触摸屏展示系统,方便相关人员的管理。

(4) 温湿度监控模块。省级防汛物资储备对仓库的温度、湿度、通风、采光有一定的要求。如橡胶制的防汛物资要求室内的温度在0～25 ℃，空气中的湿度不能超过75%；可设置温度和湿度感应、控制系统，进行的温度和湿度自动调节，使用智能空调系统，室外的机器可以放在屋顶或屋外的地面，室内的机器需要根据具体的负荷控制温度和湿度，以满足物资的要求。省级防汛物资信息化管理系统可建设仓库内部温度、湿度等环境感知、自动调节、控制于一体的管理系统。温湿度监控模块通过采集仪采集到温湿度数据后，可直接采集保存到本地，同时采集到数据库，方便查看。通过日志查询可以了解最近仓库的温湿度发展趋势，预测未来温湿度。提前预防，减少不必要的损失。

此外，通过智能巡更系统和门禁系统还可对现场人员进行管理、考勤和考核。

（三）运输全过程监控子系统

1. 建设要求

（1）支持桌面系统与移动平台。

（2）在GIS地图上集成物资调度、全过程监控等信息。

2. 建设内容

提供防汛物资调度、运输全过程监控功能。建设省防储中心及6个仓储基地运输全过程监控系统，实现水利防汛物资统一调配和运输全过程监控。

3. 主要功能

水利防汛运输全过程监控功能。防汛物资在出库运输到目的地的过程中需要进行安全监控和车辆的行驶轨迹跟踪。防汛物资运输全过程监控是车辆在装载完防汛物资后，驶离储备仓库时，车辆行驶轨迹跟踪选择指定车辆进行跟踪，在电子地图上显示出它的具体地理位置以及时间，当时的行驶方向、速度等。在电子地图上回放车辆曾经行驶的轨迹路线。车辆在指定的路线上行驶，如偏离指定路线则向系统报警。GPS监控系统全程自动记录车辆行驶轨迹数据。在运输途中，车辆GPS车载台进行实时无线通信。监控中心的人员利用在GPS监控系统的客户端软件可以实时监控或查询每一辆车的行驶轨迹及装卸货物的情况。

（四）视频监控子系统

1. 建设要求

实现防汛物资储备仓库的影像、环境参数等数据实时采集及存储功能。库区道路、库房、货场重点路口视频信息采集、实时传输和综合分析处理。保证视频信息可历史回看，为防汛仓库做好安保工作。

2. 建设内容

为了更好地满足省防储中心对各仓储基地实时视频信息的查看需求，省防储中心建设1个数据汇集平台，6个仓储基地建立视频监视点。库区视频监视点由各仓储基地根据本级业务需求上报。具体建设内容包括：

（1）省防储中心视频管理平台，收集、发布和管理视频信息。

（2）高清网络摄像终端。6个仓储基地配置分辨率不低于720P、能根据网络带宽或实际需要调节分辨率、帧率的高清网络摄像终端。每个仓储基地配置的终端数量不等，设计方案参照各基地库区实际面积、货场走向及门卫位置。

（3）适当冗余，每个仓储基地配置32路NVR，承担本地录像、调看、控制和上传等功能。

（4）配套设施。包括立杆支架、监控箱、摄像机补光、前端供电、防雷接地等。

3. 主要功能

为保障防汛物资储备安全，需建设视频与安防系统，对整个防汛仓库进行实时监控，防汛物资储备安防监控模块可采用视频监控、电子巡更、电子周界、自动报警系统或上述系统的不同组合，确保安全。防汛物资储备安防监控模块由图像采集与控制、实时浏览、报警等多个功能组成。

（五）视频会商子系统

1. 建设要求

根据省级制定的视频会商系统建设规范，建设省防储中心及6个仓储基地视频会商系统和视频会商室。

会商室要求面积不少于 50 m²,容纳人数不少于 30 人。技术要求如下:

(1) 组网方式

利用现有网络资源,配置省防储中心和下属仓储基地组建省防储中心防汛视频会商系统。

(2) 级联方式

省防储中心防汛视频会商系统作为省级防汛视频会商系统的拓展,应实现各级防汛视频会商系统的级联。

(3) 设备选型

为实现与省防指的互联互通,省防储中心视频会议系统核心设备的选型应考虑与省防指设备的兼容性。

2. 建设内容

省防储中心视频会商子系统主要建设数字会议系统、高清视频会议终端、音视频矩阵、视频系统、会议控制系统、LED 高清大屏及管理软件、会商室土建改造等。各仓储基地主要配置高清视频会议终端、高清显示终端等设备。

3. 主要功能

建设省防储中心视频会商子系统,与省防汛视频会商系统级联,实现省防储中心、省防储中心各仓储基地远程异地会商。省级防汛物资储备管理系统应顺利接入国、省、市防汛抗旱视频会议的终端系统,实现中心、分中心两级视频会商系统的联网,实现防汛物资储备管理工作实时监控、资源共享、会商调度,提高防汛指挥的时效性。

详见图 2-36～图 2-39。

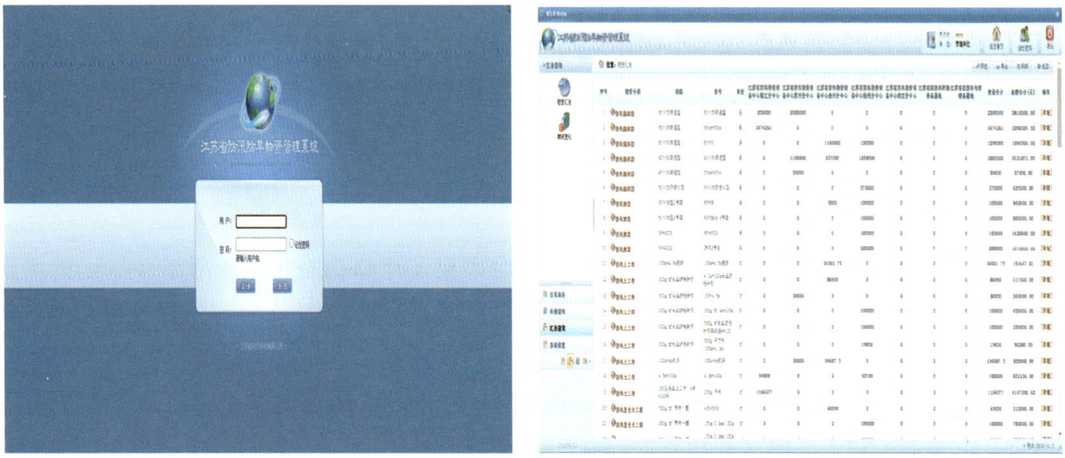

图 2-36　防汛物资管理系统

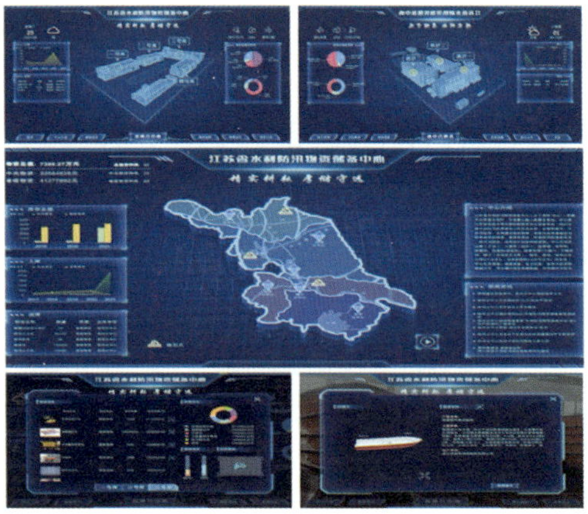

图 2-37　视屏展示系统

图 2-38　办公 OA 系统

图 2-39　视频会商系统

第十章
二维码技术在仓储中的应用

将二维码运用到仓储管理中，可以在保证仓库合理运用的同时最大限度地提高数据准确度，可以确保库存量的准确性，优化库存产品质量，保证必要的库存水平及仓库中物料的移动，为后续工作做出保障。

1. 防汛物资标签管理——二维码。不同的防汛物资运输和仓储的条件及注意事项不同。其规格、数据、包装状态、单件体积、到库确切时间、货物存期、货物的理化特性以及保管要求等也存在差异，将物资的信息转化为二维码并与网络连接，每一个二维码都将会促使我们快速有效读取防汛物资信息，并作出最准确的判断和进行实时的监测。

2. 防汛物资验收入库管理。物资到达仓库之后，仓库人员首先应该进行验单，检查随物资同时到达的货单。通过二维码传递信息，根据显示数据自动检索防汛物资的大小、出库时间、出库频率选择适当货位，使任务单跟随相应的产品进行流动，将仓储物资的信息进行实时有效的管理。

3. 防汛物资库存管理。库存内部管理中，通过二维码扫描，收集盘点防汛物资信息。

4. 防汛物资出库管理。根据险情列出需要的防汛物资单，选择相应的物资出库。为出库备货方便，可根据产品的特征进行组合查询，生成可用于移动终端的数据文件。物资出库时，通过扫描商品上的二维码，对出库物资的信息进行确认，同时更改其库存状态，及时更新库内物资信息。

5. 防汛物资维护保养管理。保管员根据各种物资及设备维护保养要求进行定期维保工作，并通过电脑端对维保情况进行登记，同时实现与二维码实时同步更新维保记录；检查人员通过扫描二维码，可及时掌握物资的维护保养信息。

详见图 2-40、图 2-41。

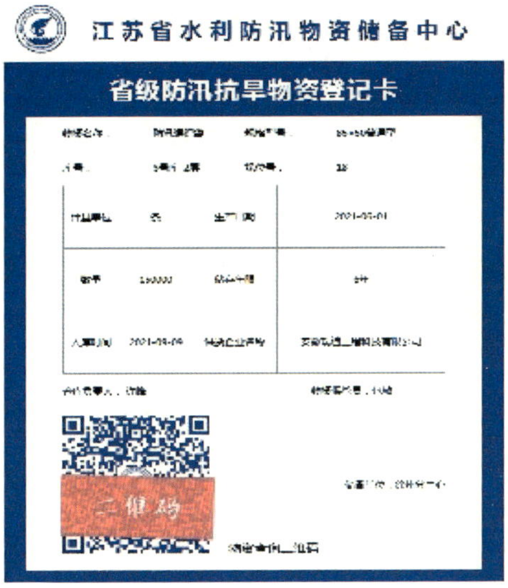

图 2-40　二维码垛位卡

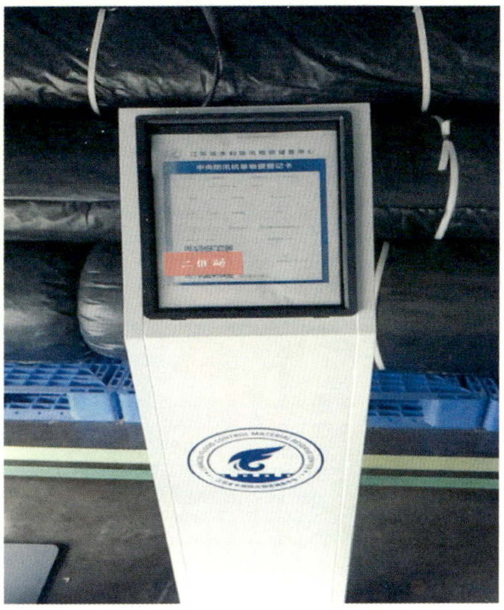

图 2-41　二维码垛位牌

附录：
法律法规及相关文件

主要摘录国家、地方相关法律法规文件中跟防汛物资管理有关的内容。江苏省防汛物资储备工作主要涉及政策法规11件，其中，3部法律、1部行政法规、2部地方性法规、3部行政规章(2部部门行政规章、1部地方行政规章)、2种预案。

第一章 相关法律法规节选

一、《中华人民共和国水法》(节选)

第十九条 建设水工程,必须符合流域综合规划。在国家确定的重要江河、湖泊和跨省、自治区、直辖市的江河、湖泊上建设水工程,未取得有关流域管理机构签署的符合流域综合规划要求的规划同意书的,建设单位不得开工建设;在其他江河、湖泊上建设水工程,未取得县级以上地方人民政府水行政主管部门按照管理权限签署的符合流域综合规划要求的规划同意书的,建设单位不得开工建设。水工程建设涉及防洪的,依照防洪法的有关规定执行;涉及其他地区和行业的,建设单位应当事先征求有关地区和部门的意见。

第三十七条 禁止在江河、湖泊、水库、运河、渠道内弃置、堆放阻碍行洪的物体和种植阻碍行洪的林木及高秆作物。禁止在河道管理范围内建设妨碍行洪的建筑物、构筑物以及从事影响河势稳定、危害河岸堤防安全和其他妨碍河道行洪的活动。

第三十八条 在河道管理范围内建设桥梁、码头和其他拦河、跨河、临河建筑物、构筑物,铺设跨河管道、电缆,应当符合国家规定的防洪标准和其他有关的技术要求,工程建设方案应当依照防洪法的有关规定报经有关水行政主管部门审查同意。

因建设前款工程设施,需要扩建、改建、拆除或者损坏原有水工程设施的,建设单位应当负担扩建、改建的费用和损失补偿。但是,原有工程设施属于违法工程的除外。

第四十一条 单位和个人有保护水工程的义务,不得侵占、毁坏堤防、护岸、防汛、水文监测、水文地质监测等工程设施。

第四十二条 县级以上地方人民政府应当采取措施,保障本行政区域内水工程,特别是水坝和堤防的安全,限期消除险情。水行政主管部门应当加强对水工程安全的监督管理。

二、《中华人民共和国防洪法》(节选)

第三十三条 在洪泛区、蓄滞洪区内建设非防洪建设项目,应当就洪水对建设项目可能产生的影响和建设项目对防洪可能产生的影响作出评价,编制洪水影响评价报告,提出防御措施。建设项目可行性研究报告按照国家规定的基本建设程序报请批准时,应当附具有关水行政主管部门审查批准的洪水影响评价报告。在蓄滞洪区内建设的油田、铁路、公路、矿山、电厂、电信设施和管道,其洪水影响评价报告应当包括建设单位自行安排的防洪避洪方案。建设项目投入生产或者使用时,其防洪工程设施应当经水行政主管部门验收。在蓄滞洪区内建造房屋应当采用平顶式结构。

第三十四条 大中城市,重要的铁路、公路干线,大型骨干企业,应当列为防洪重点,确保安全。受洪水威胁的城市、经济开发区、工矿区和国家重要的农业生产基地等,应当重点保护,建设必要的防洪工程设施。城市建设不得擅自填堵原有河道沟叉、贮水湖塘洼淀和废除原有防洪围堤;确需填堵或者废除的,应当经水行政主管部门审查同意,并报城市人民政府批准。

第三十五条 属于国家所有的防洪工程设施,应当按照经批准的设计,在竣工验收前由县级以上人民政府按照国家规定,划定管理和保护范围。属于集体所有的防洪工程设施,应当按照省、自治区、直辖市人民政府的规定,划定保护范围。在防洪工程设施保护范围内,禁止进行爆破、打井、采石、取土等危害防洪工程设施安全的活动。

第三十六条 各级人民政府应当组织有关部门加强对水库大坝的定期检查和监督管理。对未达到设计洪水标准、抗震设防要求或者有严重质量缺陷的险坝,大坝主管部门应当组织有关单位采取除险加固措施,限期消除危险或者重建,有关人民政府应当优先安排所需资金。对可能出现垮坝的水库,应当事先制定应急抢险和居民临时撤离方案。各级人民政府和有关主管部门应当加强对尾矿坝的监督管理，采取措施，避免因洪水导致垮坝。

第三十七条 任何单位和个人不得破坏、侵占、毁损水库大坝、堤防、水闸、护岸、抽水站、排水渠系等防洪工程和水文、通信设施以及防汛备用的器材、物料等。

第四十条 有防汛抗洪任务的县级以上地方人民政府根据流域综合规划、防洪工程实际状况和国家规定的防洪标准，制定防御洪水方案(包括对特大洪水的处置措施)。

长江、黄河、淮河、海河的防御洪水方案，由国家防汛指挥机构制定，报国务院批准；跨省、自治区、直辖市的其他江河的防御洪水方案，由有关流域管理机构会同有关省、自治区、直辖市人民政府制定，报国务院或者国务院授权的有关部门批准。防御洪水方案经批准后，有关地方人民政府必须执行。

各级防汛指挥机构和承担防汛抗洪任务的部门和单位，必须根据防御洪水方案做好防汛抗洪准备工作。

第四十一条 省、自治区、直辖市人民政府防汛指挥机构根据当地的洪水规律，规定汛期起止日期。

当江河、湖泊的水情接近保证水位或者安全流量，水库水位接近设计洪水位，或者防洪工程设施发生重大险情时，有关县级以上人民政府防汛指挥机构可以宣布进入紧急防汛期。

第四十二条 对河道、湖泊范围内阻碍行洪的障碍物，按照谁设障、谁清除的原则，由防汛指挥机构责令限期清除；逾期不清除的，由防汛指挥机构组织强行清除，所需费用由设障者承担。

在紧急防汛期，国家防汛指挥机构或者其授权的流域、省、自治区、直辖市防汛指挥机构有权对壅水、阻水严重的桥梁、引道、码头和其他跨河工程设施作出紧急处置。

第四十三条 在汛期，气象、水文、海洋等有关部门应当按照各自的职责，及时向有关防汛指挥机构提供天气、水文等实时信息和风暴潮预报；电信部门应当优先提供防汛抗洪通信的服务；运输、电力、物资材料供应等有关部门应当优先为防汛抗洪服务。

中国人民解放军、中国人民武装警察部队和民兵应当执行国家赋予的抗洪抢险任务。

第四十四条 在汛期，水库、闸坝和其他水工程设施的运用，必须服从有关的防汛指挥机构的调度指挥和监督。

在汛期，水库不得擅自在汛期限制水位以上蓄水，其汛期限制水位以上的防洪库容的运用，必须服从防汛指挥机构的调度指挥和监督。

在凌汛期，有防凌汛任务的江河的上游水库的下泄水量必须征得有关的防汛指挥机构的同意，并接受其监督。

第四十五条 在紧急防汛期，防汛指挥机构根据防汛抗洪的需要，有权在其管辖范围内调用物资、设备、交通运输工具和人力，决定采取取土占地、砍伐林木、清除阻水障碍物和其他必要的紧急措施；必要时，公安、交通等有关部门按照防汛指挥机构的决定，依法实施陆地和水面交通管制。

依照前款规定调用的物资、设备、交通运输工具等，在汛期结束后应当及时归还；造成损坏或者无法归还的，按照国务院有关规定给予适当补偿或者作其他处理。取土占地、砍伐林木的，在汛期结束后依法向有关部门补办手续；有关地方人民政府对取土后的土地组织复垦，对砍伐的林木组织补种。

第四十六条 江河、湖泊水位或者流量达到国家规定的分洪标准，需要启用蓄滞洪区时，国务院，国家防汛指挥机构，流域防汛指挥机构，省、自治区、直辖市人民政府，省、自治区、直辖市防汛指挥机构，按照依法经批准的防御洪水方案中规定的启用条件和批准程序，决定启用蓄滞洪区。依法启用蓄滞洪区，任何单位和个人不得阻拦、拖延；遇到阻拦、拖延时，由有关县级以上地方人民政府强制实施。

第四十七条 发生洪涝灾害后，有关人民政府应当组织有关部门、单位做好灾区的生活供给、卫生防疫、救灾物资供应、治安管理、学校复课、恢复生产和重建家园等救灾工作以及所管辖地区的各项水毁工程设施修复工作。水毁防洪工程设施的修复，应当优先列入有关部门的年度建设计划。

国家鼓励、扶持开展洪水保险。

第四十八条 各级人民政府应当采取措施，提高防洪投入的总体水平。

第四十九条 江河、湖泊的治理和防洪工程设施的建设和维护所需投资，按照事权和财权相统一的原则，分级负责，由中央和地方财政承担。城市防洪工程设施的建设和维护所需投资，由城市人民政府承担。

受洪水威胁地区的油田、管道、铁路、公路、矿山、电力、电信等企业、事业单位应当自筹资金，兴建必要的防洪自保工程。

第五十条 中央财政应当安排资金，用于国家确定的重要江河、湖泊的堤坝遭受特大洪涝灾害时的抗洪抢险和水毁防洪工程修复。省、自治区、直辖市人民政府应当在本级财政预算中安排资金，用于本行政区域内遭受特大洪涝灾害地区的抗洪抢险和水毁防洪工程修复。

第五十一条 国家设立水利建设基金，用于防洪工程和水利工程的维护和建设。具体办法由国务院规定。

受洪水威胁的省、自治区、直辖市为加强本行政区域内防洪工程设施建设，提高防御洪水能力，按照国务院的有关规定，可以规定在防洪保护区范围内征收河道工程修建维护管理费。

第五十三条 任何单位和个人不得截留、挪用防洪、救灾资金和物资。

各级人民政府审计机关应当加强对防洪、救灾资金使用情况的审计监督。

第六十一条 违反本法规定，破坏、侵占、毁损堤防、水闸、护岸、抽水站、排水渠系等防洪工程和水文、通信设施以及防汛备用的器材、物料的，责令停止违法行为，采取补救措施，可以处五万元以下的罚款；造成损坏的，依法承担民事责任；应当给予治安管理处罚的，依照治安管理处罚法的规定处罚；构成犯罪的，依法追究刑事责任。

第六十二条 阻碍、威胁防汛指挥机构、水行政主管部门或者流域管理机构的工作人员依法执行公务，构成犯罪的，依法追究刑事责任；尚不构成犯罪，应当给予治安管理处罚的，依照治安管理处罚法的规定处罚。

第六十三条 截留、挪用防洪、救灾资金和物资，构成犯罪的，依法追究刑事责任。尚不构成犯罪的，给予行政处分。

三、《中华人民共和国防汛条例》（节选）

第十一条 有防汛任务的县级以上人民政府，应当根据流域综合规划、防洪工程实际状况和国家规定的防洪标准，制定防御洪水方案（包括对特大洪水的处置措施）。

长江、黄河、淮河、海河的防御洪水方案，由国家防汛总指挥部制定，报国务院批准后施行；跨省、自治区、直辖市的其他江河的防御洪水方案，有关省、自治区、直辖市人民政府制定后，经有管辖权的流域机构审查同意，由省、自治区、直辖市人民政府报国务院或其授权的机构批准后施行。

有防汛抗洪任务的城市人民政府，应当根据流域综合规划和江河的防御洪水方案，制定本城市的防御洪水方案，报上级人民政府或其授权的机构批准后施行。

防御洪水方案经批准后，有关地方人民政府必须执行。

第十二条 有防汛任务的地方，应当根据经批准的防御洪水方案制定洪水调度方案。长江、黄河、淮河、海河（海河流域的永定河、大清河、漳卫南运河和北三河）、松花江、辽河、珠江和太湖流域的洪水调度方案，由有关流域机构会同有关省、自治区、直辖市人民政府制定，报国家防汛总指挥部批准。跨省、自治区、直辖市的其他江河的洪水调度方案，由有关流域机构会同有关省、自治区、直辖市人民政府制定，报流域防汛指挥机构批准；没有设立流域防汛指挥机构的，报国家防汛总指挥部批准。其他江河的洪水调度方案，由有管辖权的水行政主管部门会同有关地方人民政府制定，报有管辖权的防汛指挥机构批准。

洪水调度方案经批准后，有关地方人民政府必须执行。修改洪水调度方案，应当报经原批准机关批准。

第十三条 有防汛抗洪任务的企业应当根据所在流域或者地区经批准的防御洪水方案和洪水调度方

案，规定本企业的防汛抗洪措施，在征得其所在地县级人民政府水行政主管部门同意后，由有管辖权的防汛指挥机构监督实施。

第十四条 水库、水电站、拦河闸坝等工程的管理部门，应当根据工程规划设计、经批准的防御洪水方案和洪水调度方案以及工程实际状况，在兴利服从防洪，保证安全的前提下，制订汛期调度运用计划，经上级主管部门审查批准后，报有管辖权的人民政府防汛指挥部备案，并接受其监督。

经国家防汛总指挥部认定的对防汛抗洪关系重大的水电站，其防洪库容的汛期调度运用计划经上级主管部门审查同意后，须经有管辖权的人民政府防汛指挥部批准。

汛期调度运用计划经批准后，由水库、水电站、拦河闸坝等工程的管理部门负责执行。

有防凌任务的江河，其上游水库在凌汛期间的下泄水量，必须征得有管辖权的人民政府防汛指挥部的同意，并接受其监督。

第十五条 各级防汛指挥部应当在汛前对各类防洪设施组织检查，发现影响防洪安全的问题，责成责任单位在规定的期限内处理，不得贻误防汛抗洪工作。

各有关部门和单位按照防汛指挥部的统一部署，对所管辖的防洪工程设施进行汛前检查后，必须将影响防洪安全的问题和处理措施报有管辖权的防汛指挥部和上级主管部门，并按照该防汛指挥部的要求予以处理。

第十六条 关于河道清障和对壅水、阻水严重的桥梁、引道、码头和其他跨河工程设施的改建或者拆除，按照《中华人民共和国河道管理条例》的规定执行。

第二十条 有防汛任务的地方人民政府应当建设和完善江河堤防、水库、蓄滞洪区等防洪设施，以及该地区的防汛通信、预报警报系统。

第二十一条 各级防汛指挥部应当储备一定数量的防汛抢险物资，由商业、供销、物资部门代储的，可以支付适当的保管费。受洪水威胁的单位和群众应当储备一定的防汛抢险物料。

防汛抢险所需的主要物资，由计划主管部门在年度计划中予以安排。

第二十三条 省级人民政府防汛指挥部，可以根据当地的洪水规律，规定汛期起止日期。当江河、湖泊、水库的水情接近保证水位或者安全流量时，或者防洪工程设施发生重大险情，情况紧急时，县级以上地方人民政府可以宣布进入紧急防汛期，并报告上级人民政府防汛指挥部。

第二十七条 在汛期，河道、水库、水电站、闸坝等水工程管理单位必须按照规定对水工程进行巡查，发现险情，必须立即采取抢护措施，并及时向防汛指挥部和上级主管部门报告。其他任何单位和个人发现水工程设施出现险情，应当立即向防汛指挥部和水工程管理单位报告。

第二十八条 在汛期，公路、铁路、航运、民航等部门应当及时运送防汛抢险人员和物资；电力部门应当保证防汛用电。

第二十九条 在汛期，电力调度通信设施必须服从防汛工作需要；邮电部门必须保证汛情和防汛指令的及时、准确传递，电视、广播、公路、铁路、航运、民航、公安、林业、石油等部门应当运用本部门的通信工具优先为防汛抗洪服务。

电视、广播、新闻单位应当根据人民政府防汛指挥部提供的汛情，及时向公众发布防汛信息。

第三十二条 在紧急防汛期，为了防汛抢险需要，防汛指挥部有权在其管辖范围内，调用物资、设备、交通运输工具和人力，事后应当及时归还或者给予适当补偿。因抢险需要取土占地、砍伐林木、清除阻水障碍物的，任何单位和个人不得阻拦。前款所指取土占地、砍伐林木的，事后应当依法向有关部门补办手续。

第三十九条 由财政部门安排的防汛经费，按照分级管理的原则，分别列入中央财政和地方财政预算。

在汛期，有防汛任务的地区的单位和个人应当承担一定的防汛抢险的劳务和费用，具体办法由省、自治区、直辖市人民政府制定。

第四十条 防御特大洪水的经费管理，按照有关规定执行。

第四十一条 对蓄滞洪区，逐步推行洪水保险制度，具体办法另行制定。

四、《中华人民共和国安全生产法》(节选)

第三十四条 矿山、金属冶炼建设项目和用于生产、储存、装卸危险物品的建设项目的施工单位必须按照批准的安全设施设计施工，并对安全设施的工程质量负责。

矿山、金属冶炼建设项目和用于生产、储存危险物品的建设项目竣工投入生产或者使用前，应当由建设单位负责组织对安全设施进行验收；验收合格后，方可投入生产和使用。安全生产监督管理部门应当加强对建设单位验收活动和验收结果的监督核查。

第三十五条 生产经营单位应当在有较大危险因素的生产经营场所和有关设施、设备上，设置明显的安全警示标志。

第三十六条 安全设备的设计、制造、安装、使用、检测、维修、改造和报废，应当符合国家标准或者行业标准。

生产经营单位必须对安全设备进行经常性维护、保养，并定期检测，保证正常运转。维护、保养、检测应当作好记录，并由有关人员签字。

第三十七条 生产经营单位使用的危险物品的容器、运输工具，以及涉及人身安全、危险性较大的海洋石油开采特种设备和矿山井下特种设备，必须按照国家有关规定，由专业生产单位生产，并经具有专业资质的检测、检验机构检测、检验合格，取得安全使用证或者安全标志，方可投入使用。检测、检验机构对检测、检验结果负责。

第三十八条 国家对严重危及生产安全的工艺、设备实行淘汰制度，具体目录由国务院安全生产监督管理部门会同国务院有关部门制定并公布。法律、行政法规对目录的制定另有规定的，适用其规定。

省、自治区、直辖市人民政府可以根据本地区实际情况制定并公布具体目录，对前款规定以外的危及生产安全的工艺、设备予以淘汰。

生产经营单位不得使用应当淘汰的危及生产安全的工艺、设备。

第三十九条 生产、经营、运输、储存、使用危险物品或者处置废弃危险物品的，由有关主管部门依照有关法律、法规的规定和国家标准或者行业标准审批并实施监督管理。

生产经营单位生产、经营、运输、储存、使用危险物品或者处置废弃危险物品，必须执行有关法律、法规和国家标准或者行业标准，建立专门的安全管理制度，采取可靠的安全措施，接受有关主管部门依法实施的监督管理。

第四十条 生产经营单位对重大危险源应当登记建档，进行定期检测、评估、监控，并制定应急预案，告知从业人员和相关人员在紧急情况下应当采取的应急措施。

生产经营单位应当按照国家有关规定将本单位重大危险源及有关安全措施、应急措施报有关地方人民政府安全生产监督管理部门和有关部门备案。

第四十一条 生产经营单位应当建立健全生产安全事故隐患排查治理制度，采取技术、管理措施，及时发现并消除事故隐患。事故隐患排查治理情况应当如实记录，并向从业人员通报。

县级以上地方各级人民政府负有安全生产监督管理职责的部门应当建立健全重大事故隐患治理督办制度，督促生产经营单位消除重大事故隐患。

第四十二条 生产、经营、储存、使用危险物品的车间、商店、仓库不得与员工宿舍在同一座建筑物内，并应当与员工宿舍保持安全距离。

生产经营场所和员工宿舍应当设有符合紧急疏散要求、标志明显、保持畅通的出口。禁止锁闭、封堵生产经营场所或者员工宿舍的出口。

第四十三条 生产经营单位进行爆破、吊装以及国务院安全生产监督管理部门会同国务院有关部门规定的其他危险作业，应当安排专门人员进行现场安全管理，确保操作规程的遵守和安全措施的落实。

第四十四条 生产经营单位应当教育和督促从业人员严格执行本单位的安全生产规章制度和安全操作规程；并向从业人员如实告知作业场所和工作岗位存在的危险因素、防范措施以及事故应急措施。

第四十五条 生产经营单位必须为从业人员提供符合国家标准或者行业标准的劳动防护用品，并监督、教育从业人员按照使用规则佩戴、使用。

第四十六条 生产经营单位的安全生产管理人员应当根据本单位的生产经营特点，对安全生产状况进行经常性检查；对检查中发现的安全问题，应当立即处理；不能处理的，应当及时报告本单位有关负责人，有关负责人应当及时处理。检查及处理情况应当记录在案。

生产经营单位的安全生产管理人员在检查中发现重大事故隐患，依照前款规定向本单位有关负责人报告，有关负责人不及时处理的，安全生产管理人员可以向主管的负有安全生产监督管理职责的部门报告，接到报告的部门应当依法及时处理。

第四十七条 生产经营单位应当安排用于配备劳动防护用品、进行安全生产培训的经费。

第四十八条 两个以上生产经营单位在同一作业区域内进行生产经营活动，可能危及对方生产安全的，应当签订安全生产管理协议，明确各自的安全生产管理职责和应当采取的安全措施，并指定专职安全生产管理人员进行安全检查与协调。

第四十九条 生产经营单位不得将生产经营项目、场所、设备发包或者出租给不具备安全生产条件或者相应资质的单位或者个人。

生产经营项目、场所发包或者出租给其他单位的，生产经营单位应当与承包单位、承租单位签订专门的安全生产管理协议，或者在承包合同、租赁合同中约定各自的安全生产管理职责；生产经营单位对承包单位、承租单位的安全生产工作统一协调、管理，定期进行安全检查，发现安全问题的，应当及时督促整改。

第五十条 生产经营单位发生生产安全事故时，单位的主要负责人应当立即组织抢救，并不得在事故调查处理期间擅离职守。

第五十一条 生产经营单位必须依法参加工伤保险，为从业人员缴纳保险费。

国家鼓励生产经营单位投保安全生产责任保险。

第五十二条 生产经营单位与从业人员订立的劳动合同，应当载明有关保障从业人员劳动安全、防止职业危害的事项，以及依法为从业人员办理工伤保险的事项。

生产经营单位不得以任何形式与从业人员订立协议，免除或者减轻其对从业人员因生产安全事故伤亡依法应承担的责任。

第五十三条 生产经营单位的从业人员有权了解其作业场所和工作岗位存在的危险因素、防范措施及事故应急措施，有权对本单位的安全生产工作提出建议。

第五十四条 从业人员有权对本单位安全生产工作中存在的问题提出批评、检举、控告；有权拒绝违章指挥和强令冒险作业。

生产经营单位不得因从业人员对本单位安全生产工作提出批评、检举、控告或者拒绝违章指挥、强令冒险作业而降低其工资、福利等待遇或者解除与其订立的劳动合同。

第五十五条 从业人员发现直接危及人身安全的紧急情况时，有权停止作业或者在采取可能的应急措施后撤离作业场所。

生产经营单位不得因从业人员在前款紧急情况下停止作业或者采取紧急撤离措施而降低其工资、福利等待遇或者解除与其订立的劳动合同。

第五十六条 因生产安全事故受到损害的从业人员，除依法享有工伤保险外，依照有关民事法律尚有获得赔偿的权利的，有权向本单位提出赔偿要求。

第五十七条 从业人员在作业过程中，应当严格遵守本单位的安全生产规章制度和操作规程，服从管理，正确佩戴和使用劳动防护用品。

第五十八条 从业人员应当接受安全生产教育和培训，掌握本职工作所需的安全生产知识，提高安全生产技能，增强事故预防和应急处理能力。

第五十九条 从业人员发现事故隐患或者其他不安全因素，应当立即向现场安全生产管理人员或者本单位负责人报告；接到报告的人员应当及时予以处理。

第六十条 工会有权对建设项目的安全设施与主体工程同时设计、同时施工、同时投入生产和使用进行监督，提出意见。

工会对生产经营单位违反安全生产法律、法规，侵犯从业人员合法权益的行为，有权要求纠正；发现生产经营单位违章指挥、强令冒险作业或者发现事故隐患时，有权提出解决的建议，生产经营单位应当及时研究答复；发现危及从业人员生命安全的情况时，有权向生产经营单位建议组织从业人员撤离危险场所，生产经营单位必须立即作出处理。

工会有权依法参加事故调查，向有关部门提出处理意见，并要求追究有关人员的责任。

第六十一条 生产经营单位使用被派遣劳动者的，被派遣劳动者享有本法规定的从业人员的权利，并应当履行本法规定的从业人员的义务。

第六十二条 县级以上地方各级人民政府应当根据本行政区域内的安全生产状况，组织有关部门按照职责分工，对本行政区域内容易发生重大生产安全事故的生产经营单位进行严格检查。

安全生产监督管理部门应当按照分类分级监督管理的要求，制定安全生产年度监督检查计划，并按照年度监督检查计划进行监督检查，发现事故隐患，应当及时处理。

第六十三条 负有安全生产监督管理职责的部门依照有关法律、法规的规定，对涉及安全生产的事项需要审查批准（包括批准、核准、许可、注册、认证、颁发证照等，下同）或者验收的，必须严格依照有关法律、法规和国家标准或者行业标准规定的安全生产条件和程序进行审查；不符合有关法律、法规和国家标准或者行业标准规定的安全生产条件的，不得批准或者验收通过。对未依法取得批准或者验收合格的单位擅自从事有关活动的，负责行政审批的部门发现或者接到举报后应当立即予以取缔，并依法予以处理。对已经依法取得批准的单位，负责行政审批的部门发现其不再具备安全生产条件的，应当撤销原批准。

第六十四条 负有安全生产监督管理职责的部门对涉及安全生产的事项进行审查、验收，不得收取费用；不得要求接受审查、验收的单位购买其指定品牌或者指定生产、销售单位的安全设备、器材或者其他产品。

第六十五条 安全生产监督管理部门和其他负有安全生产监督管理职责的部门依法开展安全生产行政执法工作，对生产经营单位执行有关安全生产的法律、法规和国家标准或者行业标准的情况进行监督检查，行使以下职权：

（一）进入生产经营单位进行检查，调阅有关资料，向有关单位和人员了解情况。

（二）对检查中发现的安全生产违法行为，当场予以纠正或者要求限期改正；对依法应当给予行政处罚的行为，依照本法和其他有关法律、行政法规的规定作出行政处罚决定。

（三）对检查中发现的事故隐患，应当责令立即排除；重大事故隐患排除前或者排除过程中无法保证安全的，应当责令从危险区域内撤出作业人员，责令暂时停产停业或者停止使用相关设施、设备；重大事故隐患排除后，经审查同意，方可恢复生产经营和使用。

（四）对有根据认为不符合保障安全生产的国家标准或者行业标准的设施、设备、器材以及违法生产、储存、使用、经营、运输的危险物品予以查封或者扣押，对违法生产、储存、使用、经营危险物品的作业场所予以查封，并依法作出处理决定。

第六十六条 生产经营单位对负有安全生产监督管理职责的部门的监督检查人员（以下统称安全生产监督检查人员）依法履行监督检查职责，应当予以配合，不得拒绝、阻挠。

第六十七条 安全生产监督检查人员应当忠于职守，坚持原则，秉公执法。

安全生产监督检查人员执行监督检查任务时，必须出示有效的监督执法证件；对涉及被检查单位的技术秘密和业务秘密，应当为其保密。

第六十八条 安全生产监督检查人员应当将检查的时间、地点、内容、发现的问题及其处理情况，作出书面记录，并由检查人员和被检查单位的负责人签字；被检查单位的负责人拒绝签字的，检查人员应当将情况记录在案，并向负有安全生产监督管理职责的部门报告。

第六十九条 负有安全生产监督管理职责的部门在监督检查中，应当互相配合，实行联合检查；确需分别进行检查的，应当互通情况，发现存在的安全问题应当由其他有关部门进行处理的，应当及时移送其他有关部门并形成记录备查，接受移送的部门应当及时进行处理。

五、《江苏省防洪条例》(节选)

第十一条 本省境内国家确定的重要江河以及省际边界河道的规划治导线按照国务院水行政主管部门批准的执行。

省确定的重要河道以及市际边界河道的规划治导线，由省水行政主管部门拟定，报省人民政府批准。

其他河道的规划治导线分别由设区的市、县水行政主管部门拟定，报本级人民政府批准。

第十二条 河道、湖泊等防洪工程实行统一管理和分级管理相结合的制度。省管的河道、湖泊等防洪工程，除省属单位管理的外，省水行政主管部门负责对河道、湖泊管理范围内建设项目占用堤防、岸线、水域的审查，工程管理状况的检查监督，对防汛岁修以及重点工程除险加固给予经费补助；设区的市、县水行政主管部门按照属地管理的原则实施具体管理，加强维修、养护，确保工程安全运行。

县级以上地方人民政府可以在重要河道堤防管理范围的相连地域划定堤防安全保护区，并予以公告。在城市或者村镇规划区范围内的堤防安全保护区，应当由设区的市、县人民政府在城市规划或者村镇规划中明确。

第十三条 在河道管理范围内采砂、取土等，应当依法报经批准，并按照批准的范围、时间、地点和作业方式开采，确保防洪安全、航运安全、河势稳定。

在本省长江水域内的采砂活动，按照《江苏省人民代表大会常务委员会关于在长江江苏水域严禁非法采砂的决定》执行。

第十四条 开发利用河道、湖泊、湖荡、滩涂，包括岸线、荡滩、水面等，必须符合本地区的防洪规划，涉及入海河口的还应当符合河口整治规划。开发利用规划应当按照规划审批管理的权限，事先经水行政主管部门审查同意。

第十五条 禁止在湖泊、湖荡内围湖造地，圈圩养殖。已经圈圩的，应当按照防洪规划的要求进行治理，有计划地实施退地、平圩还湖或者合理调整利用。

禁止围垦河道。确需围垦的，应当进行科学论证，经水行政主管部门确认不妨碍行洪、输水后，报省以上人民政府批准。

第十六条 在长江、淮河、太湖集水区域范围内，应当保护和扩大森林植被，涵养水源，加强流域性水土保持的综合治理。

河道、湖泊、海堤、涵闸管理单位应当在适宜植树造林地段营造护堤林、护岸林，任何单位和个人不得任意采伐。

第二十条 防洪工程设施应当严格按照国家有关法律、法规和技术规范、规程、标准进行设计、施工、监理和验收，确保工程质量符合要求。防洪工程设施建设实行项目法人责任制，项目法人对工程质量负全面责任。设计、施工、监理单位按照合同及有关规定对各自承担的工作负责。

防洪工程设施建设应当按照国家有关规定实行招标、投标，不得违法分包，禁止将工程转包。

第二十一条 城市建设应当按照城市防洪规划要求，严格控制建设用地竖向标高，兼顾低洼地改造、城市河道整治、排水管网敷设、泵站建设。在进行房地产开发时，必须同时对开发区域采取相应的防洪排涝措施。

城市人民政府建设行政主管部门应当依据防洪规划，加强对城区排水管网、泵站等排涝工程设施的建设与管理。

县级以上水行政主管部门应当加强对穿越城区的具有防洪功能的流域性、区域性的河道及其水利工程设施的建设和管理。

第二十二条 任何单位和个人不得占压、拆卸、穿凿、挖掘、堵塞、填埋城市防洪排涝设施，不得擅自在城市防洪排涝设施安全保护范围内进行爆破、打桩、修建建筑物、构筑物，不得向城市河道倾倒垃圾以及实施其他危害城市防洪设施的行为。

第二十三条 县级以上水行政主管部门，应当加强水政监察，依照有关法律、法规的规定查处危害防洪工程设施的行为，确保防洪工程设施的安全与完好。

第二十九条 在汛期，水库、闸坝和其他水工程设施的运用，必须执行经批准的汛期水情调度方案。

大中型水库(不含石梁河水库)汛期水情调度方案由所在设区市防汛指挥机构拟定，由省防汛指挥机构批准和实施调度。小型水库汛期水情调度方案，由设区的市、县防汛指挥机构根据省水情调度方案制定和实施调度，报省防汛指挥机构备案。

水库不得擅自在汛期限制水位以上蓄水和任意压缩泄洪流量，汛期限制水位以上防洪库容的运用和泄洪流量，必须服从防汛指挥机构的调度指挥和监督。

预报水库水位超过汛期限制水位并将泄洪时，水库管理机构应当根据防汛指挥机构的调度指令及时向库区及下游地方人民政府通报。

第三十条 本省的防汛期为每年5月1日至9月30日。特殊情况下，省人民政府防汛指挥机构可以宣布提前或者延长防汛期。当江河、湖泊的水情预报接近设计洪水位或者历史最高洪水位，水库水位接近设计洪水位或者防洪工程设施发生重大险情时，县级以上地方人民政府防汛指挥机构可以宣布进入紧急防汛期。

第三十一条 当长江、淮河、太湖、洪泽湖、沂沭泗等重要堤段超过警戒水位，堤防发生严重险情，需要部队参加抗洪抢险时，由设区的市防汛指挥机构向省防汛指挥机构提出需要抢险的时间、地点、险情类别和请求动用部队的兵力、装备等，并由省防汛指挥机构与省军区联系安排。地方应当为部队提供有关后勤保障，并负责供给常规性的抢险工具。

第三十二条 防汛物资实行分级负担、分级储备、分级使用、分级管理、统筹调度的原则。省储备的物资主要用于流域性防洪工程的防汛抢险；设区的市、县储备的物资主要用于本行政区域内防洪工程的防汛抢险。有防汛抗洪任务的乡镇和企业、事业单位应当储备必要的防汛物资，主要用于本地区和本单位防汛抗洪工作。

储备的防汛物资应当服从上级防汛指挥机构的统一调度，调用的物资按照规定进行补偿。

第三十三条 发生洪涝灾害后，受灾地区的人民政府应当组织有关部门和单位，帮助灾区群众恢复和发展生产，恢复正常的社会生活秩序，修复水毁防洪工程设施，所需经费应当优先列入本级人民政府和有关部门的年度计划。

第三十四条 地方各级人民政府应当鼓励社会各单位和个人参加洪水保险，增强社会保障。

第三十五条 县级以上地方人民政府应当加强防洪工程设施建设，按照规定用于水利的财力投入，应当优先保证防洪工程设施建设资金的需要。

第三十六条 河道、湖泊以及海堤的治理和防洪工程设施的建设和维护管理所需资金，按照事权和财权相统一的原则，分级负责。除中央财政投入外，省财政预算中安排的资金，主要用于省重点工程的建设以及省管工程的维护管理。设区的市、县财政应当承担本地区内防洪工程设施的建设和维护管理所需资金。城市防洪工程设施的建设和维护管理所需资金,由城市人民政府承担。

第三十七条 省财政应当在预算中安排资金用于本省遭受特大洪涝灾害地区的抗洪抢险和流域性、重点水毁工程及防汛、水文测报设施的修复。设区的市、县人民政府应当在本级财政预算中安排资金,用于本行政区域内遭受特大洪涝灾害地区的抗洪抢险、防汛和水文测报设施及水毁防洪工程修复。

第三十八条 县级以上地方各级人民政府应当根据法律、法规和国务院、省人民政府的规定,设立水利建设基金,筹集防洪保安资金。防洪保安资金纳入水利建设基金管理,用于防洪工程和水利重点工程的建设和维护。

六、《江苏省河道管理条例》(节选)

第十四条 河道保护规划应当符合流域、区域综合规划和防洪、水资源等专业规划,与土地利用总体规划、城乡建设规划、环境保护规划、生态红线保护规划等规划相衔接。其他专业规划应当与河道保护规划相协调。

第十九条 修建河道工程,在工程设计中应当包括主体工程和观测、防汛、自动控制(监控)、水文、管理用房等各类管理基础设施和附属设施,明确工程管理范围。工程概算中应当包含上述工程设施的投资。在工程开工前应当依法办理用地手续,确定土地权属。工程竣工验收时,应当将上述工程一并验收,并将有关资料(包括不动产权属证书)移交工程管理单位。

第二十三条 河道管理范围内护堤护岸林木不得擅自砍伐。采伐河道管理范围内水利防护林的,应当依法办理采伐许可手续,并按照规定更新补种。其他部门在河道管理范围内营造的林木,其日常管理和更新采伐应当满足河道行洪排涝、防汛抢险、工程安全和水土保持的需要。

第二十五条 禁止擅自围垦河道。因江河治理需要围垦的,应当经过科学论证,并经省水行政主管部门同意后报省人民政府批准。已经围河造地的,应当制定计划,明确时限,按照国家规定的防洪标准进行治理,退地还河。

第二十六条 禁止填堵、覆盖河道。

因城市建设确需填堵原有河道的沟叉、贮水湖塘洼淀和废除原有防洪围堤的,应当按照管理权限,报城市人民政府批准,并按照等效等量原则进行补偿,先行兴建替代工程或者采取其他补偿措施,所需费用由建设单位承担。

第二十七条 在河道管理范围内禁止下列活动:

(一)倾倒、排放、堆放、填埋矿渣、石渣、煤灰、泥土、泥浆、垃圾等废弃物;

(二)倾倒、排放油类、酸液、碱液等有毒有害物质;

(三)损坏堤防、护岸、闸坝等各类水工程建筑物及防汛、水文、通讯、供电、观测、自动控制等设施;

(四)在行洪、排涝、输水河道内设置影响行水的建筑物、构筑物、障碍物或者种植阻碍行洪的林木或者高秆作物;

(五)在堤防和护堤地建房、垦种、放牧、开渠、打井、挖窖、葬坟、晒粮、存放物料、开采地下资源、进行考古发掘以及开展集市贸易活动;

(六)其他侵占河道、危害防洪安全、影响河势稳定和破坏河道水环境的活动。

第三十一条 在河道管理范围内建设工程设施,应当符合防洪要求、河道保护规划和相关技术标准、技术规范,不得妨碍河道行洪输水、航运畅通,不得危害堤防安全、影响河势稳定。

修建前款规定的工程设施占用水域的,应当根据建设项目所占用的水域面积、容量及其对水域功能的不利影响,由建设单位或者个人建设等效替代水域工程。

经批准的工程设施的性质、规模、地点、用途确需变更的,建设单位或者个人应当向水行政主管部门重新办理审批手续。工程设施主体变更的,承接单位或者个人应当到水行政主管部门办理主体变更手续。

第三十二条 河道管理范围内的工程设施施工时，建设单位或者个人应当在开工前将施工方案报水行政主管部门备案，并严格按照施工方案进行施工，承担施工期间和施工范围内的防汛工作。施工围堰或者临时阻水设施影响防洪安全的，建设单位或者个人应当按照防汛指挥机构的紧急处理决定，限期清除或者采取其他紧急补救措施；施工结束后应当及时清理现场、清除施工围堰等设施，恢复河道原状。

对河道堤防等水工程设施造成损害或者造成河道淤积的，建设单位或者个人应当负责修复、清淤或者承担维修费用。

第三十四条 河道管理范围内经批准建设的工程设施，建设单位或者个人应当保持防汛通道（包括堤顶道路）畅通，不得阻断。本条例实施前已经阻断的，应当采取措施，恢复畅通。

第三十六条 在河道管理范围内开展水上旅游、水上运动等活动，应当符合河道保护规划，不得影响河道防洪安全、行洪安全、工程安全和公共安全，不得污染河道水体。

第四十条 县级以上地方人民政府可以根据河道的水情、工情、汛情和管理需要，设定河道禁采区和设立禁采期，并予以公告。

下列区域应当划为禁采区：

（一）堤防及护堤地、河道整治工程、水库大坝、水文观测设施、水环境监测设施、涵闸以及取水、排水、水电站等工程及其附属设施安全保护范围；

（二）河道顶冲段、险工险段；

（三）桥梁、穿河电缆、管道、隧道等工程及其附属设施安全保护范围；

（四）饮用水水源保护区。

主汛期、超过警戒水位期间应当确定为禁采期。

第五十一条 违反本条例第三十一条第二款规定，未建设等效替代水域工程，或者违反本条例第三十二条第一款规定，未按照防汛指挥机构紧急处理决定处置施工围堰、临时阻水设施或者施工结束后未及时清理现场清除施工围堰等设施的，由县级以上地方人民政府水行政主管部门责令限期改正，处以一万元以上十万元以下罚款；逾期不改正的，由县级以上地方人民政府水行政主管部门代为实施，所需费用由违法单位和个人承担。

第五十二条 违反本条例第三十四条规定，阻断防汛通道的，由县级以上地方人民政府水行政主管部门责令限期改正；逾期不改正的，由县级以上地方人民政府水行政主管部门代为实施，所需费用由违法单位和个人承担，并处一万元以上五万元以下罚款。

第二章 规程规范

一、中央防汛抗旱物资储备管理办法

(一) 总 则

第一条 为保障抗洪抢险和抗旱减灾的需要,规范中央防汛抗旱物资储备、调用和经费管理,依据《中华人民共和国预算法》、《中华人民共和国防洪法》、《中华人民共和国防汛条例》、《中华人民共和国抗旱条例》等有关法律法规,制定本办法。

第二条 中央防汛抗旱物资(以下简称中央物资),是指中央财政安排资金,由水利部负责购置、储备和管理,用于支持遭受严重洪涝干旱灾害地区开展防汛抢险、抗旱减灾、救助受洪灾旱灾威胁群众应急需要的各类物资。

第三条 中央物资管理坚持"定额储备、专业管理、保障急需"的原则。中央物资的有关技术标准由水利部负责制定。

第四条 中央物资购置、补充、更新经费和储备管理费,属于中央财政资金,必须专款专用,严禁挪作他用。

(二) 储备定额、品种

第五条 中央物资储备定额由国家防汛抗旱总指挥部(以下简称国家防总)根据全国抗洪抢险、抗旱减灾的需要确定。

储备定额的调整,由水利部商财政部后报国家防总批准。

第六条 中央物资品种包括防汛物资和抗旱物资。

(1) 防汛物资。包括编织袋、复膜编织布、防管涌土工滤垫、围井围板、快速膨胀堵漏袋、橡胶子堤、吸水速凝挡水子堤、钢丝网兜、铅丝网片、橡皮舟、冲锋舟、嵌入组合式防汛抢险舟(艇)、救生衣、管涌检测仪、液压抛石机、抢险照明车、应急灯、打桩机、汽柴油发动机、救生器材等。

(2) 抗旱物资。包括大功率水泵、深井泵、汽柴油发电机组、输水管、找水物探设备、打井机、洗井机、移动浇灌、喷滴灌节水设备和固定式拉水车、移动净水设备、储水罐等。

第七条 中央物资属国家专项储备物资,必须"专物专用"。未经国家防总批准,任何单位和个人不得动用。

(三) 储备管理

第八条 物资储备由水利部或已授权的代储单位与仓库签订代储合同。

第九条 水利部负责储备管理,其职责:

(1) 制定储备管理制度,对代储单位和仓库进行业务指导,监督各项管理制度的贯彻执行;

(2) 定期检查中央物资的保管养护情况;

(3) 监督仓库按规定管理、使用储备管理费,定期检查储备管理费的使用情况;

(4) 负责中央物资的调用管理;

(5) 负责调出的中央物资按期归还和补充;

(6) 负责向财政部报送中央物资储备、调用、补充和更新计划及经费使用情况。

第十条 代储单位负责协助水利部做好储备管理工作,其职责:

(1) 负责中央物资入库验收工作;

(2) 负责对仓库的工作进行指导、检查、监督;

(3) 负责组织协调紧急调运中央物资工作;

(4) 根据授权和仓库签订代储合同。

第十一条 仓库负责储备日常管理,其职责:

(1) 定期向水利部和代储单位报送中央物资储备管理情况;

(2) 严格执行调度命令,负责中央物资的紧急调运工作;

(3) 按照中央物资不同的特性和储备要求,加强仓库现代化建设,不断提高中央物资储备管理水平;

(4) 参加中央物资的入库验收,负责清点、检查中央物资的接收入库;

(5) 每年年底,向水利部和代储单位报告中央物资调用和库存情况。

(四) 调 用

第十二条 中央物资用于大江大河(湖)及其重要支流、重要防洪设施抗洪抢险、防汛救灾、以及严重干旱地区抗旱减灾的需要。

第十三条 防汛抗旱救灾需要的物资,首先由地方储备的防汛抗旱物资自行解决。确因遭受严重水旱灾害并符合第十二条规定,需要调用中央物资的,应由省、自治区、直辖市防汛抗旱指挥部(以下简称申请单位)向国家防总提出申请,经批准后调用。若情况紧急,也可先电话报批,后补手续。申请的内容包括调用中央物资的品名、用途、数量、运往地点、时间要求等。

第十四条 代储单位接到国家防总调令后,应当立即组织仓库发货,由仓库快速将中央物资运抵指定地点,并及时向国家防总、水利部反馈调运情况。

第十五条 调用中央物资所发生的调运费用,由申请单位直接与调出物资的仓库结算。

第十六条 申请单位要做好中央物资的接收工作。防汛抢险或者抗旱减灾工作结束后,未动用或可回收的中央物资,由申请单位负责回收,经修复保养后,返还调出物资的仓库存储。已消耗的或使用后没有修复价值的中央物资,由申请单位在规定的时间内,按调出物资的规格、数量、质量重新购置返还给指定的仓库储备。

第十七条 国家防总启动Ⅰ级或Ⅱ级防汛抗旱应急响应级别时,地方应对该响应级别申请调用并已消耗或使用后没有修复价值的中央物资,可申请核销。

第十八条 水利部直属流域机构(以下简称“流域机构”)申请用于中央直属工程的中央物资,未动用或可回收的,由流域机构负责回收,经修复保养后,返还调出的仓库存储。已消耗或使用后没有修复价值的中央物资,可申请核销。

第十九条 符合第十七条、第十八条规定可申请核销,以及因储存年限到期或非人为破损需要报废的中央物资,应当严格履行审批手续,未经批准不得自行核销或报废。

(1) 对因储存年限到期或非人为破损需报废的中央物资,仓库要组织清产核资,及时专题报告水利部,说明原因和具体处理意见。由水利部按照《行政单位国有资产管理暂行办法》(财政部令第35号)和《中央行政单位国有资产处置收入和出租出借收入管理暂行办法》(财行〔2009〕400号)有关规定办理审批报废手续。

(2) 申请核销中央物资,申请单位、流域机构应当委托具有资产评估资质的评估机构进行资产评估,如实向资产评估机构提供有关情况和资料,并对所提供的情况和资料的客观性、真实性和合法性负责。

第二十条 申请核销中央物资,在资产评估机构出具资产评估报告后,由申请单位、流域机构随同申请文件一并报水利部。水利部按照《行政单位国有资产管理暂行办法》(财政部令第35号)和《中央行政单位国有资产处置收入和出租出借收入管理暂行办法》(财行〔2009〕400号)有关规定办理审批核销手续。单位价值或者批量价值在规定限额以上物资的核销,由水利部审核后报财政部审批;单位价值或者批量价值在规定限额以下物资的核销,由水利部审批,并将审批结果报财政部备案。

中央物资报废处置或核销的残值收入,全部上缴中央国库,纳入预算。

(五)补充、更新购置费和储备管理费

第二十一条 中央物资补充、更新购置费是指按第十九条、第二十条规定,对经批准报废或核销的物资进行补充、更新所需要的经费。

第二十二条 中央物资补充、更新购置费由财政部根据国家防总批准的储备定额、物资价格及物资运往仓库运费确定。

水利部应在中央物资达到储备期限的当年,向财政部申报补充、更新购置费预算建议。财政部审核后按照部门预算管理规定拨付补充、更新购置费。水利部应及时完成中央物资补充、更新工作。

第二十三条 因管理不善或人为因素导致毁损的中央物资,其补充、更新购置费由仓库负责。

第二十四条 中央物资的采购,按照政府采购有关规定执行。

第二十五条 中央物资的验收,应当按照防汛抗旱物资验收的有关规定执行。

第二十六条 中央物资的年储备管理费,按储备物资价值的百分之八计算。上年度物资储备管理费,在次年的第一季度,由财政部根据水利部报送的预算建议审核后拨付。

储备管理费的使用范围应在签订的合同中明确。

第二十七条 各仓库要加强储备管理费的使用管理,专账收支,专款专用,单独核算。在次年 4 月底前将上一年度储备管理费使用情况和财务决算报水利部备案。

第二十八条 水利部应在每年 5 月底前向财政部报送中央物资储备、调用、补充、更新情况及经费安排使用、结余情况。

(六)附 则

第二十九条 中央物资储备、调用、补充、更新及经费管理工作,要自觉接受审计部门、财政部门的监督检查。存在财政违法行为的,依照《财政违法行为处罚处分条例》(国务院令第 427 号)进行处理。

第三十条 本办法自发布 2011 年 12 月 1 日起施行。

财政部、水利部颁发的《中央级防汛物资管理办法》(财农〔2004〕241 号)同时废止。

二、中央防汛抗旱物资储备管理办法实施细则

一、总则

第一条 为进一步规范中央防汛抗旱物资储备、调用和管理,根据《财政部、水利部关于印发〈中央防汛抗旱物资储备管理办法〉的通知》(财农(2011)329 号),制定本实施细则。

第二条 中央防汛抗旱储备物资(以下简称中央物资)属国家专项储备物资,必须专物专用,由国家防汛抗旱总指挥部办公室(以下简称国家防总办公室)负责储备管理,未经国家防总办公室批准,任何单位和个人不得动用。

第三条 国家防总办公室授权有关省(自治区、直辖市)防汛抗旱办公室和水利部流域管理机构防汛抗旱办公室(以下简称代储单位)代储中央物资。代储单位与有关储备中央物资的仓库(以下简称中央仓库)签订《中央防汛抗旱物资储备管理合同》(合同样本详见附件 1),明确储备管理相关职责。

第四条 中央物资购置、补充、更新经费和储备管理费,属于中央财政专项资金,必须专款专用,严禁挪作他用,并自觉接受财政、审计部门的监督检查。

二、购置与验收

第五条 新购置的中央物资运达仓库后,由中央仓库负责物资卸货入库。代储单位依据国家防总办公室文件、采购合同和相关技术标准负责组织物资验收。验收需成立验收组,验收组由代储单位、中央仓库等有关方面人员组成。

第六条 验收组在核对验收物资品种、规格、数量、包装以及生产日期等确认无误,完成物资外观验收后,填写《中央防汛抗旱物资验收入库报告单》(详见附件 2),办理物资台账登记手续,并报国家防总办公室

和代储单位。对不符合验收要求的物资不予验收入库，由代储单位及时通知供货方更换为合格产品或根据合同约定处理。

三、储备与管理

第七条 中央仓库要建立健全岗位职责、值班巡查、验收发货、维护保养、消防安全、物资台账、财务管理等各项规章制度和物资应急调用预案。

第八条 中央物资实行专库存储、专人管理，不得与地方物资混库存储(有恒温等特殊存储要求的物资除外)。仓库须配备专职管理人员，专职管理人数满足中央物资储备管理实际需要。

第九条 仓库库房须满足中央物资储备管理需要。库房总面积不低于 3 000 平方米，具有良好的通风、防潮、避光、保温和防鼠、防虫和防污染等条件，配备视频监控、防雷、消防和装卸机械等设施设备，以及办公和管理用房等。对温度、湿度有特殊要求的物资须设有恒温库房。

第十条 仓库库房须留有搬运通道，库内干净整洁，物资码放整齐，满足消防安全管理要求，标牌明显(标明品名、数量、入库时间、生产日期、储存年限和供货单位等信息)。同种物资按照入库时间顺序整齐码垛，带有电瓶的设备要将电瓶卸下单独存放，油料驱动的设备要放空油料储存。物资严禁接触酸、碱、氧化剂、有机溶剂和易燃易爆等危险品(中央物资仓储要求详见附件 3)。

第十一条 中央仓库要按照物资维修保养要求做好物资维护保养工作，确保物资始终处于良好状态，保障随时调用。每年 4 月底之前，须对中央物资进行全面检查和维护保养，详细记录相关情况，并将中央物资检查保养情况书面报告国家防总办公室和代储单位(中央物资维修保养要求详见附件 3)。

四、调用与返还

第十二条 中央仓库实行 24 小时值班制度，汛期和紧急抗旱期增加值班力量，保持通讯畅通，确保仓库负责人员可随时取得联系。各仓库要切实落实中央物资调运预案，随时做好物资调运的各项准备。

第十三条 接到国家防总办公室物资调用通知后，代储单位要立即组织中央仓库发运物资，中央仓库要在最短时间(一般不应超过 3 小时)内完成物资起运，并派专人押运。需要协调铁路、航空运力的，可报请国家防总办公室协调支持。

第十四条 中央物资调出后，中央仓库要及时将《中央防汛抗旱物资调用报告单》(详见附件 4)报告国家防总办公室和物资接收单位。中央物资运抵目的地后，押运人员与物资接收单位及时办理交接手续。

第十五条 调用中央物资所发生的运输费用，由调出物资的中央仓库先行垫付，并在物资起运前书面告知申请调用单位。抢险救灾任务结束后，由申请调用单位直接与调出物资的中央仓库结算。

第十六条 防汛抢险抗旱救灾工作结束后，除符合《中央防汛抗旱物资储备管理办法》第十七条、第十八条规定办理物资核销外，调用后可回收的物资，由申请调用单位负责回收和维修保养，并出具合格证明，返还调出仓库，所发生费用由申请调用单位负责承付。已消耗的或使用后没有修复价值的，由申请调用单位按调出物资的规格、数量重新购置返还给指定的中央仓库，返还所发生的购置费、运输费等由申请调用单位负责。返还或新购置的物资到达中央仓库后，由接收物资的代储单位按第五条、第六条规定，组织验收入库。调用单位与代储单位为同一单位时，返还物资由国家防总办公室组织验收。

五、储备年限及报废核销

第十七条 物资报废是指对达到中央物资储备年限，或因非人为因素造成严重损坏，或属于国家统一公布的淘汰不可继续使用的物资进行报废。

第十八条 中央物资储备年限依据国家有关规定和各类物资老化试验结果等因素确定，按首次验收入库时间起计算(中央物资储备年限详见附件 3)。

第十九条 申请报废中央物资依照以下规定和程序进行：

1. 达到储备年限的中央物资报废，由中央仓库向代储单位提出物资报废申请报告，代储单位经审核后专题报告国家防总办公室申请报废。

2. 未达到储备年限非人为破损申请报废的物资，中央仓库要聘请具有资质的专业技术鉴定机构鉴定，或组织相关领域5位以上专家做出技术评定。代储单位根据技术鉴定或评定意见，向国家防总办公室提出物资报废申请，内容包括申请报废物资的品名、数量、储存时间、报废原因和具体处理意见和建议等。

3. 国家防总办公室在对申请报废的中央物资进行审核的基础上，依据《行政单位国有资产管理暂行办法》(财政部令第35号)和《中央行政单位国有资产处置收入和出租出借收入管理暂行办法》(财行(2009)400号)有关规定办理审批报废手续。

第二十条 代储单位根据报废物资的批复，及时组织中央仓库进行报废处理，报废物资处置需符合环保和废弃物处理有关安全管理要求。对无残值的物资可采取直接销毁方式处理，具有一定残值的物资可采取公开竞拍的方式，按废品销售方式处理。

第二十一条 报废物资发生的相关费用由中央仓库先行垫支，并在报废物资回收残值中扣除，不足部分从物资储备管理费中支出。待报废物资处置工作结束后，中央仓库负责将回收残值(净值)上交国库，并将报废物资处置相关手续(复印件)及处置情况报国家防总办公室和代储单位。已经批准报废的物资，中央仓库要及时做好台账处理。

第二十二条 符合《中央防汛抗旱物资储备管理办法》第十七条、第十八条规定，调用的中央物资中已消耗或使用后没有修复价值的，由申请调用单位委托具有资产评估资质的评估机构进行资产评估，做出物资核销评估报告，与申请核销文件一并报国家防总办公室。批准核销后，申请调用单位负责核销物资处理及残值回收，所回收的残值上交国库，并将核销物资处置相关手续(复印件)和处置情况报国家防总办公室。

六、储备管理费使用

第二十三条 中央物资储备管理费按每年储备中央物资总价值的8%计算，于次年一季度直接拨付给中央仓库。当年增加储备和返还的中央物资，从入库日期的下月起支付管理费；当年核销、报废和调出的物资，从批准报废、核销和调出日期下月起不再支付管理费。

第二十四条 中央物资储备管理费使用和管理，严格按照《中央防汛抗旱物资储备管理办法》和财政资金使用管理相关规定执行，使用范围在签订的合同中明确。

第二十五条 储备管理费属于中央财政专项资金，代储单位和中央仓库要切实加强使用管理，专账收支，专款专用，单独核算。

第二十六条 每年4月底前，中央仓库要将上年度中央物资储备管理总结、财务年终决算报表，报告国家防总办公室和代储单位。

七、附则

第二十七条 本实施细则自发布之日起施行，《中央防汛抗旱物资储备管理办法实施细则》(办减(2011)35号)同时废止。

第二十八条 本实施细则由国家防汛抗旱总指挥部办公室负责解释。

附件 1：

XXXX 年中央防汛抗旱物资储备管理合同

甲方：防汛抗旱指挥部办公室

乙方：中央防汛抗旱物资仓库

为保障防汛抗旱物资抢险救灾急需，严格落实中央防汛抗旱物资储备职责，规范中央防汛抗旱物资储备、调用和经费管理，依据《中华人民共和国合同法》、《中央防汛抗旱物资储备管理办法》、《中央防汛抗旱物资储备管理办法实施细则》等法律、规定，甲、乙双方签订以下合同。

第一条 乙方储有中央防汛抗旱物资价值________万元，其中防汛物资价值________万元、抗旱物资价值________万元。详细品种、数量和价值详见合同附件。

第二条 甲方职责：

1. 负责对乙方承担的物资储备管理、维护保养等工作以及储备管理费使用进行检查、监督和指导，监督乙方严格落实《中央防汛抗旱物资储备管理办法》、《中央防汛抗旱物资储备管理办法实施细则》。

2. 负责组织乙方开展中央防汛抗旱物资入库验收。

3. 负责组织协调乙方紧急调运中央防汛抗旱物资。

4. 负责指导督促乙方按规定向国家防总办公室报送物资管理、维修、保养、调运、返还以及管理费用使用情况等。

5. 负责监督乙方严格按规定使用物资储备管理费。

第三条 乙方职责：

1. 负责清点、检查、接收入库防汛抗旱物资，配合甲方做好入库物资验收工作。

2. 做好防汛抗旱物资储备的日常管理工作，定期向甲方和国家防总办公室报送物资管理、维修、保养、调运、返还以及管理费用使用情况等。

3. 严格执行国家防汛抗旱总指挥部办公室的物资调度令，做好中央防汛抗旱物资的紧急调运工作。

4. 按照中央物资存储要求，做好库房管理维修工作，确保储备条件满足要求。

5. 负责中央防汛抗旱物资报废处理等相关工作。

6. 严格按照《中央防汛抗旱物资储备管理办法》和财政资金使用管理相关规定，管好用好中央防汛抗旱物资储备管理费，管理费使用范围主要包括仓库运行费、仓库维护费、物资维护保养费、物资保险费、人工费和办公费等支出。

第四条 本合同执行期限为 年 月 日至 年 月 日。

第五条 本合同一式四份，经甲、乙双方签字、盖章后生效，甲方执一份、乙方执二份，报国家防汛抗旱总指挥部办公室一份。

甲方签字：	乙方签字：
（盖章）	（盖章）
年 月 日	年 月 日

______仓库储备物资品种及价值明细表样

序号	物资名称及规格	代码	数量	入库时间	采购单价（元）	物资价值（万元）
防汛物资						
1						
2						
3						
4						
5						
抗旱物资						
1						
2						
3						
4						
5						
合计						

填报人：　　　　　　　　仓库负责人：　　　　　　　　填报日期：

附件 2：

中央防汛抗旱物资验收入库报告单

代储单位：				
仓库名称：				
供货单位或生产厂家：				
物资入库属性：新增物资 □ 返还物资 □ 调配物资 □				
序号	物资品名及规格型号	数量	单价	总价值
合计				
验收意见：				
验收组长签字：	仓库负责人签字：（盖章）年 月 日			
附件：验收报告				

附件3：

中央防汛抗旱物资仓储、维护保养及存储年限规定

一、物资仓储要求

1. 橡胶类物资、橡套电缆在恒温库房存储，室内安装温控设备，温度保持0—25摄氏度，相对湿度小于70%。橡胶子堤、橡胶储水罐在入库前要重新涂撒滑石粉，橡皮舟舟体、橡胶子堤、橡胶船舷、橡胶储水罐在货架上单只(组)摆放，橡套电缆在隔潮垫层上(高度0.2米)整齐码放。

2. 存储查险灯、强光搜索灯、找水物探设备、管涌检测仪、救生绳索抛射器、专用空压机(泵)、照明投光灯等仪器设备的库房内要避光，设有通风设施，仪器设备分层码放在货架上。

3. 存储编织袋、复膜编织布、长丝土工布、二布一膜土工布、防管涌土工滤垫、围井围板、快速膨胀堵漏材料、吸水速凝挡水子堤、橡胶子堤护坦布、泡沫救生衣、帐篷篷体、涂塑输水软管、钢丝橡胶管等聚酯合成材料的库房内要严格避光，并设有通风设施。上述物资在隔潮垫层上(高度0.2米)整齐码放并用布质防尘罩罩盖。防管涌土工滤垫和围井围板的码高不得超过10层，防止重压变形。严禁拆开快速膨胀堵漏材料和吸水速凝挡水子堤的密封包装，防止其因破损而自行吸水膨胀。

4. 存储喷水组合式抢险舟、嵌入组合式抢险舟、复合型防汛抢险舟、玻璃钢冲锋舟舟体的库房要求避光，设有通风设施。舟体在入库前要清洗干净，金属件涂敷黄油，舟体叠放不得超过5艘，防止下层舟体重压变形，叠放最下层舟体用3根垫木(截面：120×120 mm)均匀支垫，舟与舟之间的间隔用硬质泡沫块支垫，叠放好的舟体要用布质防尘罩罩盖。

5. 存储汽油船外机、汽(柴)油发电机(组)、净水设备、喷灌机(组)、便携式打桩机、液压抛石机、抢险照明车、水泵、洗井空压机组、打井机设备等机械的库房内要避光，设有通风设施。抢险照明车、拖车柴油发电机组、液压抛石机、绞盘式喷灌机车体前后要有支撑杆支撑。其他设备叠摞高度按包装箱标明规定码放在隔潮垫层上(高度0.2米)。

6. 存储钢丝网兜、铅丝网片、帐篷支撑架、打井机支架、抢险钢管及扣件等金属材料的库房内要求干燥、通风，下部要设防潮垫层(高度0.2米)，要码放整齐，避免重压，防止物资变形、生锈。

7. 船外机专用机油要单独存放，严禁同其他物资混放，避免重压，防止机油挥发散漏。库房内要避光，设有通风设施并备有专用灭火器材。

二、维护保养要求

1. 橡皮舟、抢险舟橡胶船舷要逐只做8小时气密试验；橡胶子堤、橡胶储水罐要逐只(组)做接缝检查并重新涂撒滑石粉；橡套电缆做外护橡套质量检查。

2. 编织袋、复膜编织布、长丝土工布、二布一膜土工布、防管涌土工滤垫和围井围板、快速膨胀堵漏材料、吸水速凝挡水子堤、橡胶子堤护坦布、泡沫救生衣、帐篷篷体、涂塑输水软管、钢丝橡胶管等物资进行外观检查，并进行防潮倒垛或翻晒，重新投放防虫、鼠药。

3. 喷水组合式抢险舟、嵌入组合式抢险舟、复合型防汛抢险舟、玻璃钢冲锋舟进行舟体外观检查，对非不锈钢金属件做涂敷黄油养护。

4. 汽油船外机、汽(柴)油发电机(组)、水泵、净水设备、洗井空压机组、喷灌机(组)、便携式打桩机、液压抛石机、照明投光灯、打井设备等机械进行外观检查和防锈维护保养。

5、便携式应急查险灯(铅酸电池)逐只进行24小时充电，做照射亮度实验；便携式应急查险灯(锂电池)、

强光搜索灯逐只进行10小时充电，做照射亮度实验；找水物探设备、管涌检测仪每半年充电1次，并开启仪器进行检测；救生绳索抛射器进行绳索拉力试验，碳纤维充气气瓶每年汛前充气到20 MPa储存、调运前充气到30 MPa；专用空压机（泵）进行外观检查和防锈维护保养；抢险照明车逐台做2小时启动运行，做照射亮度实验。

6. 钢丝网兜、铅丝网片、帐篷支撑架、打井机支架、抢险钢管及扣件等金属材料进行外观检查，做防锈处理。

7. 船外机专用机油进行防止挥发渗漏的检查。

8. 使用后回收的物资，机械设备类的要按产品说明书维护保养要求，进行全面的性能维护保养及试机。

三、物资储备年限规定

1. 便携式应急灯（铅酸电池）5年。

2. 编织袋、快速膨胀堵漏材料（编织袋包装）6年。

3. 复膜编织布、吸水速凝挡水子堤、泡沫救生衣（圈）、涂塑输水软管、光学变焦强光搜索灯、便携式应急灯（锂电池）8年。

4. 快速膨胀堵漏材料（麻袋及土工袋包装）、土工无纺布、土工滤垫、装配式围井围板、橡胶子堤、橡皮舟、抢险舟橡胶船舷、堤坝渗漏管涌检测仪、找水物探设备、橡胶储水罐、钢丝橡胶管10年。

5. 绞盘式喷灌机、手推式喷灌机组11年。

6. 液压抛石机、抢险照明车、便携式打桩机、投光照明灯、救生绳索抛射器、橡套电缆、防水帆布帐篷、柴油发电机组、洗井空压机组、大功率水泵、深井潜水泵、泵用变频柜、柴动直联泵、打井机、净水设备12年（净水设备中反渗透膜耗材3年）。

7. 冲锋舟、复合式防汛抢险舟、嵌入组合式抢险舟、喷水组合式抢险舟玻璃钢舟体、汽油船外机、卧式船用发动机、空气压缩机（泵）、汽油发电机15年。

8. 钢丝网兜、铅丝网片、抢险钢管及扣件16年。

9. 船外机专用机油出现容器破损漏油即行更新。

到达储备期限的物资设备经测试或质量检验仍可使用的，可视情延长储备年限。

附件 4：

中央防汛抗旱物资调用报告单

<table>
<tr><td colspan="5">代储单位：</td></tr>
<tr><td colspan="5">仓库名称：</td></tr>
<tr><td colspan="5">调往单位：</td></tr>
<tr><td colspan="5">调用文件名称：</td></tr>
<tr><td>序号</td><td>出库物资品名及规格型号</td><td>数量</td><td>单价</td><td>总价值</td></tr>
<tr><td></td><td></td><td></td><td></td><td></td></tr>
<tr><td></td><td></td><td></td><td></td><td></td></tr>
<tr><td></td><td></td><td></td><td></td><td></td></tr>
<tr><td></td><td></td><td></td><td></td><td></td></tr>
<tr><td colspan="4">合计</td><td></td></tr>
<tr><td colspan="2">运输方式；</td><td colspan="3">发运时间：</td></tr>
<tr><td colspan="2">押运人姓名：</td><td colspan="3">联系电话：</td></tr>
<tr><td colspan="2">仓库负责人签字：

（盖章）

年　月　日</td><td colspan="3">接收单位代表签字：

（盖章）

年　月　日</td></tr>
</table>

三、江苏省省级防汛抗旱物资储备管理办法

（一）总　则

第一条　为进一步规范省级防汛抗旱物资储备、调用和经费管理，切实保障抗洪抢险和抗旱救灾的需要，根据《江苏省防洪条例》、财政部、水利部《中央防汛抗旱物资储备管理办法》（财农〔2011〕329 号）等有关规定，结合我省实际，制定本办法。

第二条　省级防汛抗旱物资（以下简称省级物资），是指省级财政在防汛经费中安排资金，由省水利厅负责购置、储备和管理，用于支持大江大河等流域性堤防及穿堤建筑物、大中型涵闸泵站、水库及重灾区的防汛抢险、救助受洪水威胁群众、抗旱减灾应急需要的各类物资。

第三条　省级物资管理坚持“定额储备、专业管理、保障急需”的原则。有关技术标准按照水利部指定的标准执行。

第四条　省级物资专项经费包括物资购置经费、更新经费和储备管理费，属于省级财政专项资金，必须专款专用，严禁挪作他用。

（二）储备定额、品种

第五条　省级物资储备应按照防汛抗旱统筹兼顾、交叉使用的原则，由省防汛防旱指挥部（以下简称省防指）根据全省抗洪抢险、抗旱减灾的需要确定储备定额。

储备定额的调整由省水利厅商省财政厅后报省防指批准。

第六条　省级物资包括防汛物资和抗旱物资。

（1）防汛物资。主要包括编织袋、复膜编织布、防管涌土工滤垫、围井围板、快速膨胀堵漏袋、橡胶子堤、吸水速凝挡水子堤、钢丝网兜、铅丝网片、橡皮舟、冲锋舟、嵌入组合式防汛抢险舟（艇）、救生衣、管涌检测仪、液压抛石机、抢险照明车、应急灯、打桩机、汽柴油发动机、救生器材等，以及其他防汛抢险需要的物资及设备。

（2）抗旱物资。主要包括大功率水泵、深井泵、汽柴油发电机组、输水管、找水物探设备、打井机、洗井机、移动浇灌、喷滴灌节水设备和固定式拉水车、移动净水设备、储水罐等。

省级物资储备要注重新技术、新产品的推广和运用。根据防汛抗旱技术的发展，适时增加防汛抗旱新材料、新设备的储备，提高省级物资品种的实用性和技术的先进性。

第七条　省级物资属国家专项储备物资，必须“专物专用”。未经省防指批准，任何单位和个人不得动用。

（三）储备管理

第八条　省级物资储备分为省水利厅直属仓库储备、定点代储仓库储备、委托有关单位储备三种形式。

第九条　省水利厅负责省级物资储备管理，具体职责如下：

（1）制定储备管理制度，对代储单位和仓库进行业务指导，监督各项管理制度的贯彻执行；

（2）负责组织省级物资入库验收工作；

（3）定期检查省级物资的保管养护情况；

（4）监督仓库按规定管理、使用储备管理费，定期检查储备管理费的使用情况；

（5）负责省级物资的调用管理；

（6）负责调出的省级物资按期归还和补充；

（7）负责向省财政厅报送省级物资储备、调用、补充和更新计划及经费使用情况。

第十条　储备仓库负责物资储备日常管理，具体职责如下：

（1）参加省级物资的入库验收，负责清点、检查物资的接收入库；

（2）负责仓库日常管理，按照物资不同的特性和储备要求，加强仓库现代化建设，不断提高省级物资储

备管理水平;

(3) 严格执行调度命令,负责省级物资的紧急调运工作;

(4) 定期向省水利厅报送省级物资储备管理、调用和库存情况。

第十一条 委托代储单位要按照省水利厅的储备物资品种、数量等要求做好相应的储备工作,保证调度需要。

第十二条 防汛抗旱物资实行专库存放、专人管理。储备仓库(单位)应建立健全岗位责任制度、值班巡查制度、验收发放制度、维护保养制度、安全消防制度、物资台账制度和管理档案制度等。

第十三条 省级物资验收按照水利部《防汛储备物资验收标准》《抗旱储备物资验收标准》及省有关规定执行。

受省委托,省级物资中防汛块石储存所在地的市、县(区)水利、财政部门可以组织对省级防汛块石的初验。省水利厅根据储备单位、定点仓库及委托市、县(区)的初验报告组织抽检复查,验收合格后结算有关费用。

第十四条 为保证采购质量,省水利厅可委托第三方对防汛块石等物资采购工作进行全过程质量监督。必要时,应委托具有检验(检测)资质的专业机构,按照采购合同要求和国家(或行业)强制质量标准,对所采购物资进行性能、质量等方面的检验检测。

第十五条 仓库应达到专业化、标准化要求,其仓储面积、整体功能、配套设备设施等各方面能够满足防汛抗旱物资储备需求,并落实各项保管和安全措施。

每批(件)物品都应配有明确标签,标明品名、编号(船号)、数量、质量和生产日期、入库时间,做到实物、标签、台账相符。并定期与财务账进行核对。

第十六条 储备仓库(单位)应定期对防汛抗旱物资进行检查,按规定进行保养维护,填写维修养护档案和日志,详细记录维修养护情况,使物资始终处于良好状态,保证随时调用。防汛抗旱物资的检查结果和保养情况于每年4月30日前书面报告省水利厅。

第十七条 储备仓库每年汛后要对库存物资进行清点盘库,核对账目,做好封存工作。储备单位、定点仓库要建立库存物资盘点清查制度,盘点、清查结果应形成书面报告,于每年11月底报省水利厅。

盘点、清查中发现的毁损及需要报废的物资,应查明原因,按照规定报批后处置。

每年汛前、汛后各市应对境内储备的省级防汛块石进行不少于2次的点验,并将点验情况分别于5月1日、11月1日前报省水利厅。

(四) 调 用

第十八条 防汛抗旱物资实行"分级储备、分级管理、分级使用",发生水旱灾害后,首先由市、县(市)储备的防汛抗旱物资自行解决。确因遭受严重水旱灾害并符合第二条规定的,需要调用省级物资的,应由市、县(市)防汛防旱指挥部向省防指提出申请,经批准后调用。若情况紧急,也可先电话报批,后补手续。申请的内容包括调用省级物资的品名、用途、数量、运往地点、时间要求等。

第十九条 储备仓库(单位)接到省防指调令后,应当立即组织发货,快速将省级物资运抵指定地点,并及时向省防指、省水利厅反馈调运情况。

第二十条 申请单位要做好省级物资的接收工作。防汛抢险或者抗旱减灾工作结束后,申请单位应将下调物资使用情况书面报省防指、省水利厅。对未动用或可回收的省级物资,由申请单位负责回收并代储保管;已消耗的或使用后没有修复价值的省级物资,由申请单位在规定的时间内,向省水利厅申请办理核销手续。

第二十一条 省水利厅直属管理处申请用于省属工程的省级物资,未动用或可回收的,由申请单位负责回收,经修复保养后,返还调出的仓库存储。已消耗或使用后没有修复价值的省级物资,可申请核销。

第二十二条 符合第二十条、二十一条规定可申请核销,以及因储存年限到期或非人为破损需要报废的省级物资，应当严格履行审批手续，未经批准不得自行核销或报废。

(1) 对因储存年限到期或非人为破损需报废的省级物资，仓库要组织清产核资，及时专题报告省水利厅，说明原因和具体处理意见。由省水利厅按照《江苏省省级行政事业单位国有资产处置管理办法》(苏财规〔2011〕27号)和《江苏省省级行政事业单位国有资产处置操作规程》(苏财资〔2012〕26号)有关规定办理审批报废手续。

(2) 申请核销省级物资，申请单位应当委托具有资产评估资质的评估机构进行资产评估，如实向资产评估机构提供有关情况和资料，并对所提供的情况和资料的客观性、真实性和合法性负责。

第二十三条 申请核销省级物资，在资产评估机构出具资产评估报告后，由申请单位随同申请文件一并报省水利厅。省水利厅按照苏财规〔2011〕27号和苏财资〔2012〕26号有关规定办理审批报废手续。单位价值或者批量价值在300万元以上(含300万元)物资的核销，由省水利厅审核后报省财政厅审批；单位价值或者批量价值在300万元以下(不含300万元)物资的核销，由省水利厅审批，并将审批结果报省财政厅备案。

省级物资报废处置或核销的残值收入，全额上缴省级国库，纳入预算管理，继续用于省级物资储备。

(五) 补充、更新购置费和储备管理费

第二十四条 省级物资补充、更新购置费是指按第二十二条规定，对经批准报废或核销的物资进行补充、更新所需要的经费。

第二十五条 省级物资补充、更新购置费由省财政厅根据省防指批准的储备定额、物资价格及物资运往仓库运费确定。

省水利厅应在省级物资达到储备期限的当年，向省财政厅申报补充、更新购置费预算建议。省财政厅审核后按照预算管理规定拨付补充、更新购置费。省水利厅应及时完成省级物资补充、更新工作。

第二十六条 因管理不善或人为因素导致毁损的省级物资，其补充、更新购置费由仓库(单位)负责。

第二十七条 省级物资的采购，按照政府采购有关规定执行。

第二十八条 省级物资的年储备管理费，按储备物资价值的百分之八计算。当年物资储备管理费，由省财政厅在第四季度根据省水利厅报送的预算建议审核后拨付。

第二十九条 物资储备管理费包括仓储费(仅限委托代储)、物资日常维护保养费、人工费等内容。

第三十条 各仓库(单位)要加强储备管理费的使用管理，专账收支，专款专用，单独核算。在次年1月底前将上一年度储备管理费使用情况和财务决算报省水利厅备案。

第三十一条 省水利厅应在每年2月底前向省财政厅报送省级物资储备、调用、补充、更新情况及经费安排使用、结余情况。

(六) 附 则

第三十二条 省级物资储备、调用、补充、更新及经费管理工作，要自觉接受审计部门、财政部门的监督检查。存在财政违法行为的，依照《财政违法行为处罚处分条例》(国务院令第427号)进行处理、处罚。

第三十三条 本办法自2012年7月1日起施行。省财政厅、省水利厅印发的《江苏省省级防汛物资管理办法》(苏财农〔2006〕273号)同时废止。

第三章 应急预案

一、江苏省防汛抗旱应急预案

1 总则

1.1 编制目的

做好洪涝干旱灾害的预防和处置工作,保证防汛抗旱工作依法、规范、有序进行,最大限度减少灾害损失,保障经济社会全面、协调、可持续发展。

1.2 编制依据

《中华人民共和国水法》《中华人民共和国防洪法》《中华人民共和国防汛条例》《中华人民共和国抗旱条例》《中华人民共和国河道管理条例》《国家突发公共事件总体应急预案》《国家防汛抗旱应急预案》《抗旱预案编制导则》以及《江苏省防洪条例》《江苏省水利工程管理条例》《江苏省河道管理条例》《江苏省水库管理条例》《江苏省突发事件总体应急预案》等法律法规和流域规划、区域规划及相关流域性、区域性水利工程调度方案等。

1.3 适用范围

适用于我省境内发生的洪涝干旱灾害预防和应急处置。

灾害包括江河湖库洪水、雨涝、风暴潮、山洪、干旱和水库垮坝、堤防决口、涵闸倒塌等及其引发的次生、衍生灾害。

1.4 工作原则

1.4.1 以人为本,安全第一。坚持把保障人民生命财产安全放在首位,最大程度地减少灾害造成的危害和损失。

1.4.2 统一领导,分级分部门负责。各级人民政府是本行政区域内防汛抗旱工作的责任主体,实行行政首长负责制,统一指挥、分级分部门负责。

1.4.3 以防为主,防抗救结合。预防与处置相结合,常态与非常态相结合,强化预防和应急处置的规范化、制度化和法制化。

1.4.4 统筹兼顾,服从全局。坚持因地制宜,城乡统筹,流域区域兼顾,突出重点,局部利益服从全局利益。

1.4.5 快速反应,协同应对。坚持第一时间响应,实行公众参与、军民结合、专群结合、平战结合、上下联动。

2 组织体系

省人民政府设立省防汛抗旱指挥部(以下简称省防指),下设沂沭泗、洪泽湖、里下河、长江、秦淮河、太湖联防指挥部。县级以上地方人民政府设立本级防汛抗旱指挥机构。有关单位可根据需要设立防汛抗旱指挥机构,负责本单位防汛抗旱工作,并服从当地防汛抗旱指挥机构的统一指挥。

2.1 省防汛抗旱指挥部

省防指负责组织领导全省防汛抗旱工作,其日常办事机构省防汛抗旱指挥部办公室(以下简称省防办)由省水利厅、省应急厅共同组成。

2.1.1 省防指组成

省防指由省委、省政府领导任指挥、常务副指挥,省军区副司令员、省政府副秘书长、省水利厅厅长、省应急厅厅长及武警江苏省总队副司令员任副指挥,省水利厅副厅长兼省应急厅副厅长任秘书长,东部战区联合参谋部作战局、省委宣传部、省发展改革委、省教育厅、省工业和信息化厅、省公安厅、省财政厅、省自然资源厅、省生态环境厅、省住房城乡建设厅、省交通运输厅、省水利厅、省农业农村厅、省文化和旅游厅、省卫生健康委、省应急厅、省粮食和储备局、省气象局、省通信管理局、省消防救援总队、省供销社、中国安能建设集团有限公司第二工程局、南京铁路办事处、省电力公司、中石化江苏石油分公司、江苏交通控股公司和省军区、武警江苏省总队、江苏海事局、民航江苏安全监管局为指挥部成员单位。

2.1.2 省防指职责

省防指负责领导、组织全省防汛抗旱工作,主要职责:组织制定全省防汛抗旱工作的政策、规程、制度,启动、结束防汛抗旱应急响应,组织抗洪抢险及抗旱减灾,协调灾后处置。

2.1.3 省防指成员单位职责

东部战区联合参谋部作战局:根据请求,调动并指挥驻苏部队,支持地方抗洪抢险,保护国家财产和人民生命安全,并协助地方组织受灾群众转移和安置。

省委宣传部:组织指导协调防汛抗旱新闻发布和宣传报道;加强舆情收集分析,正确引导舆论;做好防汛抗旱公益宣传、知识普及;协助有关部门做好预警信息的公众发布。

省发展改革委:协调安排防汛抗旱工程建设、除险加固、水毁修复、抗洪抗旱救灾资金和物资储备计划。

省教育厅:负责组织学校开展防汛抗旱宣传,提高师生防范意识和自我防护能力;指导协调校舍防洪保安;协助组织学校师生转移安置;督促指导受灾学校开展灾后自救和恢复教学秩序工作。

省工业和信息化厅:负责指导协调公共通信设施的防洪自保和应急抢护,做好防汛抗旱期间通信保障工作;根据抢险救灾需要,协调调度应急通信设施;协调有关防汛抗旱抢险救灾所需物资器材的供应和调度。

省公安厅:负责维护社会治安和道路交通秩序;依法打击阻挠防汛抗旱工作以及破坏防汛抗旱设施的违法犯罪活动;协助有关部门妥善处置因防汛抗旱引发的群体性治安事件;协助组织群众从危险地区安全撤离或转移。

省财政厅:负责安排省级防汛抗旱基础设施建设、运行管理等经费;落实防汛抗旱应急处置资金;管理和监督防汛抗旱资金使用。

省自然资源厅:组织指导协调和监督因雨洪引发的山体滑坡、崩塌等地质灾害调查评价及隐患的普查、详查、排查;指导开展专业监测等工作;承担地质灾害应急救援的技术支撑工作;负责海洋观测预报、预警监测工作,参与重大海洋灾害应急处置。

省生态环境厅:负责河湖库水质及海洋环境监测预报,及时提供水源污染情况,做好污染源的调查与处理工作。

省住房城乡建设厅:负责指导城市排水防涝工程的规划建设和运行管理,指导协调城市排水防涝相关工作,指导协调城市供水安全保障工作。

省交通运输厅:组织协调公路、水运设施、在建交通工程防洪保安;组织公路桥梁水毁抢修,保障抗洪救灾交通干线的安全畅通;协调抢险救灾物资调运;协助蓄滞洪区人员撤退和物资运输;负责行洪及调水河道船舶和渡口的安全监管。

省水利厅:组织指导水旱灾害防治体系建设;负责水情旱情监测预报及预警信息发布,组织开展水工程调度、日常检查等;负责省级水利防汛抗旱物资储备、管理;负责水利防汛抗旱抢险专业队伍建设;承担防汛抗旱抢险技术支撑工作。

省农业农村厅:负责核查报送农业灾害情况;负责农业生产救灾指导和技术服务,指导灾后自救和恢复生产;组织监督渔船和养殖人员回港上岸避险。

省文化和旅游厅:负责指导协调文保单位防洪保安;指导旅游景区、重大文旅活动场地防汛预警信息发布;监督指导旅游景区游客转移避险、救护、疏导和景区关闭等工作。

省卫生健康委:负责灾区医疗救治、疾病预防控制和卫生监督工作,核查报送灾区医疗卫生信息。

省应急厅:指导组织协调水旱灾害应急救援工作;协助省委、省政府指定的负责同志组织重大灾害应急处置工作;依法统一发布灾情;提出省级救灾物资的动用决策;统一协调指挥防汛抗旱应急救援队伍,提请、衔接解放军和武警部队参与应急救援工作。

省粮食和储备局:负责协调保障灾区应急粮食供应;组织做好省级救灾物资的储备和管理工作,根据省应急厅的动用指令按程序组织调出。

省气象局:负责灾害性天气的监测、预报、预警,对重要天气形势和灾害性天气作出滚动预报,及时向省防指提供预报、预警信息服务;组织开展救灾现场气象保障服务。

省通信管理局:负责组织协调省内基础电信运营企业、铁塔公司做好公用通信网应急通信保障工作;根据需要,协调省内基础电信运营企业向公众发送公益性预警短信。

省消防救援总队:负责组织、指挥各级消防救援队伍参与抢险救援工作;协助地方人民政府疏散和营救危险地区的遇险群众。

省供销社:发挥供销合作社系统连锁超市和农产品批发市场的调节作用,做好应急期间农副产品供应和市场稳价工作。

中国安能建设集团有限公司第二工程局:参与抢险救援救灾工作。

南京铁路办事处:负责所管辖铁路的防洪保安,保障防汛抢险物资、设备和抗灾人员的铁路运输。

省电力公司:负责电力设施防洪保安,保障防汛抗旱用电需要。

中石化江苏石油分公司:负责防汛抗旱成品油等货源的组织、储备、供应和调运。

江苏交通控股公司:负责管辖的高速公路防洪保安,保障防汛抗旱救灾物资优先通行。

省军区:协调驻苏部队及调动民兵,支持地方抗洪抢险;协助地方组织受灾群众转移和安置;按指令完成爆破分洪、滞洪和清障等任务。

武警江苏省总队:协调武警部队支持地方抗洪抢险;加强对重要目标的安全保卫,协同公安部门维护社会治安秩序;协助地方组织群众转移和安置。

江苏海事局:负责组织协调长江江苏段和沿海海域的航行警告发布、应急处置、水上搜救等工作。

民航江苏安全监管局:负责组织协调省内民航系统防洪自保。

2.1.4 省防办职责

承担省防指的日常工作,负责组织指导协调各地区和相关部门的水旱灾害预防和应急处置工作。

2.2 联防指挥部

联防指挥部是省防指下设的流域(区域)防汛抗旱指挥机构,由省水利厅、所在流域(区域)设区市人民政府及相关单位领导组成,协助省防指负责所在流域(区域)的防汛抗旱准备、水旱灾害应急处理和灾后处置等指挥协调工作。其办事机构为联防指挥部办公室,设在相关省属水利工程管理处。

2.3 地方政府防汛抗旱指挥机构

县级以上地方人民政府设立防汛抗旱指挥机构,在本级人民政府和上级防汛抗旱指挥机构的领导下,组织和指挥本地区的防汛抗旱工作。

2.4 基层防汛抗旱组织

乡镇(街道)、村(社区)和企事业单位按照基层防汛抗旱体系建设要求,明确职责和人员,在县级防指和乡级党委、政府的领导下,做好本行政区域和本单位的防汛抗旱工作。

2.5 工作组

省防指成立综合组、工程组、转移安置组、财务物资组、后勤保障组等工作组,承担相应工作职责。

2.6 专家库

省防指组建专家库,由相关专业的技术和管理专家组成,为防汛抗旱指挥决策、应急处置等提供技术支撑。

3 监测预报、预警和预防

3.1 监测预报

各级气象、水利、自然资源部门应加强暴雨、洪水、风暴潮、旱情的监测和预报，将结果及时报告有关防汛抗旱指挥机构，并按权限向社会发布有关预警信息。遭遇重大灾害性天气时，应加强联合监测、会商和预报，尽可能延长预见期，并对未来可能发展趋势及影响作出评估，将评估结果报告有关防汛抗旱指挥机构。

3.2 预警

各有关部门应建立监测预报预警信息报送、发布制度。

3.2.1 各级气象部门负责本行政区域内公众气象预报、灾害性天气警报，依法及时发布灾害性天气警报和气象灾害预警信号；与同级防汛、水利、应急管理部门实时共享卫星图像数据、气象监测预报预警信息。

3.2.2 各级水利部门负责本行政区域内的水情汛情旱情监测预报，依法及时发布水情汛情旱情预警信息和水利工程险情信息；及时向本级防汛抗旱指挥机构报告水情汛情旱情监测预报预警和调度信息。

3.2.3 各级自然资源部门指导开展与防汛有关的地质灾害专业监测和预报预警工作，负责海洋观测预报、监测预警工作，依法及时发布海洋观测预报和海洋灾害预警信息；与同级防汛、应急管理部门实时共享监测预报预警信息。

3.2.4 预警信息发布、调整和解除的方式包括网站、广播、电视（含移动电视）、报刊、短信、微信、微博或警报器、宣传车等，必要时可组织人员逐户通知。

3.3 预防

各级各部门应按照职责要求做好各项预防工作，组织各单位与公众积极开展自我防范。

3.3.1 预防准备

（1）组织准备：构建水旱灾害易发区域防御机制和监测网络，落实责任人、抢险队伍和应对措施，加强专业机动抢险队伍和服务组织的建设。

（2）工程准备：对存在病险的江河湖堤防、水库大坝、涵闸、泵站等各类防汛抗旱工程实施应急消险加固；对跨汛期施工的涉水工程，落实安全度汛方案。

（3）预案准备：修订完善各类江河湖库等防汛抗旱工程抢险预案、城市防洪预案，行蓄洪区、淮干滩区及江心洲等人员转移安置预案，水工程调度方案，抗旱应急水量调度方案等。

（4）物资准备：按照国家和省有关规定，分区域储备必需的抢险救灾物资和设备，在重点防御部位，现场储备一定数量的抢险及救灾物资和设备。

（5）通信准备：组织省内基础电信企业、铁塔公司做好公用通信网络的汛前物资储备和重点电信设施隐患排查，落实应急通信设施设备。

3.3.2 检查巡查

（1）各级防汛抗旱指挥机构定期组织开展防汛抗旱工作检查，对发现的问题及隐患，责成有关部门和单位限期整改。

（2）水利、住房城乡建设、电力、交通运输、通信管理、教育、文化和旅游、民航、海事等部门加强对相关设施设备的检查和巡查，发现问题及时处理。

（3）住房城乡建设、农业农村等部门按职责组织对危险区域人员、房屋、船只、设施等进行调查，并登记造册，报同级防汛抗旱指挥机构备案。

4 应急响应

按洪涝干旱灾害严重程度和影响范围，应急响应行动分为Ⅳ级（一般）、Ⅲ级（较大）、Ⅱ级（重大）和Ⅰ级（特别重大）四级。

4.1 防汛应急响应启动条件

4.1.1 Ⅳ级响应

出现下列条件之一,经综合研判后,启动全省或局部IV级响应。

(1) 省水利厅发布洪水蓝色预警;

(2) 省气象局发布暴雨蓝色预警;

(3) 长江(含太湖)流域受淹(涝)面积超过550万亩或淮河(含沂沭泗)流域受淹(涝)面积超过950万亩;

(4) 流域性防洪工程、区域性骨干防洪工程、水库大坝出现一般险情。

4.1.2 Ⅲ级响应

出现下列条件之一,经综合研判后,启动全省或局部III级响应。

(1) 省水利厅发布洪水黄色预警;

(2) 省气象局发布暴雨黄色预警;

(3) 长江(含太湖)流域受淹(涝)面积超过700万亩或淮河(含沂沭泗)流域受淹(涝)面积超过1 400万亩;

(4) 流域性防洪工程、区域性骨干防洪工程、水库大坝出现较大险情。

4.1.3 Ⅱ级响应

出现下列条件之一,经综合研判后,启动全省或局部II级响应。

(1) 省水利厅发布洪水橙色预警;

(2) 省气象局发布暴雨橙色预警;

(3) 长江(含太湖)流域受淹(涝)面积超过900万亩或淮河(含沂沭泗)流域受淹(涝)面积超过1 900万亩;

(4) 流域性防洪工程、区域性骨干防洪工程、水库大坝出现重大险情或小型水库出现垮坝,威胁人民生命财产安全。

4.1.4 Ⅰ级响应

出现下列条件之一,经综合研判后,启动全省或局部I级响应。

(1) 省水利厅发布洪水红色预警;

(2) 省气象局发布暴雨红色预警;

(3) 长江(含太湖)流域受淹(涝)面积超过1 300万亩或淮河(含沂沭泗)流域受淹(涝)面积超过2 800万亩;

(4) 流域性防洪工程发生特别重大险情,大江大河堤防发生决口,多处区域性骨干防洪工程或区域性河道发生决口,大中型水库出现垮坝,严重威胁人民生命财产安全。

4.2 抗旱应急响应启用条件

4.2.1 Ⅳ级响应

出现下列条件之一,经综合研判后,启动全省或局部IV级响应。

(1) 省水利厅发布水情干旱蓝色预警;

(2) 长江(含太湖)流域受旱面积超过350万亩或淮河(含沂沭泗)流域受旱面积超过950万亩;

(3) 因旱影响多个县级城市集中饮用水水源地取水。

4.2.2 Ⅲ级响应

出现下列条件之一,经综合研判后,启动全省或局部III级响应。

(1) 省水利厅发布水情干旱黄色预警;

(2) 省气象局发布气象干旱黄色预警;

(3) 长江(含太湖)流域受旱面积超过550万亩或淮河(含沂沭泗)流域受旱面积超过1 400万亩;

(4) 因旱影响某个设区市集中饮用水水源地取水。

4.2.3 Ⅱ级响应条件

出现下列条件之一，经综合研判后，启动全省或局部Ⅱ级响应。

(1) 省水利厅发布水情干旱橙色预警；

(2) 省气象局发布气象干旱橙色预警；

(3) 长江(含太湖)流域受旱面积超过 700 万亩或淮河(含沂沭泗)流域受旱面积超过 1 900 万亩；

(4) 因旱影响多个设区市集中饮用水水源地取水。

4.2.4 Ⅰ级响应条件

出现下列条件之一，经综合研判后，启动全省或局部Ⅰ级响应。

(1) 省水利厅发布水情干旱红色预警；

(2) 省气象局发布气象干旱红色预警；

(3) 长江(含太湖)流域受旱面积超过 1 000 万亩或淮河(含沂沭泗)流域受旱面积超过 2 800 万亩；

(4) 因旱情严重影响多个设区市集中饮用水水源地取水。

4.3 应急响应行动

4.3.1 Ⅳ级响应行动

(1) 由省防指副指挥或秘书长决定启动Ⅳ级应急响应。

(2) 省防办主任主持会商，自然资源、水利、农业农村、应急管理、气象等主要成员单位参加，研究分析汛情、旱情可能影响情况，作出相应工作安排。视情连线有关市、县防指进行动员部署。

(3) 省防办实行 24 小时防汛值班，密切监视汛情、旱情、灾情变化。

(4) 省防指成员单位按照职能分工做好相关工作，按要求向省防办报告工作动态。

(5) 事发地设区市防指按要求向省防办报告工作动态，突发灾情、险情及时报告。

4.3.2 Ⅲ级响应行动

(1) 由省防指常务副指挥决定启动Ⅲ级应急响应。

(2) 省防指副指挥或委托省防办主任主持会商，自然资源、住房城乡建设、交通运输、水利、农业农村、应急管理、气象等主要成员单位参加，研究分析汛情、旱情可能影响情况，部署防汛抗旱工作，明确工作目标和重点，发布人员转移命令。重要情况及时上报省政府和国家防总及流域防总。视情连线有关市、县防指进行动员部署。

(3) 省防指秘书长带班，省防办实行 24 小时防汛值班。密切监视汛情、旱情、灾情变化，做好抢险物资队伍准备，视情向事发地派出工作组、专家组，指导防汛抗旱工作。

(4) 省联防指挥部加强汛情、旱情监视，指导协调地方做好防汛抗旱工作。

(5) 省防指成员单位按照职能分工做好相关工作，按要求向省防办报告工作动态。

(6) 事发地设区市防指按要求向省防办报告事情进展及工作动态，突发灾情、险情随时报告。

4.3.3 Ⅱ级响应行动

(1) 由省防指指挥决定启动Ⅱ级应急响应。

(2) 省防指指挥或委托常务副指挥主持会商，成员单位参加，分析研判汛情、旱情发展态势，部署防汛抗旱工作，明确工作目标、重点和措施，并将情况报省政府和国家防总及流域防总。视情连线有关市、县防指进行动员部署。

(3) 省防指副指挥带班，省防办实行 24 小时防汛抗旱值班，有关成员单位负责人或其指派人员到省防办进行联合值守。密切监视汛情、旱情、灾情变化，做好抢险物资队伍准备，视情向事发地派工作组、专家组，指导防汛抗旱工作。

(4) 省联防指挥部加强对汛情、旱情、险情监视，及时报省防指，派出工作组到事发地指导协助防汛抗旱工作。

(5) 省防指成员单位按照职能分工做好相关工作,按要求向省防指报告工作动态。

(6) 事发地设区市防指按要求向省防指报告事情进展及工作动态,突发灾情、险情及时报告。视地区汛情、旱情、灾情、险情发展,可依法宣布受影响地区进入紧急防汛期或紧急抗旱期。

4.3.4 Ⅰ级响应行动

(1) 由省防指指挥提出,经省政府同意后,启动Ⅰ级应急响应。

(2) 省防指指挥主持会商,成员单位参加,分析研判汛情、旱情发展态势,提出工作目标,重点对策措施,部署防汛抗旱和抢险救灾工作,并将情况报省政府和国家防总及流域防总。组织召开防汛抗旱视频会议,进行紧急动员部署。省政府办公厅发出紧急通知,要求有关地区全力做好防汛抗旱工作。报经省委、省政府主要领导同意,宣布全省或部分区域进入紧急防汛期或紧急抗旱期。

(3) 省防指指挥坐镇指挥,副指挥带班,省防办实行24小时防汛抗旱值班,有关成员单位负责人到省防办进行联合值守。密切监视汛情、旱情、灾情变化,做好抢险物资队伍准备,向灾害发生地派工作组或专家组指导工作。

(4) 省联防指挥部加强对汛情、旱情、灾情、险情监视,及时报省防指,派出工作组支援地方防汛抗旱工作。

(5) 省防指成员单位按照职能分工做好相关工作,按要求向省防指报告工作动态。

(6) 事发地设区市防指按要求向省防指报告事情进展及工作动态,突发灾情、险情及时报告。依法宣布本地进入紧急防汛期或紧急抗旱期。

4.4 应急响应措施

4.4.1 江河湖库洪水

(1) 根据江河湖库水情和洪水预报,按照规定的权限和防御洪水方案、洪水调度方案,适时调度水工程。

(2) 当发布江河湖库洪水预警后,当地政府应组织人员巡堤查险。

(3) 当洪水位继续上涨,危及重点保护对象,或者预报洪水接近或超过设计水位时,在充分发挥现状工程体系防洪、泄洪能力的同时,当地政府应做好抢险准备,提前组织危险区域人员转移避险。

(4) 根据洪水预报和批准的洪水调度方案,达到启用条件的蓄滞洪区,由相应权限的防汛抗旱指挥机构决定是否启用。

(5) 在宣布进入紧急防汛期后,各级防汛抗旱指挥机构依法行使相关权利、采取特殊措施,保障抗洪抢险的顺利实施。

4.4.2 雨涝灾害

(1) 当出现雨涝灾害时,当地水利、住房城乡建设、城管等部门应科学调度水工程和移动排涝设备,开展自排和抽排,尽快排出涝水,恢复正常生产生活秩序。

(2) 在河湖库防汛形势紧张时,要统筹流域、区域与城市防洪需求,正确处理排涝与防洪的关系,避免因排涝而增加防汛的压力。

4.4.3 山洪灾害

(1) 当发生山洪灾害时,当地防汛抗旱指挥机构应组织水利、自然资源、气象、应急管理、住房城乡建设、生态环境等有关部门的专业人员,及时赶赴现场,加强观测,采取应急措施,以减少损失。

(2) 视山洪灾害易发区降雨量、山体变形滑动趋势,当地政府应及时组织人员本着就近、迅速、安全、有序的原则撤离。

4.4.4 风暴潮灾害

(1) 相关地区防汛抗旱指挥机构应组织有关部门密切监视风暴潮动态,各类防汛责任人按预案进岗到位,气象、自然资源部门及时发布预警,报同级人民政府及防汛抗旱指挥机构,并及时向社会公众发布预警信息。

(2) 农业农村、海事部门组织长江口、海上船只回港避险，落实无动力船只安全监管措施；文化和旅游部门关闭海岛和沿海旅游景区；组织风暴潮可能经过的地区等各类危险区域人员安全转移。

(3) 督促相关地区组织力量加强巡查，督促对病险水工程进行抢护或采取紧急处置措施，风暴潮可能明显影响的地区，应预降河湖库水位。

(4) 必要时，地方政府应采取停工、停课、停市、停运和封闭交通道路等措施。

4.4.5 堤防决口、水闸垮塌、水库垮坝

(1) 当出现堤防决口、水闸垮塌、水库垮坝前期征兆时，当地政府要迅速调集人力、物力全力组织抢险，尽可能控制险情，并及时向下游发出警报。河湖堤防决口、水闸垮塌和水库垮坝等事件应立即报告省防指。

(2) 当出现堤防决口、水闸垮塌、水库垮坝前期征兆时，当地政府应迅速组织受影响群众转移，并视情况抢筑二道防线，控制洪水影响范围，尽可能减少灾害损失。

(3) 当发生堤防决口、水闸垮塌、水库垮坝后，当地政府应立即启动堵口、抢护应急预案，组织实施堵口。水利部门负责抢险技术支撑，并调度有关水利工程，为实施堵口创造条件；应急管理部门负责协调部队参与抢险，协调队伍、物资支援抢险。

4.4.6 干旱灾害

(1) 强化地方行政首长抗旱责任制，确保城乡居民生活和重点企业用水安全，维护灾区社会稳定。

(2) 防汛抗旱指挥机构强化抗旱工作的统一指挥和组织协调，加强会商部署，及时分析旱情变化发展趋势及影响，上报、通报旱情和抗旱信息，适时向社会通报旱情信息。各有关部门按照防汛抗旱指挥机构的统一指挥部署，协调联动，全面做好抗旱工作。

(3) 气象、水利、农业农村部门加强旱情墒情监测，及时掌握旱情灾情；水利部门调度抗旱骨干水源工程，提前开展引水、蓄水、保水，增加干旱地区可用水源。

(4) 抗旱应急响应启动后，视情启动应急开源、应急限水、应急调水、应急送水、人工增雨等各项抗旱措施。

(5) 加强旱情灾情及抗旱工作的宣传，动员社会各方面力量支援抗旱救灾工作。

4.5 信息报告和发布

4.5.1 信息报告

(1) 汛情、旱情、工情、险情、灾情等防汛抗旱信息实行分级上报，归口处理，同级共享。

(2) 险情、灾情发生后，各设区市防汛抗旱指挥机构、职能部门和责任单位要按照相关预案和报告制度的规定，在组织抢险救援的同时，及时汇总相关信息并迅速报告。一旦发生重大险情、灾情，必须在接报后半小时内向省防办口头报告，在1小时内向省防办书面报告。

(3) 省防办接报后，要在第一时间做好处置准备，视情报告省防指指挥，并按照相关预案和报告制度的规定报告省政府办公厅和国家防总办公室。

(4) 各设区市防汛抗旱指挥机构、相关单位、部门要与毗邻区域加强协作，建立突发险情、灾情等信息通报、协调渠道。一旦出现突发险情、灾情影响范围超出本行政区域的态势，要根据应急处置工作的需要，及时通报、联系和协调。

4.5.2 信息发布

(1) 防汛抗旱的信息发布应当及时、准确、客观、全面。

(2) 省防办统一审核和发布防汛抗旱动态。

(3) 信息发布形式主要包括授权发布、播发新闻稿、组织报道、接受记者采访、举行新闻发布会等。

(4) 地方防汛抗旱动态由各地防汛抗旱指挥机构审核和发布。

4.6 社会动员和参与

出现水旱灾害后，事发地的防汛抗旱指挥机构可根据事件的性质和危害程度报经当地政府批准，对重点

地区和重点部位实施紧急控制，防止事态及其危害的进一步扩大。必要时当地政府可广泛调动社会力量积极参与应急突发事件的处置，紧急情况下可依法征用、调用车辆、物资、人员等，全力投入抗洪抢险。

4.7 应急响应变更和结束

4.7.1 省防指根据灾害发展趋势和对我省的影响情况适时变更应急响应等级。

4.7.2 当出现以下条件时，省防指视情结束防汛应急响应：

(1) 省气象局解除暴雨预警；

(2) 省水利厅解除洪水预警；

(3) 工程险情得到控制；

(4) 灾情得到有效缓解。

4.7.3 当出现以下条件时，省防指视情结束抗旱应急响应：

(1) 省气象局解除气象干旱预警；

(2) 省水利厅解除水情干旱预警；

(3) 灾情得到有效缓解。

5 保障措施

5.1 组织保障

建立健全防汛抗旱指挥机构，完善组织体系，细化成员单位任务分工，明确工作衔接关系，建立与市、县级防汛抗旱指挥机构应急联动、信息共享、组织协调等工作机制。

5.2 资金保障

省级财政安排防汛抗旱专项资金，用于补助遭受水旱灾害的市县和省属单位开展防汛抗洪抢险、修复水毁水利设施以及抗旱支出。防汛抗旱抢险应急处置经费，按现行事权、财权划分原则，分级负担。

5.3 物资保障

各级水利、应急管理、粮食和物资储备、供销等部门按职责分工负责储备防汛抗旱、抢险救援救灾物资及装备，其他企事业单位应按相关规定储备防汛抢险抗旱物资及设备。各级防汛抗旱指挥机构可委托代储部分抢险物资和设备。

5.4 队伍保障

防汛抗旱抢险队伍由综合性消防救援队伍、专业抢险救援队伍、解放军和武警部队、基层抢险队伍及社会抢险力量等组成。公安、住房城乡建设、交通运输、水利、卫生健康、电力、海事、民航等部门组建专业抢险救援队伍。各级防汛抗旱指挥机构应组织抢险救援队伍开展业务培训和演练工作。

5.5 技术保障

省防办搭建水旱灾害信息互联互通共享平台，完善防汛抗旱指挥系统建设，加强对各级防办能力建设的检查指导，提升全省防办系统水旱灾害应对与综合防御能力。

省水利厅承担防汛抗旱抢险技术支撑工作，省自然资源厅承担地质灾害应急救援技术支撑工作。省气象局承担灾害性天气信息的监测、预报及预警技术支撑工作。

5.6 信息保障

各基础电信运营企业、铁塔公司优先为防汛抗旱指挥调度做好公用通信网应急通信保障工作。各级防汛抗旱指挥机构应按照以公用通信网为主的原则，组建防汛专用通信网络，确保信息畅通。在紧急情况下，应充分利用公共广播和电视等媒体以及手机短信等发布信息，通知群众快速撤离，确保人民生命安全。

5.7 交通保障

交通运输部门负责优先保证防汛抢险人员、防汛抗旱救灾物资运输；蓄滞洪区分洪时，协助地方做好群众安全转移所需车辆、船舶的调配；负责分泄大洪水时河道航行和渡口的安全，负责抢险、救灾车辆、船舶的及时调配。

5.8 供电保障

电力部门负责抗洪抢险、抢排雨涝、抗旱救灾等方面的供电需要和应急救援现场的临时供电。

5.9 治安保障

公安部门负责做好水旱灾区的治安管理工作，依法严厉打击破坏抗灾救灾行动和工程设施安全的行为，保证抗灾救灾工作的顺利进行；负责组织做好防汛抢险、分洪爆破时的戒严、警卫工作，维护灾区的社会治安秩序。

6 善后工作

6.1 灾后重建

各相关部门应尽快组织灾后重建，原则上按原标准恢复，条件允许可提高标准重建。汛情旱情解除后，对经批准的临时截水工程和设施须尽快拆除，恢复原状。

6.2 水毁修复

汛期结束或洪水退去后，各地人民政府组织有关部门尽快修复通信、市政公用、交通、水利、电力等水毁工程设施，力争在下一次洪水到来之前恢复主体功能。

6.3 物资补充

针对防汛抗旱物资消耗情况，按照分级负担的原则，各级财政应安排专项资金，及时补充到位，所需物料数量和品种按物资储备定额确定。

6.4 行蓄洪区运用补偿

行蓄洪区运用后，按照《蓄滞洪区运用补偿暂行办法》等有关规定对运用损失予以补偿，财政、水利等部门组织核查财产损失，提出补偿方案，报政府或上级主管部门批准后执行。

6.5 补偿要求

防汛抗旱指挥机构在紧急防汛抗旱期征用、调用的物资、设备、交通运输工具等，结束后应及时归还或按有关规定给予补偿。

6.6 总结评估

各级防汛抗旱指挥机构应对防汛抗旱工作进行总结评估，总结经验教训，提出改进建议。推行建立第三方评价机制。

6.7 奖惩

6.7.1 对防汛抢险和抗旱工作作出突出贡献的劳动模范、集体和个人给予表彰和奖励；对防汛抢险和抗旱工作中英勇献身的人员，按有关规定追认为烈士；对防汛抢险和抗旱工作中致伤致残的人员，按有关规定给予工作生活照顾。

6.7.2 对防汛抗旱工作中玩忽职守造成损失的，依法追究当事人的责任，并予以处罚，构成犯罪的依法追究其刑事责任。

7 预案管理

7.1 预案修订

本预案由省水利厅牵头负责编制，省人民政府审批。各级防汛抗旱指挥机构根据本预案制定本级相应的应急预案，经同级人民政府批准实施，并报上级人民政府和防汛抗旱指挥机构备案。省有关部门（单位）结合实际，编制本部门（单位）防汛抗旱应急预案或纳入本单位应急预案，报省防指备案。

防汛抗旱应急预案应根据本区域实际情况变化适时修订，每 3—5 年对本预案评估修订一次，并按原报批程序报批。

7.2 预案解释部门

本预案由省水利厅负责解释。

7.3 预案实施时间

本预案自印发之日起实施。

二、江苏省防御台风应急预案

1 总则

1.1 编制目的

贯彻新时期防灾减灾救灾新理念,规范开展台风防御工作,全面提升我省台风灾害应对处置能力,切实保障人民群众生命财产安全和社会经济持续健康稳定发展。

1.2 编制依据

依据《中华人民共和国突发事件应对法》《中华人民共和国防洪法》《气象灾害防御条例》《国家突发事件总体应急预案》以及《江苏省防洪条例》《江苏省突发事件总体应急预案》等法律法规和有关规定,制定本预案。

1.3 适用范围

本预案适用于我省境内台风灾害的防御及应急处置工作。

1.4 工作原则

(1) 以人为本,减少危害。坚持把人民群众生命财产安全放在首位,最大程度地减少台风灾害造成的危害和损失。

(2) 以防为主,多措并举。坚持"防、避、抢、救"各项措施相结合,不断提高防御台风的应急处置工作水平,增强防御台风的应急处置能力。

(3) 因地制宜,突出重点。坚持从实际出发,全面分析台风可能带来的危害,突出重点,兼顾一般,局部利益服从全局利益。

(4) 统一领导,分级负责。各级政府是本行政区域内防御台风工作的责任主体,实行行政首长负责制,统一指挥、分级分部门负责。

(5) 快速反应,协同应对。坚持社会参与、军民结合、专群结合、平战结合的原则,发生台风及次生灾害时,事发地县级以上人民政府应迅速响应,各有关部门联合行动,及时、高效开展预防和应急处置工作。

2 组织指挥体系及职责

2.1 指挥机构

省防御台风工作指挥机构为江苏省防汛抗旱指挥部。

省防汛抗旱指挥部由指挥、常务副指挥、副指挥、秘书长及成员单位组成。

省防汛抗旱指挥部成员单位包括:东部战区联合参谋部作战局、省军区、武警江苏省总队、省委宣传部、省发展改革委、省教育厅、省工业和信息化厅、省公安厅、省财政厅、省自然资源厅、省生态环境厅、省住房城乡建设厅、省交通运输厅、省水利厅、省农业农村厅、省文化和旅游厅、省卫生健康委、省应急厅、省粮食和储备局、省气象局、省通信管理局、省消防救援总队、省供销合作总社、中国安能建设集团总公司第二工程局、上海铁路局南京办事处、省电力公司、中国石化江苏石油分公司、江苏交通控股公司。

江苏海事局、连云港海事局、民航江苏安全监管局等相关部门参与防御台风工作。

2.2 工作职责

2.2.1 指挥机构职责

省防汛抗旱指挥部负责组织领导全省防御台风工作,制定防御台风的政策、规程和工作制度等,及时部署落实防御台风的各项准备工作,决定启动、变更和结束防御台风应急响应,下达应急抢险指令,掌握全省防御台风动态,动员社会力量参与防御台风抢险救灾并组织实施防御台风抢险救灾工作措施,开展灾后处置,并做好有关协调工作。

2.2.2 指挥机构成员单位及相关部门职责

东部战区联合参谋部作战局：牵头负责协调军队参加抢险救灾工作。

省军区：负责组织协调驻苏现役部队、预备役部队和民兵支持地方开展防御台风工作，协助地方政府转移安置受灾群众。

武警江苏省总队：负责协调武警部队支持地方开展防御台风工作；加强对重要目标的安全保卫，协同公安机关维护社会治安秩序，协助地方政府转移安置受灾群众。

省委宣传部：负责把握全省防御台风宣传工作导向，会同有关部门组织、协调、指导新闻媒体做好防御台风的新闻报道工作。

省发展改革委：负责协调安排防台工程建设、除险加固、损毁工程修复计划、资金以及防台救灾资金计划。

省教育厅：负责组织学校检查校舍、围墙安全，指导师生防灾避灾，加强师生防御台风知识的宣传教育，提高师生防范意识和自我防护能力。

省工业和信息化厅：负责指导协调公共通信设施的防御台风建设和应急抢护，做好台风影响期间防台通信保障工作；根据抢险救灾需要，协调调度应急通信设施；负责协调防御台风抢险救灾所需有关物资器材的供应和调度。

省公安厅：负责维护社会治安和道路交通秩序，依法打击阻挠防御台风工作、造谣惑众和盗窃、哄抢防台物资以及破坏防台设施的违法犯罪活动，协助有关部门妥善处置因防御台风引发的群体性治安事件，协助有关部门组织群众从危险地区安全转移和安置。

省财政厅：按规定保障防台救灾工作所需资金，及时安排下达抢险救灾、损毁修复等防台经费，并对资金的使用进行监管。

省自然资源厅：负责地质灾害预防，防治因台风影响导致的山体滑坡、崩塌等突发性地质灾害；指导开展专业监测和预报预警等工作；承担地质灾害应急救援的技术支撑工作；发布海洋灾害预警预报，参与重大海洋灾害应急处置。

省生态环境厅：负责水质及海洋环境监测预报，及时提供水源污染情况，做好污染源的调查与处理工作。

省住房城乡建设厅：负责指导城市排水防涝设施的规划建设和安全管理，指导各地组织协调城市排水防涝工作；指导各地开展建筑工地和城市危房安全检查，做好有关人员的安全转移工作；指导各地做好城市高楼塔吊、广告牌等高空构筑物的加固工作；指导各地加强市政设施的防护和巡查，做好城市树木的支护工作。

省交通运输厅：负责组织协调地方交通主管部门做好公路、水运设施防御台风安全工作；发布省内重要河湖航行警告，督促指导船舶安全避风，及时开展遇险船舶的搜寻救助工作；协调抢险救灾物资调运，协同公安机关组织地方交通主管部门做好交通疏导和车辆分流工作，保障防台抢险救灾车辆船只的畅通。

省水利厅：负责洪涝灾害防御工作，开展水情、工情、险情信息监测预报预警，承担台风防御期间重要水工程调度工作、防汛抢险的技术支撑工作和省级水利防汛物资储备调运，负责水利工程设施水毁修复，提出防汛抢险经费安排计划。

省农业农村厅：负责组织协调渔船回港和沿海养殖人员上岸避风；做好农业遭受台风灾害的防灾、减灾和救灾工作，做好农业灾害情况统计、灾后防疫和抗灾救灾技术指导服务。

省文化和旅游厅：负责督促受台风影响地区旅游景区、景点的防御工作以及游客的转移安置工作。

省卫生健康委：指导事故发生地开展医疗救援、卫生防疫和卫生监督工作，提供必要的技术支持，并根据需要协调省外医疗卫生救援资源开展医疗卫生工作。

省应急厅：负责组织台风防御期间应急抢险救援及救灾工作，依法统一发布灾情，统一调度应急抢险救灾物资及装备；提出防御台风抢险救援和救灾补助经费安排计划，指导开展台风灾害调查评估工作。

省粮食和储备局：负责协调保障灾区生活物资供应，组织做好省级救灾物资的储备和管理工作，根据省应急厅的指令按程序组织调运。

省气象局:负责监测、分析和预测台风动向,及时发布预报、预警信息,实时提供相关气象信息。

省通信管理局:负责组织、协调省内各基础电信运营企业向社会公众发送有关防御台风预警短信,指导省内基础电信运营企业、铁塔公司做好公众通信网应急通信保障工作。

省消防救援总队:负责组织、指挥各级消防救援队伍参与抢险救援工作,参与组织协调动员各类社会救援力量参加救援任务,协助地方政府疏散和营救危险地区的群众。

省供销合作总社:发挥供销合作社系统连锁超市、农产品批发市场的调节作用,做好应急期间农副产品的供应和市场稳价工作,配合有关部门做好其它工作。

中国安能建设集团总公司第二工程局:参与抢险救援救灾工作。

上海铁路局南京办事处:负责督促检查辖区内铁路系统的防台工作措施的落实,负责防台抢险救灾物资、设备和人员的铁路运输。

省电力公司:负责电力安全生产和电力应急管理工作、电力建设工程和电力设备设施的防台安全管理,协调保障电力设施的安全运行。

中石化江苏石油分公司:负责防台成品油货源的组织、储备、调运和供应。

江苏交通控股公司:负责管辖高速公路的安全、畅通,保障防台救灾物资优先通行。

江苏海事局:负责发布长江及海上航行警告,督促和指导船舶安全避风,及时开展遇险船舶的搜寻救助工作。

连云港海事局:负责发布连云港、盐城海上航行警告,督促和指导船舶安全避风,及时开展遇险船舶的搜寻救助工作。

民航江苏安全监管局:负责监督检查省内民航系统防御台风工作。

2.3 工作小组

省防汛抗旱指挥部根据需要可设立综合协调组、信息发布组、抢险救援组、通信保障组、后勤保障组、专家支持组、救灾核灾组等工作小组,分工负责紧急情况下的防御台风工作。

综合协调组由省应急厅、省水利厅、省农业农村厅等单位组成,主要负责协调处理抢险救灾相关事宜,协助省防指领导协调各工作组的处置工作。

信息发布组由省应急厅、省水利厅、省委宣传部等单位组成,主要负责组织协调指导有关新闻单位及时报道台风灾情和抢险救灾工作情况。

抢险救援组由省应急厅、省消防救援总队、东部战区联合参谋部作战局、省军区、武警江苏省总队、中国安能建设集团总公司第二工程局等单位组成,主要负责协调、组织抢险应急队伍开展现场处置,根据需要协调、调遣后续处置和增援力量。

通信保障组由省工业和信息化厅、省通信管理局等单位组成,主要负责保障公用网通信畅通。

后勤保障组由省发展改革委、省财政厅、省交通运输厅、省应急厅、省卫生健康委、省粮食和储备局、省供销合作总社、上海铁路局南京办事处、省电力公司、中石化江苏石油分公司、江苏交通控股公司等单位组成,主要负责落实抢险救灾资金,保障抢险救灾物资,确保应急需要。

专家支持组由省自然资源厅、省生态环境厅、省住房城乡建设厅、省水利厅、省农业农村厅、省应急厅、省气象局等单位组成,主要负责参加防御和处置台风灾害和重大工程险情会商,为省防指提供决策咨询、工作建议和技术保障。

救灾核灾组由省应急厅、省发展改革委、省财政厅、省自然资源厅、省生态环境厅、省住房城乡建设厅、省水利厅、省农业农村厅等单位组成,主要负责有序开展台风灾害核灾工作,保障受灾群众的基本生活,制定救灾方案。

2.4 办事机构

办事机构为省防汛抗旱指挥部办公室。

省防汛抗旱指挥部办公室按照省防汛抗旱指挥部的部署要求，组织协调全省防御台风工作，指导督促地方和有关部门的防御台风工作。

2.5 地方政府防御台风组织机构

县级以上地方政府防汛抗旱指挥部在本级党委、政府和上级防汛抗旱指挥部的领导下，组织协调本地区的防御台风工作，其办事机构为同级防汛抗旱指挥部办公室。

2.6 基层防御台风组织机构

乡镇(街道)、村(社区)和企事业单位按照基层防御台风工作要求，明确职责和人员，在县级防汛抗旱指挥部和乡级党委、政府的领导下，做好本地区和本单位的防御台风工作。

3 监测预报、预警与预防

3.1 监测预报

省气象局负责监测台风生成、发展、登陆和消失的过程，做好台风未来趋势及可能影响地区的风力、降雨等趋势预报，及时报告台风实时路径、强度、速度和降雨过程、范围、强度等信息，并向社会发布。省水利厅负责江河湖库水情、工情的监测和预报，省自然资源厅负责地质灾害、风暴潮和海浪的监测和预报。其他部门做好相关的监测与预报工作。

3.2 预警

台风预警是针对台风影响所造成的强风、暴雨、洪水与风暴潮等超过一定标准而向社会所进行的警示活动。预警级别由高到低一般分为Ⅰ、Ⅱ、Ⅲ、Ⅳ级，分别用红、橙、黄、蓝四种颜色标示。

(1) 自然资源部门负责地质灾害、风暴潮的监测预报，发布预警信息。

(2) 住房城乡建设部门负责发布城区高空建筑设施、城乡危旧房屋等方面的预警信息。

(3) 交通运输部门负责发布公路、港口、内河(航道)、湖区(航道)、渡口、码头(长江除外)等方面的预警信息。

(4) 水利部门负责发布江河湖库水情、水工程安全预警信息。

(5) 农业农村部门组负责向出港捕捞船只、设施种植和养殖主体发布预警信息。

(6) 文化旅游部门负责发布重大活动、旅游景区等安全提示信息。

(7) 气象部门密切监测台风的生成、发展、登陆和消失全过程，做好未来趋势预报，负责发布台风、暴雨等气象预警信息。

(8) 电力部门负责发布电力方面的预警信息。

(9) 沿江沿海海事部门负责发布长江及沿海在港、航行船舶的预警信息。

(10) 民航部门负责发布民航方面的预警信息。

(11) 宣传部门负责组织协调、指导新闻媒体及时播报有关预警信息。

(12) 其他有关部门做好相关预警工作。

各部门负责将行业预警信息报送同级防汛抗旱指挥部。

3.3 预防

各级各部门应按照职责要求做好各项预防工作，组织各单位与公民积极开展自我防范。

3.3.1 预防准备

(1) 组织准备。构建台风灾害易发重点区域防御机制和监测网络，落实责任人、抢险队伍和预警措施，加强专业机动抢险队和服务组织机构的建设。

(2) 工程准备。对存在病险的各类工程及基础设施实行应急除险加固，落实防台期间安全措施。

(3) 预案准备。省防指成员单位按照职责分工修订完善本系统(部门)防御台风应急预案。

(4) 物资准备。按照国家和省有关规定，分区域储备必需的抢险救灾物资和设备，在防御重点部位，储备一定数量的机动抢险及救灾物资和设备。

(5) 通信准备。组织基础电信运营企业、铁塔公司建立应急通信保障队伍,做好公众通信网应急通信保障工作。利用公用通信网络,保证通信专用网、台风易发区等预警反馈系统完好畅通。健全水文、气象测报网,确保雨情、水情、风情、工情、灾情信息和指挥调度指令及时传递。

3.3.2 防御台风检查

(1) 各级防汛抗旱指挥部应组织开展防御台风工作检查,发现安全问题的,责成有关部门和单位限期处理和整改。

(2) 教育、住房城乡建设、交通运输、水利、文化和旅游、通信、电力、海事、民航等部门加强对学校、市政、交通、水利、景区、通讯、电力、锚地、机场、搜救设施等防御台风工作检查,发现问题及时处理。

(3) 住房城乡建设、农业农村等部门按职责分别组织对危险区域人员、房屋和船只等进行调查,并登记造册,报同级防汛抗旱指挥部备案。

3.3.3 防御台风巡查

(1) 教育部门负责学校防御台风巡查工作。

(2) 自然资源部门负责防御台风期间地质灾害隐患点、海洋灾害预警监测的巡查工作。

(3) 住房城乡建设部门负责市政公用设施、高空建筑设施、地下商业设施、城乡危旧房屋等重点领域和部位防御台风巡查工作。

(4) 交通运输部门负责公路、内河(航道)、湖区(航道)和渡口、码头(长江除外)以及在建工程防御台风巡查工作。

(5) 水利部门负责水库、堤防、闸站等水利工程巡查和防台措施落实。

(6) 农业农村部门负责渔业养殖、捕捞行业防御台风巡查工作。

(7) 文化和旅游部门负责旅游景区、景点防御台风巡查工作。

(8) 电力部门负责电力设备设施、电力在建工程等方面的防御台风巡查工作,协助重要用户和有关重点用户做好防御台风用电安全检查,加强对用户用电安全的技术指导和支持。

(9) 海事部门负责长江、沿海船舶防御台风巡查工作。

(10) 民航部门负责机场、航空公司防御台风巡查工作。

(11) 其他部门按职责负责相应防御台风巡查工作。

4 应急响应

4.1 应急响应级别与启动条件

应急响应由高到低分为Ⅰ、Ⅱ、Ⅲ、Ⅳ级。根据省气象局、省自然资源厅发布的台风预警级别、影响程度、危害程度与防御能力等因素,各级别应急响应启动条件为:

(1) Ⅳ级应急响应:①省气象局发布台风蓝色预警信号,即台风将影响我省,受影响地区影响时平均风力将达 8 级。②省气象局发布因台风导致的暴雨蓝色预警信号,即预计未来 24 小时我省 3 个及以上设区市大部地区将出现暴雨天气,且有成片大暴雨。③省自然资源厅发布风暴潮蓝色警报,即沿海受台风影响区域有 1 个或以上有代表性的验潮站的高潮位达到蓝色警戒潮位。④国家针对我省启动防台风Ⅳ级应急响应。

(2) Ⅲ级应急响应:①省气象局发布台风黄色预警信号,即预计未来 48 小时将有台风影响我省,受影响地区影响时平均风力将达 9 级,并伴有暴雨天气。②省气象局发布因台风导致的暴雨黄色预警信号,即过去 24 小时我省 3 个及以上设区市大部地区出现大暴雨天气,预计未来 24 小时上述地区仍将出现暴雨天气。③省自然资源厅发布风暴潮黄色警报,即沿海受台风影响区域有 1 个或以上有代表性的验潮站的高潮位达到黄色警戒潮位。④国家针对我省启动防台风Ⅲ级应急响应。

(3) Ⅱ级应急响应:①省气象局发布台风橙色预警信号,即预计未来 48 小时将有台风影响我省,受影响地区影响时平均风力将达 10 级,并伴有暴雨以上强降水。②省气象局发布因台风导致的暴雨橙色预警信号，即过去48小时我省3个及以上设区市大部地区出现大暴雨天气，预计未来24小时上述地区仍将出现暴雨天气。③省自然资源厅发布风暴潮橙色警报，即沿海受台风影响区域有1个或以上有代表性的验潮站的高潮位达到橙色警戒潮位。④国家针对我省启动防台风Ⅱ级应急响应。

（4）Ⅰ级应急响应：①省气象局发布台风红色预警信号，即预计未来48小时将有台风影响我省，受影响地区影响时平均风力将达11级及以上，并伴有大暴雨以上强降水。②省气象局发布因台风导致的暴雨红色预警信号，即过去48小时我省3个及以上设区市大部地区持续出现特大暴雨天气，预计未来24小时上述地区仍将出现大暴雨天气。③省自然资源厅发布风暴潮红色警报，即沿海受台风影响区域有1个或以上有代表性的验潮站的高潮位达到红色警戒潮位。④国家针对我省启动防台风Ⅰ级应急响应。

当出现上述条件之一时，可视情启动相应级别的应急响应。Ⅰ、Ⅱ、Ⅲ、Ⅳ级应急响应由省防汛抗旱指挥部组织相关成员单位会商研判后按规定程序启动。Ⅰ级应急响应由省政府同意后启动，Ⅱ、Ⅲ级应急响应由省防汛抗旱指挥部决定启动，Ⅳ级应急响应由省防汛抗旱指挥部办公室启动。

4.2 应急响应行动

4.2.1 Ⅳ级应急响应

（1）省防汛抗旱指挥部秘书长或省防汛抗旱指挥部办公室负责同志主持会商，自然资源、住房城乡建设、水利、农业农村、应急管理、气象等主要成员单位参加，研究分析台风可能影响情况，关注台风预报成果，密切监视台风动向，研究防御重点和制定对策，作出相应工作安排。

（2）省防汛抗旱指挥部办公室加强与省气象局的联系，及时向各设区市防汛抗旱指挥部办公室通报台风动向。

（3）各部门依据本单位职责做好相应工作。

（4）台风可能影响地的市、县（市、区）防汛抗旱指挥部启动相应应急响应，由防汛抗旱指挥部负责同志主持会商，研究防御重点和对策，部署有关防御台风工作。

4.2.2 Ⅲ级应急响应

（1）省防汛抗旱指挥部副指挥或省防汛抗旱指挥部秘书长主持会商，自然资源、住房城乡建设、交通运输、水利、农业农村、应急管理及气象等主要成员单位参加，省防汛抗旱指挥部部署防御台风工作，明确防御目标和重点，发布人员转移命令。

（2）省防汛抗旱指挥部办公室加强值班，研究防御对策，部署有关防御工作，将防御台风信息报告省政府和国家防汛抗旱总指挥部，并通报省防汛抗旱指挥部有关成员单位。视情派出工作组，指导地方做好人员转移、抢险救灾等准备和实施工作。

（3）各部门依据本单位职责做好相应工作。

（4）台风影响地的市、县（市、区）防汛抗旱指挥部启动相应应急响应，部署防御台风工作，明确防御目标和重点，发布人员转移命令，组织指挥抢险救灾工作。

4.2.3 Ⅱ级应急响应

（1）省防汛抗旱指挥部指挥或副指挥主持会商，成员单位参加会商，根据省气象局对台风发展趋势提出具体的分析和预报意见，部署防御台风工作，明确防御目标、重点和措施。及时将情况上报省委、省政府和国家防汛抗旱总指挥部、流域防汛抗旱总指挥部，并根据需要派出工作组赴一线指导防御台风工作。

（2）省防汛抗旱指挥部办公室加强值班力量，密切监视台风的发展变化，及时收集汇总风情、雨情、工情、灾情等各类信息。

（3）各部门依据本单位职责做好相应工作。

（4）台风影响地的市、县（市、区）防汛抗旱指挥部启动相应应急响应，动员和组织广大干部群众投入防御台风工作，根据预案转移危险地区群众，按照权限做好水库、河网预排预泄和洪水调度，组织水库、堤防、建筑工地、危房、尾矿库、广告牌、地下空间、下沉式立交、地质灾害隐患点、船只回港避风区等巡查,组织抢险救灾,营救被洪水围困群众。前置抢险救援力量。解放军、武警部队和民兵预备役等各类抢险救灾队伍做好抢险救灾准备工作。

4.2.4 Ⅰ级应急响应

(1) 省防汛抗旱指挥部指挥主持会商,成员单位和参与防台工作的单位参加,部署台风防御和抢险救灾工作。组织召开防御台风视频会议,进行紧急动员部署;省政府发出紧急通知,要求有关地区全力做好防御台风工作;省防汛抗旱指挥部提出防御目标、重点和对策措施,必要时宣布进入紧急防汛期;各成员单位按各自职责提出防御对策,情况特别严重时,及时向省委省政府主要领导汇报,并提请省政府作出部署,派工作组赴一线指导防御台风工作。

(2) 省防汛抗旱指挥部办公室加强值班力量,密切监视台风的发展变化,及时收集汇总风情、雨情、工情、灾情等各类信息。

(3) 各部门依据本单位职责做好相应工作。

(4) 台风影响地的市、县(市、区)防汛抗旱指挥部启动相应应急响应,把防御台风工作作为首要任务,动员和组织广大干部群众投入防御台风工作。根据预案转移危险地区群众,按照权限做好水库、河网预排预泄和洪水调度,组织水库、堤防、建筑工地、危房、尾矿库、广告牌、地下空间、下沉式立交、地质灾害隐患点、船只回港避风区等巡查,组织抢险救灾,营救被洪水围困群众。及时将防台情况报上级防汛抗旱指挥部。必要时,请求上级和有关方面支援,前置抢险救援力量。解放军、武警部队和民兵预备役等各类抢险救灾队伍按照省防汛抗旱指挥部的请求,迅速投入抢险救灾工作。

4.3 信息发布与新闻报道

4.3.1 信息发布

防御台风信息发布应及时、准确、客观、全面。发布形式主要包括授权发布、散发新闻稿、组织报告、接受记者采访、举行新闻发布会等。台风防灾抗灾救灾信息由相关主管部门或省防汛抗旱指挥部审核和发布。

4.3.2 新闻报道

发生台风灾害时,新闻主管部门应当加强对新闻媒体报道的协调和指导。各地防汛抗旱指挥部根据灾害的影响程度,提供新闻报道内容,由新闻媒体进行客观公正报道。省防汛抗旱指挥部会同省委宣传部按照突发事件报道相关规定,做好有重大影响台风灾害发展趋势、人员伤亡、经济损失等的宣传报道。必要时,由省委、省政府或省防汛抗旱指挥部召开新闻发布会,通报有关情况。

4.4 应急响应变更和结束

根据台风灾害的发展趋势和对我省的影响情况的变化应适时调整应急响应等级。

当出现下列条件之一时,可视具体情况宣布应急结束:①大范围降雨趋停,省气象局预报未来没有大的降雨过程;②台风已登陆减弱、中途转向或已过境,将不再对我省造成较大影响;③省气象局正式解除台风警报信号且预报对我省已无明显影响。

Ⅰ级应急响应由省政府同意后宣布结束,Ⅱ、Ⅲ级应急响应由省防汛抗旱指挥部宣布结束,Ⅳ级应急响应由省防汛抗旱指挥部办公室宣布结束。

5 保障措施

5.1 应急队伍保障

抢险应急队伍由综合性消防救援队伍、专业应急救援队伍、解放军和武警部队、基层应急队伍及社会应急救援力量等组成。公安、住房城乡建设、交通、水利、卫生健康、电力、海事、民航等部门组建专业应急抢险救援队伍。

省自然资源厅承担地质灾害应急救援的技术支撑工作,省水利厅承担防御洪水应急抢险的技术支撑工作。

5.2 电力保障

电力部门做好调度工作，特别是对大面积停电以及城市供水等生命线工程设施的应急保障措施；安排应急维修抢险队伍，对输电故障及时进行维修；落实好应急发电机组，确保防台抢险应急救援现场的临时供电；加强值班力量，确保信息畅通。

5.3 通信保障

由省通信主管部门统一协调，督促基础电信运营企业、铁塔公司，根据需要建立跨部门、多手段、多路由，有线和无线相结合的快速、灵活机动、稳定可靠的应急通信系统，实现现场指挥部与省防汛抗旱指挥部的通信与信息传递；加强重要通信设施、线路和装备的维护，完善应急预案，指导基础电信运营企业、铁塔公司出动应急通信保障队伍，做好公众通信网应急通信保障工作。

5.4 交通保障

运输防台抢险救灾物资车辆给予优先通行。公安、交通运输、民航部门制定相应的措施，保障人员转移、救灾物资运输、机场、河道航运和渡口的安全，必要时实行交通管制，保障防台抢险救灾工作的顺利进行。

5.5 治安保障

公安机关做好防台期间的社会治安工作，打击造谣惑众和盗窃、哄抢防台物料以及破坏防台设施的违法犯罪活动，确保灾区社会稳定。必要时，依法采取有效管制措施，维护社会治安秩序。

5.6 物资保障

省发展改革委、省应急厅、省粮食和储备局及省供销合作总社按职责分工负责储备防台抗台应急救援救灾物资装备，通信、公安、住房城乡建设、交通运输、水利、电力、海事、民航等各相关行业单位按照本单位制定的防御台风预案储备抢险专用物资，以备抢险急需。在防御台风紧急时刻，防汛指挥机构根据实际需要，可依法征用社会物资和设备。

5.7 卫生保障

卫生健康部门落实医疗卫生救援应急预案，确保紧急救护和卫生防疫工作顺利进行。在台风灾害发生后，卫生健康、农业农村等部门组织医疗卫生应急专业队伍赴灾区巡医问诊，救治伤员，开展人、畜、水产疾病的免疫、疾病监测、消杀以及食品和饮用水卫生监督等工作，防止疾病流行。

5.8 生活保障

各地人民政府应组织相关部门，落实应急避灾场所，必要时建设一定数量的避灾场所，并及时向社会公告。各类学校、影剧院、会堂、体育馆等公共建筑物，应当根据各级人民政府或防汛指挥机构的指令无条件开放，作为应急避灾场所。

人员转移工作应当明确人员转移负责人，落实相应责任制，妥善安排被转移群众的基本生活，并提供必要的生活用品和食品。在转移指令解除前，防止被转移群众擅自返回。

5.9 资金保障

财政部门负责安排、下达防御台风抢险救灾资金，并对资金使用情况进行监管；应急管理部门制定应急物资调拨方案，做好抗灾救灾财物的使用、发放；相关金融机构落实救灾、恢复生产所需信贷资金。

5.10 宣传保障

5.10.1 宣传

多渠道、多形式开展面向社会公众的防御台风有关方针、政策、法规以及和预防、避险、自救、互救等知识宣传教育。企事业单位、公民应积极参与防御台风知识宣传、教育活动，增强风险意识和自我防御能力，有义务自觉配合各级政府与防汛抗旱指挥部做好防御台风的各项工作。

5.10.2 培训

编制防御台风应急培训教材，积极开展各级领导干部、应急管理人员和专业处置队伍防御台风知识的培训,不断提高业务工作水平。

5.10.3 演练

省防汛抗旱指挥部应结合实际,有计划、有重点地开展不同类型的防御台风应急演练,选择台风灾害重点监视区开展台风灾害应急综合演习,检验、完善相关应急预案。

专业抢险队伍必须针对自身队伍的业务特长和当地易发生的各类险情有针对地进行抗灾抢险演练。

6 善后工作

6.1 灾后救灾工作要求

6.1.1 灾后救助

台风灾害发生后,各级政府要加强救灾救助工作的领导,妥善安置受灾群众,确保有水喝、有饭吃、有衣穿、有地方住、有病可以得到及时治疗。

省应急厅按有关程序开展灾害救助工作,组织社会捐助,募集救灾款物。

省财政厅落实救灾资金。

省农业农村厅组织生产自救,对因台风灾害绝收的农户落实改进措施,加强在田作物管理指导,落实增产增收措施,指导灾后防疫工作,指导受灾渔民和畜禽养殖户恢复生产。

省卫生健康委组织抢救受伤人员,组建医疗卫生应急专业队伍到灾区,开展医疗救治、疾病预防控制和卫生监督等工作。

省教育厅做好中小学、幼儿园的复课工作。

其他部门按职责做好有关工作。

6.1.2 灾后重建

各级政府应尽快组织开展恢复重建工作,灾后重建原则上按原标准恢复。在条件允许情况下,可提高重建标准。

6.2 工程或设施损毁应急修复

遭到毁坏的通信、市政公用、交通运输、水利、电力设施,应尽快组织修复,恢复功能。针对当年抢险物料消耗情况,按照分级筹措的要求,及时补充到位。

6.3 补偿要求

台风灾害发生后,保险监督管理部门应督促辖内保险公司及时对突发事件造成的损失进行评估、审核和确认,根据保险条例和合同约定实施理赔。对紧急调集、征用有关部门(单位)及个人的物资,要按照规定给予补偿。

6.4 总结评估

每次台风影响结束后,各级防汛抗旱指挥部、应急管理部门应针对防御台风工作的各个方面和环节进行总结、评估。引进外部论证评价机制,征求社会各界和群众对防御台风工作的意见和建议,总结经验,找出问题,从防御台风工作的各个方面提出改进建议,以进一步做好防御台风减灾救灾工作。

7 附则

7.1 奖惩

对防台抗灾工作作出突出贡献的先进单位和个人给予表彰。对防台抗灾工作中英勇献身的人员,按有关规定追认为烈士;对防台抗灾中致伤致残的人员,按有关规定给予工作生活照顾。对防台抗灾工作中玩忽职守造成损失的,依法追究当事人的责任并予以处罚;构成犯罪的,依法追究其刑事责任。

7.2 预案管理

本预案由省应急厅负责编制,报省人民政府批准后组织实施。

省有关部门编制本部门(单位)的防御台风应急预案,报省应急管理厅备案。

防御台风应急预案应根据本区域实际情况变化适时修订,并按原报批程序报批。

7.3　预案解释部门

本预案由省应急管理厅负责解释。

7.4　预案实施时间

本预案自发布之日起施行。

编后记

中共中央总书记、国家主席、中央军委主席习近平高度重视防汛救灾工作，近年来多次对防汛救灾工作作出重要指示，“要始终把保障人民群众生命财产安全放在第一位”，“抓细抓实各项防汛救灾措施”，“要坚持人民至上、生命至上，统筹做好疫情防控和防汛救灾工作，坚决落实责任制，坚持预防预备和应急处突相结合，加强汛情监测，及时排查风险隐患，有力组织抢险救灾，妥善安置受灾群众、维护好生产生活秩序，切实把确保人民生命安全放在第一位落到实处”。为进一步强化江苏省水旱灾害防御物资储备管理工作，提高规范化、标准化、智能化管理水平，提升突发险情灾情的应急响应能力，根据《中华人民共和国防汛条例》《中央防汛抗旱物资储备管理办法》《江苏省省级防汛抗旱物资储备管理办法》等法律法规，结合省级防汛抗旱物资储备管理工作实际，江苏省水利防汛物资储备中心组织编写了《江苏省省级水旱灾害防御物资管理手册》（上、下册），助力指导全省水旱灾害防御物资储备单位管理能力建设。

本手册结合江苏省水利防汛物资储备单位管理实践，以现行法律法规和标准规范为依据，采取文字介绍与图片相对照的方式，对物资储备管理工作进行了全方位阐述。内容涵盖规章制度、应急预案、储备物资管养及使用说明、仓储作业设备安全操作规程、常见险情及防汛物资使用等，图文并茂，生动形象，充分展示防汛物资储备管理、应急调运中的具体做法和常见问题，针对性、实用性强，可供广大水旱灾害防御物资储备管理工作者参考使用。

《江苏省省级水旱灾害防御物资管理手册》（上、下册）共 5 部分 41 章，由韦建斌、周根富负责大纲编写和内容审定，华庆莉负责统稿等工作。上册分为“江苏省防汛特性”、“规范化管理”和“附录”三个部分，共 17 章。由周根富编写第一部分第一章，第二部分第三章第 1 节、第六章 1～3 节；韦建斌编写第二部分第一章第 1～3 节、第七章第 6 节、第九章第 1 节，附录第一章第 5～6 节，附录第三章第 1 节；骆勇编写第一部分第二章第 1～3 节，第二部分第三章第 3 节、第五章第 1～2 节，附录第一章第 2 节；夏晶编写第一部分第三章 1～2 节，第二部分第三章第 2 节、第六章第 4 节，附录第一章第 3 节；华庆莉编写第二部分第一章第 9～10 节、第九章第 2 节，附录第二章第 1 节；陆柏茂编写第一部分第四章第 1～2 节，第二部分第一章第 16 节、第七章第 4 节；陶郁编写第二部分第一章第 4～6 节，第十章，附录第一章第 4 节；韩毅编写第二部分第一章第 11 节、第七章第 1～2 节，附录第二章第 2 节；李学虎编写第二部分第一章 13～15 节、第七章第 5 节；朱兆勇编写第二部分第一章第 7 节、第九章第 5 节，附录第二章第 3 节；张进编写第二部分第一章第 8 节、第 12 节，附录第一章第 1 节；叶超编写第二部分第二章第 3 节、第四章 1～2 节；佘海编写第二部分第七章第 3 节、第八章第 1 节、第 6 节；陈其林编写第二部分第二章第 1 节、第八章 2～5 节、第九章第 3 节；郭尉编写第二部分第二章第 2 节，附录第三章第 2 节；张枫雷编写第二部分第六章第 5 节、第九章第 4 节。下册分为“储备物资及其使用说明”、“仓储作业设备安全操作规程”和“常见险情及防汛物资使用”三个部分 24 个章节。该手册编写过程中，陈庆山、汪敏、包海、范文建、徐业伟、殷爱斌、李金星、陆菲、葛卫东、朱威威、许文、浦骏、朱国宇、周福强、孙飞等同志给予精心指导和热心帮助，在此一并表示感谢。

由于编者水平有限和成文时间仓促，本手册难免存在疏漏和不足，个别章节的解读深度不够，编著不当之处敬请读者谅解并提出宝贵意见。

编写组

2022 年 7 月